로드맵

꿈과 일 사이에서 헤매는 이들을 위한 프로젝트

로드트립네이션 글 │ 이은숙 옮김

이유출판

우리는 이 책을 당신을 위해 썼으니,
당신의 것으로 만드시길.

여백에 메모를 끄적이든, 페이지를 접어 표시하든, 커피를 흘리든, 벽에 집어 던지든,
하고 싶은 대로 하시길. 이제 운전대를 잡은 당신 마음대로.

무엇보다 당신 자신을 솔직하게 들여다 볼 것.
이 책을 읽다보면 당신은 주위의 소음에 신경쓰지 않게 될 것이다. 그리고 당신을 고
유한 한 인간으로 만드는 것, 이를 테면 당신 자신만이 알고 파악할 수 있는 흥미, 가
치, 동기, 특성을 당신의 삶과 연결하게 될 것이다. 이 책은 당신에게 가장 적합한 길
을 찾아가는 자아 탐구 여행서로, 그 과정에서 깊이 있는 여러 질문을 제기한다. 그러
한 질문들을 대강대강 넘기지 말고, 꼼꼼히 생각해 보고 탐색하여 답을 찾아낼 것. 그
리고 그것들을 바탕으로 당신이 깨달은 삶의 지혜를 우리와 나눌 수 있기를.

열린 길에서 만나기를 바라며…
– 로드트립네이션

#RoadmapBook
@RoadtripNation
facebook.com/roadtripnation
instagram.com/roadtripnation

1부 : 떨쳐 버려라

2부 : 찾아내라

프 로 젝 트

로드트립네이션에 대하여

로드트립네이션은 2001년, 길을 찾지 못하고 헤매던 친구들이 앞으로 무엇을 하면서 살아갈 것인가를 찾기 위해 녹색 버스를 타고 여행을 하면서 시작되었다. 그 목적은 단순했다. 좋아하는 일을 하며 살아가는 사람들과 만나서 이야기를 나누고, 원하는 대로 삶을 이끌어갈 수 있는 길에 대한 깨달음을 얻기 위해서였다. 우리에게 삶의 지혜를 나눠 준 사람들을 '로드트립네이션 리더들'이라고 부르기로 했는데, 정말이지 각계각층의 다양한 리더들을 만났다. 그들에게는 한 가지 공통점이 있었다. 새로운 방식의 삶을 산다는 점이었다. 우리가 만난 리더들은 흥미와 소질을 중심으로 만족스러운 삶을 찾아갔다. 의사, 작가, 기업 총수, 수도자, 음악인, 엔지니어, 판사, 우주생물학자, 헤어스타일리스트, 변호사, 영화감독, 운동선수, 사업가 등 다양한 직종의 리더들이 길을 잃고 방황한 이야기, 실수한 이야기, 사회 통념의 허상을 깨달은 이야기를 기탄없이 들려주었다.

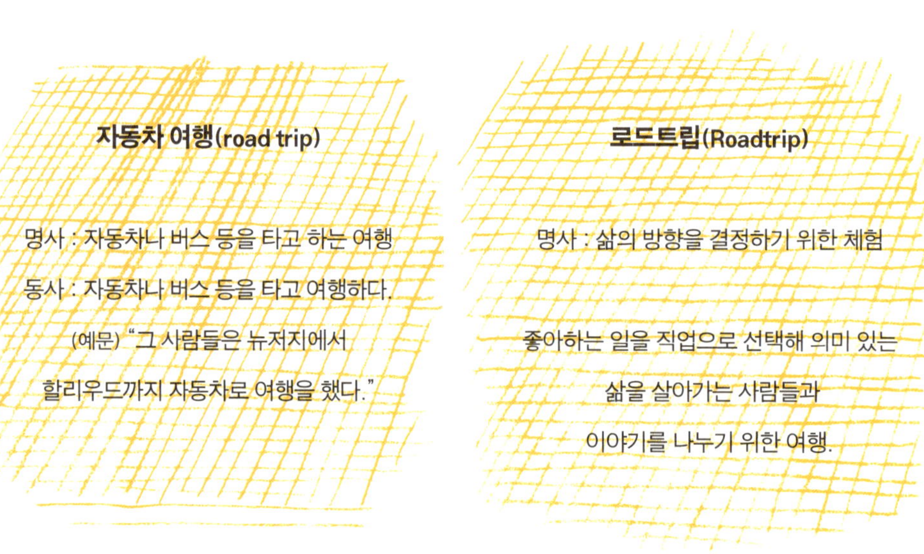

한 차례 여행으로 시작된 일이 발전하여 공영 텔레비전 방송을 통해 매년 다큐멘터리 시리즈를 방송하고, 이 책을 비롯한 다수의 책을 출간하고, 자아발견을 위한 온라인 자료와 길에서 얻은 인터뷰 기록을 쌓아가는 운동으로 바뀌었다. 이런 로드트립 운동은 자신의 삶의 방향을 찾으려는 사람들을 돕기 위한 것이다.

로드트립 운동은 2009년에 로드트립네이션 체험 프로그램을 개설하면서 교육 활동으로까지 영역을 넓혔다. 이 프로그램은 학생들이 지역 사회의 리더들을 만나 이야기를 나눔으로써 정체성을 찾고, 흥미를 살리는 진로를 찾을 수 있도록 돕기 위해 고안된 자아발견 프로그램이다.

로드트립네이션은 지금도 개개인이 진정으로 좋아하는 일을 하면서 의미 있는 삶을 이끌어갈 수 있도록 힘을 북돋는 일을 계속하고 있다.

www.roadtripnation.com을 방문하면 더 많은 것을 알 수 있고

www.roadtripnation.org에선 로드트립네이션의 교육 프로그램에 대해 더 많은 정보를 얻을 수 있다.

로드트립네이션 인터뷰 아카이브

● ● ●

이 책은 그냥 읽어선 안되고 꼼꼼히 살펴보아야 한다. 10여 년 동안
길에서 얻은 생생한 기록이 당신의 마음을 사로잡을 것이다.
이 책을 구입하면 제한적으로 로드트립네이션 인터뷰 아카이브에
무료로 접속할 수 있다. 기록 저장소에는 이 책에 언급된 모든 인터뷰와
로드트립네이션 텔레비전 시리즈에 나오는 백여 편의 에피소드를 포함해서
흥미를 바탕으로 삶을 이끌어온 사람들의 비디오 영상 수천 편이 저장되어 있다.
아카이브에 들어가 흥미별, 기본성향별, 주제별 영상물을 찾아보라.
이 책을 구입한 뒤 www.roadtripnation.com/roadmapbook에
로그인하고, 아래 나오는 비밀번호를 입력하면
로드트립네이션 아카이브에 들어갈 수 있다.

WYR-SC9-CE3-978

www.roadtrip nation.com
roadtrip nation

머리말

이 책은 해묵은 질문에 대해 새로운 방식으로 답을 찾아가는 내용이다.

여기 우리가 피할 수 없는 해묵은 질문이 하나 있다. 당신이 어떤 사람이든, 어디 출신이든, 어떤 일을 겪었든, 누구나 확신할 수 없는 앞날에 대해 불안과 혼란을 느끼는 순간, 자신의 마음속에서 또는 외부에서 들려오는 목소리.

"그래, 넌 앞으로 뭘 하면서 살아갈 거야?"

쉽게 인정하기 어려울지 모르지만, 그런 질문에 대한 솔직한 대답은 대개 "모르겠어."이다. 길을 잃는 것은 가혹한 일이다. 우리가 직접 그런 경험을 했기에 분명하게 말할 수 있다. 엉뚱한 길로 들어서거나 엉뚱한 도시, 혹은 심지어 엉뚱한 나라로 가게 되는 것만을 말하는 게 아니다. 좀 더 깊은 의미에서 길을 잃는 것, 즉 만족하는 삶과 일에 대해 두려운 질문을 해야 하는 상황을 말하는 것이다.

우리는 몇 년 동안이나 길을 잃은 채 방황하며, '무엇을 하며 살아야 할지'에 대해 우리 자신에게, 그리고 또 다른 사람들에게 질문을 해왔다. 미래를 생각할 때, 어떻게 살아야 할지 불안감이 엄습해서 가슴을 옥죄는 느낌이 들 때, 이 세상에 나 혼자인 것 같은 생각에 빠질 수 있다. 하지만 그렇지 않다. 우리가 이 책을 쓴 이유도 바로 당신이 혼자가 아니란 걸 일깨워주기 위해서다.

우리는 10여 년 동안 로드트립을 하면서 흥미를 좇아 만족스러운 삶을 이끌어가는 사람들을 찾아다녔다. 지금도 여전히 로드트립을 통해 삶의 지혜를 얻으려는 젊은이들의 동행이 늘고 있다. 우리는 길에서 만난 사람들의 이야기를 통해 흥미와 가치와 비전에 따라 성장하고 발전하면서, 풍요롭고 존경받는 삶을 살 수 있다는 것을 깨닫게 되었다. 그런 삶을 살고 있는 사람들을 직접 마주하고 앉아서, 적성에 맞는 일을 찾아 의미 있는 삶을 살아가기 위해 필요한 것이 무엇인지 허심탄회하게 묻고 대답을 들은 덕택이었다.

Do you have any regrets?

후회는 없나요?

어떻게 당신의 흥미와 개성을 토대로 하는 삶을 이끌어왔나요?

다른 사람들의 기대에 어떻게 대처했나요?

우리가 만난 사람들, 그리고 앞으로 계속 만날 사람들은 일과 삶의 균형을 맞추려 하기 보다는 진실하고 독자적이며 지속가능한 방식으로 일과 삶을 통합하려고 한다.

로드트립네이션 리더들은 오랫동안 계속되어온 질문에 새로운 답을 제시했고, 그들의 답이 시기적절하게도 우리에게 큰 도움이 되었다.

세상은 변하고 있다. 지난 세대가 안정적으로 생각했던 삶의 모델은 사라진 지 오래다. 예전에는 직업에 필요한 교육을 받고, 직업을 구하고, 평생 그 일을 하다가, 직장 생활이란 여정의 끝에서 연금을 확보하고 여유롭게 은퇴의 길을 걸었다. 하지만 〈비버는 해결사〉(Leave It to Beaver)라는 TV시리즈에 나오는 것처럼 교외에서 여유롭게 살아가는 평범한 가족 이야기는 다이얼식 전화기와 함께 사라졌다.

그 이후 "직업 전선"에 뛰어들거나 "경력"을 쌓는 새로운 방식에 대해 겉만 번지르르한 말들이 난무하고 있다. 하지만 그런 말은 대부분 이전 시대의 유물인 낡은 말뚝 울타리와도 같다. 오늘날 고등학생들은 30년 전이나 조금도 다를 게 없는, "최적의" 직업을 찾기 위한 적성 테스트를 받으면서 아무것도 확실히 밝혀주지 못하는 임의의 질문지에 답을 채워 넣는다. 그런 검사 결과가 학생들의 적성에 대한 깊이 있는 진실을 말해줄 리 없다. 그저 학생들이 통상적인 흐름에 따라 행동하고, A에서 B로 가면 C에 이르게 될 것이라는 가정 하에 이미 설정된 생활방식에 맞춰가기를 요구할 뿐이다.

A $\longrightarrow$ B

C

A지점에서 B지점으로 가다 보면 어디든 이르게 되겠지만, 이 책을 다 읽었을 때쯤 당신이 희망하는 목적지는 달라질 수 있다. 세상은 급속히 변하고 있다. 아무리 둔감한 사람일지라도 이제 구식 모델이 제 기능을 못한다는 것쯤은 알 수 있다. 그렇지만 막연하게 불안과 위기감을 토로할 뿐 실질적으로 구식 모델을 대체할 만한 모델은 아무것도 등장하지 않았다. 설상가상으로 마케팅에 좌우되는 요즘 문화는 하루가 멀다 하고 우리 머릿속에 "성공"에 대한 이미지를 새겨 넣는다. 소비 지향적인 물질적 성공에 대한 이미지를 말이다. 번쩍번쩍 빛나는 날렵한 자동차나 최신형 스마트폰을 소유하고, 최첨단 유행에 뒤처지지 않게 새로운 제품을 구입하는 것이 요즘 성공의 척도가 된다. 이런 추세가 기술의 힘을 업고 다방면에서 갈수록 강해지고 있지만, 위험하고 해로운 영향을 끼치는 것은 두 말할 필요도 없다. **당신이 그런 분위기에 짓눌려 갈팡질팡하고 있다고 해도 괜찮다. 우리도 그랬으니까.** 우리가 로드트립을 시작한 것도 정확히 그런 이유 때문이었다. 이 책을 쓴 이유도 그렇고.

로드트립을 처음 시작한 얘기를 하자면, 우리는 한 숨 돌리며, 생각할 수 있는 공간을 절실히 원했다. 열린 길에서 세상을 보는 눈 또한 달라지기를 원했다. 우리는 그동안 생활해 온 공간에서보다 열린 길에서 더 많은 선택의 자유를 누릴 수 있을 거라 생각했다. 또 우리에게 깨달음을 줄 수 있는 많은 사람들을 만나게 될 거라고 생각했다. 안정적인 수입도 대안도 없이 방황하던 우리는, 그때껏 미래에 대해 생각하도록 배워온 방식이 사실상 크게 잘못되었다는 느낌만 가지고 무작정 녹색 버스에 뛰어올랐다. 그렇게 우리는 여행길에 올랐고, 요즘 사회의 통념적인 성공과는 다른 면에서 성공한 사람들, 여하튼 진정으로 만족하는 삶을 살아가는 사람들을 만나게 되었다. 스타벅스 회장, 『스폰』(역주—토드 맥팔레인이 시작한 만화시리즈) 창작자, 내셔널 지오그래픽의 사진작가들, 시사만화가, 경주용 자동차 정비기술자, 마돈나의 스타일리스트, 인간의 유전정보를 밝혀낸 과학자, 유명한 TV 방송인들, 메인 주의 연안에서 바다가재를 잡는 어부, 《새터데이 나이트 라이브》의 감독, 공영라디오 방송 진행자들, 화성 탐사 로봇의 착륙을 지휘한 사람들을.

우리는 그들에게 질문을 했다. 아주 많은 질문을. 우리 나이 때 당신은 어떠했습니까? 어떻게 그런 자리에 이르게 됐죠? 두렵거나 불안한 적이 있었나요? 튀지 말아야 한다는 부담 같은 걸 느낀 적이 있습니까? 삶의 불확실함이나 모호함으로 인한 불안에 어떻게 대처했나요? 당신에게 "성공"이란 정확히 무엇인가요? 행복하세요? 언제 실패를 했나요? 우리 나이 때 알았으면 좋았을 걸 하고 생각하는 건 뭐가 있죠? 어떻게 신념을 행동으로 옮겼습니까?

그런 질문들에 대한 답이 로드트립네이션의 기반이 되었다. 그러므로 이 책의 페이지를 한 장 한 장 넘길 때마다, 우리가 길에서 얻은 깨달음과 지혜를 생생히 접할 수 있을 것이다.

첫 번째 로드트립은 로드트립네이션 운동을 위한 발사대와 같은 역할을 했다.

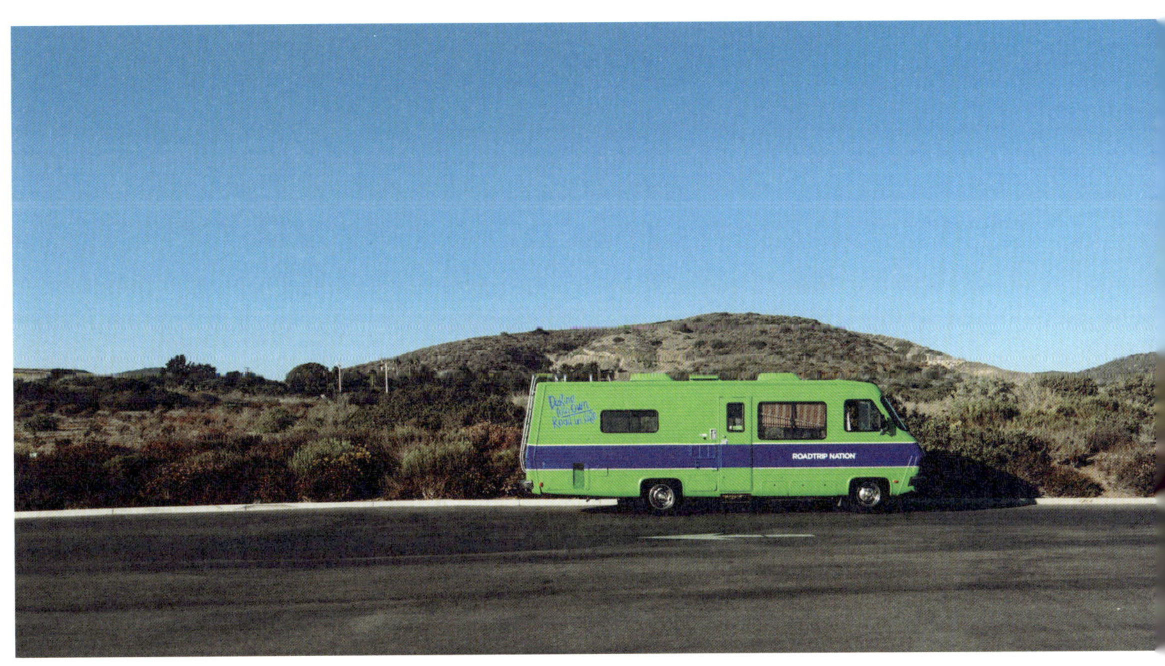

십 년이 훌쩍 지난 지금까지 진정한 자신을 찾고자 하는 젊은이들이 녹색 버스를 타고 달린다. 광활한 나라를 종횡으로 누비고 다른 대륙까지 넘나들면서, 우리를 고무하고 우리 마음을 사로잡은 사람들의 이야기를 쌓아가고 있다.

우리가 길에서 배운 것, 여전히 배우고 있는 것이 이 책의 핵심이다. 그것은 우리가 **'자기 만들기'**라고 부르기로 한 것으로 집중된다. 우리는 지속가능하면서 충족한 삶, 다시 말해 일과 생활의 균형을 맞추기 위해 안간힘을 쓰는 삶이 아니라, **일과 생활이 하나로 통합된 삶을 이끌어갈 수 있는 과정이 실제로 있다는 것**을 깨닫게 되었다. 아침에 알람시계가 울리면 또 하루가 시작되는 것에 두려움을 느끼는 삶이 아니라 짜릿한 흥분을 느끼면서 하루를 시작하는 삶이 있다는 것을 말이다.

그런 삶을 살기 위해서는 기본적으로 자기 자신과 정확히 일치하지 않는 생각에서 **벗어나야** 하고, 주체적으로 자신이 어떤 사람인지 **명확히 알 수 있어야** 하며, 그런 사실을 바탕으로 한 단계 나아진 모습으로 **발전할 수 있어야** 한다. 더불어 자신에게 맞지 않는 길로 들어섰다면 궤도를 바꿀 수 있어야 한다. 리더들이라고 해서 손쉽게 그런 과정을 따른 건 아니었다. 하지만 우리가 들은 리더들의 삶의 이야기에는 공통되는 맥락이 있었다. 공통되는 행동, 생각, 의문들이 드러나면서 우리는 흥분의 도가니로 빠져들었다. 우리가 로드트립에서 얻은 건 인터뷰 기록으로 저장할 이야기들만이 아니었다. 우리는 어떻게 살아야 하는지에 대한 구체적인 예시들도 얻었다.

리더들의 삶에서 드러난 공통점은 자기 자신을 정확히 파악하고, 직관에 따르는 의미 있는 삶을 이어갔으며, 그런 삶의 길에서 벗어났을 때는 과감히 궤도를 수정했다는 것이다. 무엇보다 중요한 점은 '자기 만들기'는 자신으로부터 시작된다는 것이다. 모든 것이 나 자신의 개인적인 흥미와 가치에서 시작되고, 그런 것이 쌓여 내가 된다. 주변에서 도움을 주려는 사람들이 있을 수 있지만, 누구에게나 다 적용되는 청사진은 없다. 자기 만들기는 끊임없이 진화하는 상호작용 과정으로 자기 자신만이 시작할 수 있고 또 끝낼 수 있다. 자기 만들기를 위해 스스로에게 힘겨운 질문들을 해야 하고, 솔직하게 답을 찾아 그것에 직면해야 한다. 그런 과정이 아무리 힘겹다 해도 말이다. 어쨌거나 자기 자신의 삶에서 변하지 않는 유일한 상수는 자신뿐 아닌가. 다른 사람들이 바라는 삶을 이끌어가려 애쓰기보다 자기 자신의 진정한 경험을 쌓아야 한다. 우리 삶은 부모의 것도 사회의 것도 아니다. 대중 매체가 어떻게 살아야 한다고 이끄는 대로 끌려가서는 안 된다. 심지어 삶에 대한 우리 스스로의 고정관념에 사로잡혀서도 안 된다.

자기 만들기를 위해서는 자신의 가장 중요한 개인적 특성에 집중해야 한다. 각고의 노력으로 몇 번이고 궤도를 수정하면서 자기 본연의 특성에 집중한다면, 의미 있는 경험을 쌓아갈 수 있고, 자신의 가치를 최대한 높이는 일을 할 수 있으며, 성취감이 높은 만족스러운 삶을 이끌어갈 수 있을 것이다.

간혹 우리를 이상주의자로 여기는 사람들이 있다. 하지만 사실 우리는 아주 현실적이다. 때로는 냉소적이기까지 하다. 당신의 환경이 어떠하든, 당신에게 딱 맞는 삶을 찾아 밀고 나가는 것이 불가능해 보일 수 있다는 것을 우리도 안다. 우리도 다를 바 없지만, 대다수 사람들이 현재 위치와 원하는 위치 사이에 높고도 두꺼운 장벽이 있다고 생각한다. 책임감, 주위의 기대, 자기 의심, 단조로운 일상 같은 것 때문에 덫에 걸린 듯 당혹스러움을 느끼기도 한다. 힘이 빠지고 지쳐서 포기하고 싶은 유혹에 빠지기도 한다. 그러면서 뜻밖의 행운이 찾아오지 않는 한, 정신적으로도 경제적으로도 만족스러운 삶을 이끌어갈 수 있는 현실적인 방법은 없다고 생각하기 시작한다.

녹색 버스를 타고 로드트립을 하던 어느 안개 낀 아침, 캘리포니아 북부의 삼나무 숲에서 우리는 **존 페리 발로우***라는 사람에게 그런 생각을 가감 없이 표현했다. 자유 사상가로 폭넓은 지식과 교양을 갖춘 존은 다양한 인생길을 거쳐 온 사람이었다. 젊은 시절, 목장주이지 그레이트풀 데드(1960년대 중후반에 샌프란시스코 지역의 히피 문화를 이끈 미국의 히피 록밴드)라는 밴드의 직사가를 거쳐서 인터넷 액티비즘(역주—정치적 목적을 위한 행동주의)의 선구자로 활동하며 전자 프론티어 재단(Electronic Frontier Foundation)을 공동으로 설립하기까지, 일관성이라곤 없이 다채롭게 살아온 존의 이야기에 머리가 핑핑 돌 지경이었다. 깊은 산중에서 도를 깨우친 현대판 도사와 같은

 **www.roadtripnation.com/leader/john-perry-barlow**

존이 들려준 이야기는, 불확실한 미래에 대한 불안감에 짓눌려 움츠러든 우리에게 안도감과 명쾌함을 주었다. "저는 누구나 다 두려워한다는 것을 깨닫는 것이 무엇보다 중요하다고 생각합니다. 여러분만 미래에 대해 불안을 느끼는 게 아닙니다. 미래에 대해 확실한 비전을 갖고 있는 사람은 아무도 없으니까요. **사실 여러분이 할 수 있는 건, 불안과 혼란에 빠진 또래들과 마음을 나누고, 그러면서 용기와 위안을 얻는 것뿐입니다.**"

이 책에서 우리가 자주 반복하는 말이 있다. 누구나 다 불안해하고 혼란스러워한다는 사실에서 위안을 얻고, 우리보다 앞서 산 이들의 지혜와 가르침을 지팡이로 삼으라는 것이다. 존 역시 비슷한 말을 했다. "'길을 잃었다'고 말할 때, 그 말이 암시하는 속뜻에 특별한 가치를 두는 것이 중요하다고 생각합니다. 그 말이 버려진 채 속절없이 길을 헤매고 있다는 뜻이라고 생각한다면, 득이 될 게 거의 없습니다. 길을 잃고 헤매는 걸 긍정적인 방향으로 생각하도록 하세요. 길을 잃지 않았다면 생각도 못했을 것에 눈을 뜨게 됐고 탐험을 하게 됐다고 말입니다. **길을 잃어보지 않은 사람은 대단한 탐험가가 될 수 없습니다.**"

우리는 탐험을 중시한다. 그러므로 길을 잃는 것에 가치를 둔다. 이 책을 읽으면서 당신 또한 그렇게 될 가능성이 크다. 오늘날 우리 앞에 펼쳐진 새로운 세상은 창의성과 융통성을 발휘해 실험하고 탐험할 수 있는 무한한 가능성의 세계이다. 세상은 급속도로 변하고 있다. 이제 우리가 좋아하는 일을 하면서 세상을 만들어갈 때가 되었다. 앞으로 올 세대는 전에는 결코 볼 수 없던 삶을 이끌어갈 수 있고, 또 그래야만 한다. 얼마나 짜릿한 일인가.

우리는 지금까지 들어온 수많은 이야기에 깊이 감동했고, 그런 감동을 나눠야한다고 생각했다. 뿐만 아니라 우리 자신의 길을 찾아야 한다는 강한 책임감 또한 느꼈다. 길에서 만난 리더들로부터 이야기를 듣고 나면, 어제의 우리보다 좀 더 나은 우리가 되도록 행동하고 앞으로 나가야겠다는 마음을 갖지 않을 수가 없었다. 그런 마음과 열정을 당신과 함께 나누고자 한다.

자기 만들기는 결코 끝이 없다. 결승선도 없다. 삶이란 끝없이 추구해야 하고, 그런 자세로 임할 때 우리는 계속해서 새로운 진실에 이르게 된다. 그런 진실은 우리의 내면으로부터만 나올 수 있다. 이 책은 '자기 만들기'를 위한 안내서 역할을 할 것이다. 이 책과 상호작용을 하고, 의문을 품고, 우리에게 질문을 해라. 마음껏 원하는 대로 이 책을 이용해라. 이 책을 읽고 한 걸음 물러서서 당신의 삶을 돌아보라. 그런 다음에 다시 이 책을 읽고, 뒤로 물러서서 당신의 삶을 생각해 보라. 그런 뒤에 또다시 읽고 생각하고, 읽고 생각하고, 읽고 생각하기를 반복하다 보면... 당신의 길이 보일 것이다.

이 책에서 말하는 요지를 몇 번이고 반복해서 접하다 보면, 세상을 보는 관점이 달라질 것이다. 그리고 온전한 당신의 삶을 찾아 갈 수 있을 것이다.

우리와 같이 길을 잃어보자. 당신이 몰랐던 당신 자신을 발견하는 놀라운 경험을 하게 될 것이다.

떨쳐

벼려라

1부

CHAPTER 1

보이지 않는 조립 라인

참으로 진부하고 상투적인 말이 하나 있다. 원하면 어떤 사람이든 될 수 있다는 말이다. 그런 말을 여기서 하는 게 다소 민망하지만, 어쨌든 그 말은 틀린 말은 아니다.

청소년 선도 공익 광고 같은 그 말이 어찌하여 힘을 북돋는 말이 아니라 고리타분하고 뻔한 말이 되었을까? 어쩌면 우리가 살아가는 세상이 그 말 속에 담긴 진실을 외면하게끔 하기 때문일지 모른다. 우리는 안전한 삶을 위해 진정으로 원하는 것을 뒤로 제쳐놓는다. 공과금이며 생활비를 벌어야 하니까. 우리는 안전하고 안정적이며 안락한 삶에 이르기 위해 새우잠을 자고 죽어라 일하면서 하루하루를 버틴다. 하지만 별다른 일이 없는 데도 불쑥불쑥 떠오르는 생각들이 머리를 어지럽힌다. 이 길이 내가 가야 할 길인가? 내 소질이 충분히 발휘되고 있는 걸까? 이런 게 만족스러운 삶일까? 내가 삶을 이끌어나가고 있는 걸까, 아니면 이끌려가고 있는 걸까? 내게 좀 더 잘 맞는 또 다른 길이 있는 건 아닐까? 내가 올바른 길을 가고 있는 걸까?

엉뚱한 길에서 헤매지 않고 자신에게 "딱 맞는" 길을 쉽게 찾은 듯 보이는 사람들도 있다. 그런 사람들은 원하는 대로 삶을 이끌어가고, 선택한 길에 만족하면서 발전을 거듭하여 성공한 것처럼 보인다. 하지만 우리들 대부분에게 그런 길 찾기란 불가능한 일을 연습하는 것만 같다. 우리는 길을 잃은 듯 오도 가도 못한 채, 알 수 없는 미래를 위해 대담한 선택을 해야 하는것에 부담감과 두려움을 느낀다. 우리가 마주해야 할 책임과 우리 앞에 놓인 선택 사이에서 옴짝달싹 못하면서 말이다.

그런 길이 우리가 가야 할 길이라면, 그 길을 찾는 것이 왜 그토록 어려운 걸까? 왜 우리는 원하면 어떤 사람이든 될 수 있다는 상투적인 말을 현실로 만들지 못하는 걸까? 답은 인간 본성의 엉큼한 면에 있다. 산허리에 폭우가 쏟아지면 빗물이 흘러내리면서 골이 패이고, 저항이 적은 그곳으로 물줄기가 계속 이어져 개울이 되는 것처럼,

우리들 개개인도 사회에 이미 만들어져 있는 길로 빠져드는 경향이 있다. 그런 과정은 어릴 때부터 시작되기 때문에 그 과정에서 벗어나기란 여간 어려운 일이 아니다. '남녀노소 할 것 없이 바지를 입는 건 아무 문제가 없다'와 같이 유효성이 입증된 것은 따를 가치가 있다. 하지만 기계적으로 그런 과정을 따른다면 한 개인으로서 경험이 제한되고 잠재력이 억제된다.

　좀 더 쉬운 예를 들어보자. 당신이 북아메리카에 살고 있는데, 문을 나서기만 하면 뉴욕시로 갈 수 있는 길이 있다고 가정해 보자. 당신은 지도를 펼쳐 놓고 원하는 노선을 선택할 수 있다. 우뚝 솟은 산 속의 구불구불한 길을 선택할 수도 있고, 황금빛 물결이 넘실대는 들판 옆길을 지나다가 원하면 언제든 길가 휴게소에서 쉴 수도 있다. 또 한적한 시골 마을을 조용히 지날 수도 있고, 필라델피아에 들러 치즈스테이크를 먹을 수도 있으며, 그랜드 티턴 산을 경유해 갈 수도 있다. 어떤 노선을 선택하든, 당신은 여전히 뉴욕시로 향하는 길을 달릴 것이다. 하지만 만일 휴대폰의 내비게이션에 목적지를 입력한다면, 그것은 즉시 가장 가까이 있는 고속도로로 당신을 안내할 것이다. 그리고 뉴욕까지 거리가 정확히 얼마나 되는지, 뉴욕에 도달하는 데 시간이 얼마만큼 걸리는지도 정확히 알려줄 것이다. 가능한 한 돌지 않고 곧장 갈 수 있는 직행 노선이 있다면 그 길 또한 알려주리라. 하지만 당신은 치즈스테이크를 먹거나 주변의 다른 곳을 돌아볼 기회를 빼앗기고, 그저 차 안에 앉아서 누구나 다 가는 고속도로를 달리게 될 것이다. 요즘 사회에서 통용되는 "성공"의 공식이 바로 그런 길을 따른다. 개개인의 미묘한 차이는 아랑곳없이 누구에게나 두루 적용되는, 꼬리에 꼬리

를 물고 이어지는 길을 따르게 한다.

우리는 그런 길을 '보이지 않는 조립 라인'이라고 한다. 당신도 지금 그 위에 있을 가능성이 크다.

한 개인의 조립 라인은 모래놀이를 벗어나 어른이 되면 어떤 사람이 될까 궁금해하는 시기부터 시작된다. 주변의 온갖 기대, 교육, 사회적 장치, 선의의 조언, 이미 정해진 프로그램이 톱니바퀴처럼 맞물려 조립 라인을 형성한다. 의사나 변호사가 되라는 압력이든, 가업을 이으라는 압력이든, 꿈은 꿈일 뿐 현실을 좇으라는 조언이든, 우리를 길들이려는 주변 환경과 그 속에서 느끼는 두려움이 우리의 결정에 영향을 미친다. 우리가 의식조차 못하는 사이에 그런 일이 일어나고 있다.

우리의 로드트립도 조립 라인에서 비롯되었다. 의사, 경영컨설턴트, 가업 후계자 등 우리가 선택할 직업군이 이미 정해져 있다는 크나큰 두려움에서 로드트립을 시작하게 되었다. 그런 직업들 어떤 것도 실제 본연의 우리와는 아무 관계도 없었고 전적으로 다른 사람들의 기대에 부응해 선택된 직업들이었다. 우리는 그런 상황에서 치밀어 오르는 분노와 두려움을 억누를 수 없었다. 어느 날 아침, 옆집이나 뒷집이나 다 똑같아 보이는 집에서 폭신폭신한 이불을 걷어차며 일어나, **우리가 다른 누군가의 꿈을 좇아 살고 있다는 충격적인 사실**을 깨닫게 될까봐 두려웠다.

물론 조립 라인에 들어서면 수적인 면에서 안전하다는 위안을 느낄 여지가 많다. 어쨌거나 모두들 비슷한 몇 가지를 선택한다면, 그런 선택이 필시 제대로 된 것으로 보일 수 있다. 그런 점이 제일 까다로운 부분이다. 조립 라인에 있을 경우에는 자신의

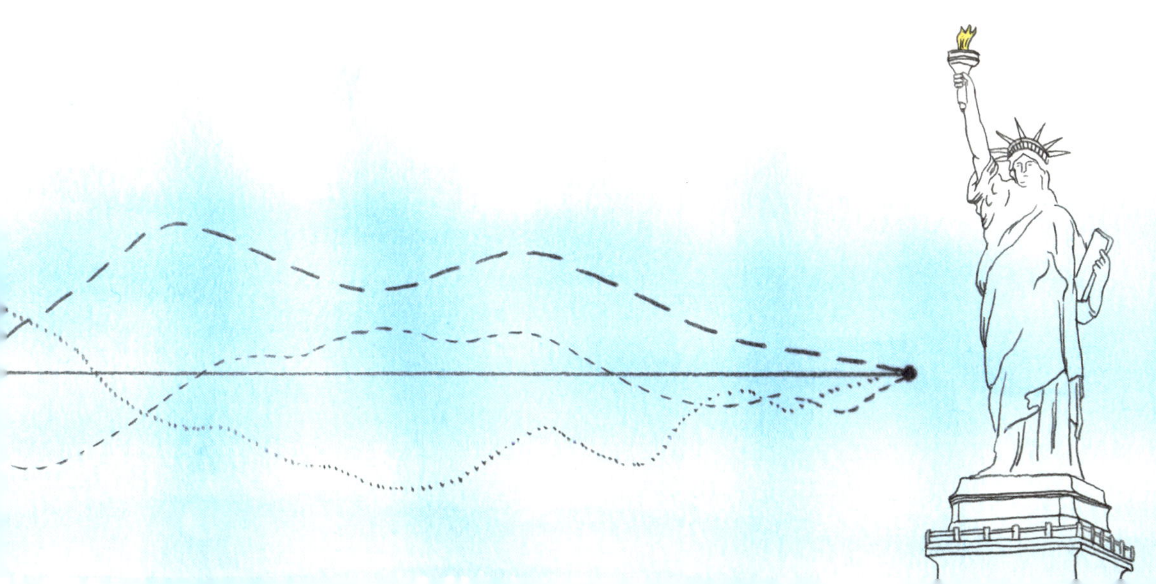

선택이 무엇인지 모르는 일이 허다하다. 자기 자신을 행복하게 해주는 것이 무엇인지조차 명확하게 생각하기가 어려워진다. 조립 라인은 따라야 할 길을 제공하지만, 그 길은 한 개인으로서 당신을 위한 길이 아니다. 우리가 길에서 만나 이야기를 나눈 사람들, 다시 말해 고유한 자신의 흥미, 경험, 재능, 야망에 따르는 삶을 이끌어간 리더들은 너나 할 것 없이 그들에게 제시된 길을 바꾸는 방법을 찾아냈다.

그런 길을 다시 찾는 일은 살면서 부딪히는 가장 힘든 일일 수 있다. 가까운 사람들의 마음을 아프게 할 수도 있고, 당신의 인생관을 뿌리째 뒤흔드는 두려운 일이 될 수도 있다. 정치 활동가이자 BET(역주—흑인 연예 TV) 진행자, **제프 존슨***은 육상 선수 장학생으로 들어간 대학에서 조립 라인을 뿌리쳤다.

제프가 흑인학생연합에 가입해서 학생 운동에 적극적으로 참여하자, 육상 코치가 제프를 가로막으며 말했다. "그런 걸 하라고 널 이 학교로 데려온 게 아니야! 내가 널 이 학교에 데려온 건 공부도 하면서 육상 트랙을 달리게 하기 위해서였어!" 당시 제프의 조립 라인은 너무나도 분명했다. "선동적인 운동권 학생"이 아니라 "스타 운동 선수"가 되는 것이었다.

코치가 노발대발하고 아버지가 놀라서 펄쩍 펄쩍 뛰었지만, 제프는 떳떳하게 자신의 흥미와 관심을 좇기 위해 장학금을 거부하는 힘겨운 선택을 했다. 이미 정해져 있는 길을 마다하는 일이 두렵고 힘들었지만, 제프는 과감하게 방향 전환을 함으로써 중요한 깨달음을 얻었고 다른 사람들과 함께 나누는 삶을 계속 이어가고 있다.

  www.roadtripnation.com/leader/jeff-johnson

"성공한 사람들은 대부분… 누구나 하는 일을 하지 않는 이들입니다. 누구나 다 가는 길은 가지 않죠. 어떤 분야에서든 세상을 뒤흔든 사람들은 고정관념의 틀을 깨고 나온 사람들입니다. 지침서에 쓰인 그대로 따르는 걸 보고 '어머나, 저 사람은 정말 감동적으로 지침서를 잘 따르고 있어.'라고 말하는 사람은 없습니다. 지침서 따위는 집어던지고, 이 너머에 내가 나눌 수 있는 것, 내가 줄 수 있는 것, 혹은 내가 투자할 수 있는 뭔가가 있다고 말하는 사람들, 그런 사람들이 성공합니다."

– **제프 존슨,** 정치 활동가이자 BET 진행자

　조립 라인에 갇히면, '여러 모로 지금보다는 잘 살아야 하는데' 하는 생각이 불쑥불쑥 고개를 들 때가 있다. 그런 생각이 당신만의 길을 찾기 시작하는 첫 단계이다. 그런 생각이 들게 되는 근본적인 원인을 찾아야 할 때가 된 것이다.

　스스로에게 질문을 하는 것으로 시작해라. 당신이 이미 들어선 길에 대해서 뿐 아니라 당신이 어떤 사람인지, 원하는 것이 무엇인지, 당신 자신에 대한 질문을 깊이 있게 파고들어라. 요컨대 그럴 때는 자기중심적이 되어야 한다. 당신의 특성을 알아내기 위해 내면에 집중하고, 진정한 당신을 드러낼 수 있는 질문을 해야 한다.

　당신은 진정으로 도달하고 싶은 목표를 향해 가고 있는가? 당신이 추구하는 목표가 무엇이든 노력을 기울일 가치가 있는 것인가? 당신 자신에 대해 솔직하게 생각해보는 시간을 가져라. 어떤 사람이 되어야 한다든지, 친구들이 생각하는 당신이 어떤 사람인지, 혹은 페이스북이나 인스타그램에 공들여 만든 이미지가 어떤지에 대해 생각하지 마라. 지금 이 자리에서, 나는 진정 누구인가? 라고 묻는다면 이 질문은 당신은 물론 세상까지 변화시키는 도구가 될 수 있다. 자기 자신을 파고드는 질문을 통해서 당신이 다른 사람들과 다른 점이 무엇인지, 당신만이 가질 수 있는 독특한 생각과 시각이 무엇인지 더욱더 정확하고 올바르게 이해할 수 있기 때문이다. 그런 질문들에 대한 답을 두려워하지 말고, 당신 스스로에게 묻지 못했던 질문들이 무엇인지 생각해 보라.

　조립 라인에서 서성이고 있을 때, 자신을 파고드는 질문은 곤혹스러울 수 있다. 그런 질문에 대한 답이 두려울 수도 있고, 당신이 이르고 싶었던 위치에서 너무 멀리 벗어나 있다는 사실을 깨닫고 마음이 아플 수도 있다. 또 한편으로는 당신 자신에 대한 질문이건만 답을 찾지 못하고 "모르겠어."라는 기막힌 말만 하게 될지도 모른다.

걱정하지 말 것. "모르겠어"라는 말에는 당신이 생각하는 것 이상의 힘이 있으니까.

만약 이랬다면, 어땠을까?

별다른 고민 없이 이 조립 라인으로 들어서면 많은 위험이 뒤따른다. 가장 심각한 위험 중 하나는 "만약 이랬다면?"의 저주이다. 스키계의 거물 **패트 오도널***이 특히 그런 점을 강조했다. 패트는 삶의 고난과 역경을 헤쳐 나가려는 담백한 용기와 에너지가 흘러넘치는, 본래 나이보다 10년쯤 젊어 보이는 중년남자다. 인터뷰 당시 그는 아스펜 스키 회사의 CEO였다. 그 전에는 타호 호수 스키 리조트를 사실상 세운 사람이었고, 그보다 더 전에는 요세미티 국립공원에서 천막생활을 한 호텔 벨맨이었다. 하지만 그 전에는 패트도 조립 라인을 따랐다.

패트는 엔지니어 집안 출신으로, 자연스레 엔지니어가 되기 위한 조립라인으로 들어서게 되었다. "저는 오로지 한 가지 이유 때문에 대학에 가서 공학을 전공했습니다. 아버지가 하시는 일을 잇기 위해서였죠." 패트는 한 순간도 전공 공부를 즐긴 적이 없었다. 그러면서도 대학을 졸업한 후에 샌프란시스코에서 엔지니어로 일했다. 패트 자신의 특성과도, 패트가 진정으로 원하는 것과노 아부 관련이 없는 길에 갇힌 것이었디. 그렇게 지내다 20내 후반에 패트는 마침내 그 길에서 뛰이내렸다.

패트는 그때 이야기를 우리에게 들려주었다. "전 스물일곱 살 때 정말 많이 허우적댔어요. 아마 제가 조금도 행복하지 않다는 생각에 빠졌던 것 같습니다. 그때 저의 유일한 즐거움은 요세미티 계곡에 가서 암벽 등반을 하는 것뿐이었습니다. 금요일에

 www.roadtripnation.com/leader/pat-o-donnell

밤새 운전하고 가서 주말 내내 암벽 등반을 하고, 마지못해 삶터로 돌아오곤 했죠." 그러던 패트는 주중 내내 하기 싫은 일에 묻혀 지내면서 주말만 기다리기에는 인생이 너무 짧다는 결론에 이르게 되었다. 그래서 엔지니어 일을 그만두고, 요세미티로 가서 밑바닥 일을 마다않으면서 퇴근 후 암벽 등반을 하고 별을 보며 잠을 청했다.

"저는 제 마음의 소리와 가치 체계를 따랐습니다. 요세미티에서 6년을 지내고 나서 이제 이런 생활을 그만 둘 때가 됐다는 생각이 들었죠." 패트는 요세미티를 떠나 타호로 가서, 그 지역 최초의 스키 리조트 건설을 도왔다. 그런 다음에 다시 그 일을 그만두고, 자신이 원하는 길에 좀 더 가까이 다가갔다. 타호를 떠나 아스펜으로 가서 좀 더 새롭고 좀 더 나은 자기 자신을 만든 것이다.

패트는 자신이 열망하는 것을 확실히 아는 것에 그치지 않고, 마음의 소리를 따라야 한다는 것 또한 깨달았다. 그리고 변화를 시도했던 한 시기에 대해 이렇게 회상했다. "돌이켜 생각해 보면 그렇게 어려운 일도 아닌데 그때는 말도 못하게 겁이 났습니다. 그럴 때 진정한 안도감을 주는 건 자신의 가치와 이상이죠. 자신의 가치와 이상에 맞지 않는 일이라면, 과감히 벗어나야 합니다. 그런 일을 좇는 하루하루는 헛된 시간 낭비일 뿐이니까요."

패트는 무작정 조립 라인을 따르는 대신에 가능한 한 자주, 그리고 적시에 "만약 이랬다면?"하고 물었다. 사람들은 몸이 아프거나 나이가 들어 기운이 빠지면 "만약 이랬다면?"하고 생각한다. 패트는 "만약 이랬다면?"을 후회스러운 한탄에서 환희의 감탄사로 바꾸었다. 단순한 그 두 마디를 진지하게 받아들임으로써 패트는 조립 라인을 떨쳐버릴 수 있었다.

조립 라인에 그대로 있기 위해서라면 얼마든지 평계를 만들어 낼 수 있다. 그런 평계가 꼭 나쁜 것만은 아니다. 안정적인 수입을 원하는 게 잘못은 아니지 않은가. 전망 좋은 집이나 여유로운 연금을 원하는 게 무슨 문제란 말인가. 하지만 자신이 왜 그 일을 하고 있는지, 자신이 진정으로 원하는 걸 이루기 위해 애쓰고 있는지에 대해 묻지 않는다면, 결정적인 순간에 "만약 이랬다면?" 하고 후회할 위험이 높아진다.

그러므로 '내가 어디로 향하고 있는가?'를 시작으로 자기 자신에 대한 질문을 몇 가지 해보자.

(당신의 이름)의 조립 라인 ______________________

주위 사람들이 내게 하는 말.

"나는 ______________________ 가 되어야 한다."

"나는 ______________________ 를 해야 한다."

만일 내가 이런 조립 라인에 있다면,

지금으로부터 5년 뒤에 나는 ______________________ 것이다.
(비밀, 방황하고 있을, 짜릿한 기쁨을 느낄, 미래를 궁금해 할, 취업을 했을)

하는 일이 흥미로운가?

나는 주말만 기다리며 살고 있는가?

사는 게 즐거운가?

누가 나와 함께 가고 있는가?

다시 10년이 지난 뒤에, 나는 ______________________________ 것이다.
(어려움을 겪고 있을, 즐기며 살고 있을, 두려움에 빠져 있을, 열심히 일하고 있을, 나날이 발전하고 있을,
원하는 길에서 벗어나 있을, 지쳐 있을, 활기차게 살아가고 있을)

나는 지금 하는 일에 능숙한가?

나는 도전의식이 있는가?

내가 어디로 가고 있는 것 같은가?

내 삶에 동력이 있는가?

아내/남편/파트너가 있는가? 아이들이 있는가?

나는 행복한가?

내가 원했던 곳에 있는가?

내가 하고 싶은 일을 하고 있는가?

또 다시 15년이 흐른 뒤에, 나는 _______________________________ 것이다.
(행복할, 혼란스러워 할, 두려워 할, 흥미진진해 할, 곤경에 빠져 있을, 성취감을 느낄, 자부심을 느낄, 후회할)

나는 어디에서 살고 있을까?

내가 하는 일이 어떻게 보이나?

나와 함께 시간을 보내는 사람들을 좋아하나?

내가 하는 일에서 기쁨과 의미를 얻고 있나?

15년 전의 나보다 더 나은 사람인가?

내가 이제껏 살아온 삶에 자부심을 느끼는가?

우리도 마찬가지였다.
우리에게 그랬듯 지금이
시작하기 좋은 때다.
계속 이 책을 읽어라.

앞날이 아주 밝아 보인다.
당신은 행운아다.
이 책을 계속 읽어라. 이 책은 당신의
생각을 확고히 해주고
당신 자신의 길을 계속 갈 수 있게끔
도와줄 것이다.

주위에서 곧잘 들려오는 얘기처럼, 모험을 하며 살거나 정해진 길에서 벗어난다고 해서 도로 주변의 노숙자 신세로 전락하지는 않는다.

인터뷰 동안 삶을 대하는 자세에 대해 깨달음을 준 많은 사람들, 다시 말해 우리가 리더라고 칭하는 사람들은 조립 라인에서 벗어난 뒤에 비로소 마음의 안정뿐 아니라 경제적 안정을 얻었고 진정한 성공의 길을 걸었다. 당장 해결하고 싶은 문제와 아무 관련도 없는 듯 보일 수 있고 당황스럽기도 한, 자신에 대한 적나라한 질문들을 파고 듦으로써 그들은 조립 라인에서 벗어났다. "나는 어떤 사람인가?" 하고 묻는 즉시 조립 라인의 바퀴 돌아가는 속도는 느려질 것이다. 조립 라인이 천천히 돌아갈수록 거기서 뛰어내리기가 쉽지 않겠는가.

페니 브라운 레이놀즈[*] 판사는 자신에 대한 질문을 통해 조립 라인에서 뛰어내린 산증인이다. "복표하는 일에 나서시는 데는 상당한 훈련이 필요합니다. 매일 아침 눈을 뜨면 '나는 어떤 사람이지?'하고 스스로에게 물어야 하니까요." 페니는 루이지애나에서 불우한 어린 시절을 보냈다. 로스쿨에 들어가기 전까지 집 없는 설움과 학대를 견디어내야 했다. 그토록 힘겹게 살았으면서도 페니는 그녀 앞에 활짝 펼쳐진 길을 따르지 않았다. 놀랍게도 자신이 선택한 길이 여전히 자신의 흥미와 일치하는 것인지 확인하기 위한 질문을 결코 멈추지 않았다. 페니는 억압을 당하고 학대 받는 사람들이 맞서 싸울 수 있도록 돕는 길을 택했다. 그래서 판사가 되었고, TV로 방송되는 법정 재판을 주재했으며, 지금까지도 꾸준히 자신의 흥미와 관심을 따르는 길을 걷고 있다. 페니는 그런 삶을 간단하게 정리해 주었다. "저는 이제 진심으로 제 길이 끊임없이 발전하고 있다는 것을 압니다. 제 마음이 계속 열려가고 있거든요. 방관자처럼 자신의 삶을 지켜보는 일은 그만하세요."

자신에 대해 모르던 사실을 깨닫게 되면, 궁극적으로 가고 싶은 길에서 벗어난 길을 가고 있다는 것 또한 알게 된다. 당신이 지금 어떤 길을 가고 있는지 질문을 던져보라. 그러면 조립 라인의 기어가 덜컹거리며 속도가 느려질 것이다. 그때 조립 라인에서 뛰어내려라.

WHAT I'M SUPPOSED TO DO
YOU BETTER HAVE A BACK-UP PLAN
YOU'RE NOT SMART ENOUGH
STOP WASTING YOUR TIME

CHAPTER 2

소음에서 벗어나라

우리 개개인의 의사표현을 삼켜버리는 시끌벅적 요란한 주장, 조언, 기대의 말 등은 모두 소음이다. 가족, 교사, 카운슬러를 비롯하여 넓게는 사회 전반에서 소음을 내뿜는다. 우리에게 끊임없이 구매를 촉구하는 마케팅 광고에도 소음이 섞여 있고, 번들번들한 고급 잡지의 표지에서 특정 상품을 들고 웃음 짓는 유명인의 사진에도 소음이 숨겨져 있다. 소음을 내는 주체가 친구이든 경쟁자이든, 낯선 사람이든 가족이든, 소음은 똑같은 영향력을 발휘한다. 우리가 읽는 책이나 우리가 보는 TV 프로그램을 포함해서 모든 소셜 미디어 영역에도 소음이 깃들어 있다. 그리고 위험천만하게도 우리 자신의 마음속에도 소음이 존재한다. 어떤 사람에게 소음은 무엇보다 돈을 많이 벌어야 한다거나 성공한 사람의 발자취를 따라야 한다는 인식을 심어주고, 또 어떤 사람에게는 꿈을 좇아 성공하기는 힘들다거나 여느 사람들과 다른 뭔가를 하려고 애쓰는 건 정신 나간 짓이라는 점을 강조하기도 한다. 어떤 경우이든 소음은 우리를 정해진 길로 몰아붙이는 용광로와 같은 역할을 한다.

개인마다 접하는 소음은 각기 다르다. 하지만 소음은 모든 이의 출발점이 되기도 한다. 실제로 우리가 로드트립을 하면서 만나 이야기를 나눈 리더들도 모두 소음을 그들 인생에 영향을 준 한 요인으로 꼽았다.

우리 가족은 제가 교사가 되는 걸 반대했어요. 엄마는 "그 일로는 절대 큰돈을 못 벌어!"라고 말씀하셨죠.

— 트레이시 패리쉬 : 전직 교사, AT&T 파운드리(역주 —미국 최대의 전화통신회사) 영업부장

"고등학교(가톨릭 기숙학교) 3학년 때, 졸업을 이틀 남겨 두고 한 수녀님이 제게 '주유소에서 주유하는 것도 좋은 일이지. 그런 일을 하면서 사는 게 네 인생이야.'하시더군요."

— 제라드 베이커 : 마운트 러슈모어 국립 기념 공원의 첫 인디언 관리자

"저는 볼티모어 외곽의 유태인 지역에서 자랐어요. 주위에서 다들 제가 의대에 가길 바랐죠... 제가 달리 어쩔 수 있었겠어요? 좀 똑똑하다 싶으면 다 의대에 가고, 의사가 되는 줄 아는데요!"

— 아이라 글래스 : 〈디스 어메리칸 라이프〉의 진행자

"우리 집은 아주 보수적이었어요. 딸들은 학교에 보내지 않고, 결혼하기 전까지 집안일을 돕게 했어요... 어느 날 집에 가서 '플로리다 대학교에 합격했어요.' 하니까 대뜸 '뚜 에스따스 로까?!'(역주 — '너 미쳤니?!'란 뜻의 스페인말)라는 반응이 나왔죠."

— 베티 코티나-바이스 : 〈라티나 매거진〉의 편집장

"저는 바이올린 연주 전공으로 USC 대학교 음대에 합격했어요. 하지만 입학 첫날 전공을 재즈로 바꾸기로 결심했죠. 부모님은 펄쩍 뛰셨고, 지원해준 모든 사람들이 갑자기 저랑 말도 안 하려고 했어요... 저는 고전음악과 현대음악을 접목하고 싶었는데, 클래식 음악을 하는 사람들은 그 둘을 섞을 수 없다고 했어요."
— 폴 다테 : 힙합 바이올린 연주자

"저는 사립 고등학교에 다녔는데, 담인 선생님께 드럼 연주자가 되고 싶다고 말씀 드린 적이 있어요. 그 말을 듣고 선생님이 비꼬는 투로 '흠, 배운 걸 아주 잘 써먹겠구나.'하셨죠. 선생님이 드럼 치는 걸 별 볼일 없는 일로 여기셔서 너무 속상했어요."
— 크리스 윙크 : 블루맨 그룹의 공동 설립자

"저는 주민 대부분이 농장 인부였던 빈민지역 출신입니다. 제 부모님도 들일을 하셨고 고등학교도 다니지 못하셨죠... 제가 고등학교에 다닐 때, 주위에서 장사 일을 배우라고 하더군요. 꿈을 좇아 공부를 더해 봤자 성공하지 못할 거라면서요."
— 라울 루이즈 : 내과의사이자 국회의원, 하버드대학교에서 석사 학위를 세 개나 받은 최초의 라틴계

"제가 집에 가서 '엄마, 서핑을 배우고 싶어요.' 하니까 엄마가 이렇게 대답하셨어요. '절대 안 돼. 서핑은 남자들이나 하는 거야. 넌 비키니를 입고 해변에 앉아 있기만 하면 돼. 남자들이랑 경쟁할 생각 말고. 그런 걸 하면 남자친구가 안 생길 거야.'"
— 홀리 벡 : 프로 서퍼

지금까지 예를 보고 당신은 필시 소음이 꼭 악의적인 것만은 아니라고 생각했을 것이다. 대부분 좋은 뜻으로 도움을 주려고 하는 말이지만, 설득하려다 보니 좋은 의도가 가려졌을 뿐이라고 말이다. 그러므로 소음과 정말로 도움이 되는 조언을 구별할 수 있어야 한다. 동료나 손위 사람의 말이 자기 자신에 대해 다시 생각해보고 앞으로 갈 길에 대한 통찰력을 준다면, 그 말은 의심할 여지 없이 유용한 조언이다. 하지만 우리는 개별적으로 우리를 고려하지 않는 보편적인 지혜에 쉽게 휘둘리기도 한다. 그런 조언은 도움이 되지 않는다. 그저 소음에 불과하니까.

소음은 두려움과 불안에서 벗어나는 방편을 제공하기 때문에 위험하기도 하다. 무엇을 "해야 한다"는 말에 귀를 기울이다 보면, 마치 자신만의 "비상 낙하산"이 있는 양 생각하게 될 수 있다. 집단 사고를 통해 인지된 안정감에 휩싸이기 때문이다. 이미 나 있는 길을 따른다면, 그 길이 어떠할 거라고 들은 얘기와 어긋나거나 혹은 전혀 다른 길이라고 해도 당신이 비난받지는 않는다. 물론 소음이라는 낙하산이 실제로 안전하게 해주는 건 아니다. 단지 당신이 순간순간 내린 결정이 어떻게 당신을 지금 이 순간, 이 위치에 이르게 했는지 따져보는 것을 막을 뿐이다. 소음은 자기 자신에 대한 의문에 직면하는 것을 막아버린다. 하지만 그런 의문을 일으키는 근본적인 원인을 살피고 알아보아야 진정한 당신을 발견할 수 있는 새로운 길에 이를 수 있다.

2015년 아카데미 후보에 올랐던 영화감독, **리처드 링클레이터***는 소음을 극복하는 것은 메뉴판에 없는 음식을 주문하는 것과 같다고 말한다. 텍사스 주의 작은 도시에서 자란 그는 작가가 되기를 꿈꾸었다. 하지만 문학을 전공하려 했던 그는 호된 반대에 부딪혔다. "부모님이 '뭐, 그래, 문학을 전공할 수도 있지. 하지만 그런 걸 공부해서 뭐가 될 수 있겠니? 우린 그런 걸 먹고 살지는 않잖아.'라며 반대하셨어요."

리처드 앞에 놓인 메뉴는 너무도 분명했다. 문학 따위 생각도 하지 말고, 법학 학위를 따서 안전한 길을 가는 것이었다. 그는 그런 소음에서 어떻게 벗어났을까? "가까운 사람들이 제게 한 현실적인 충고가 '넌 의대나 법대에 가야 한다.'는 것이었습니

다. 하지만 그 사람들이 제가 정말로 변호사가 되기를 바란 걸까요? 아닙니다. 그런 말은 그저 듣기 좋은 말에 지나지 않죠. 전 그런 말을 들으면서 '누구나 하고 싶어 하는 일이 내게 적합한 일일 수는 없어. 난 누구나처럼 살고 싶지 않아. 다른 사람들의 인생을 살기는 싫어.'라고 생각했습니다."

리처드는 그의 앞에 제시된 길을 따르지 않기로 했다. 20대에 친구들이 대학원에 가고, 경력을 쌓으려 애쓰는 동안 그는 다른 길을 선택했다. "전 그때 이렇게 생각했습니다. '좋아, 난 주변의 충고를 무시하겠어. 모두들 가라고 하는 길의 정반대로 갈 거야. 내가 어디에 이르게 될지는 나도 몰라. 하지만 다른 사람들의 충고를 따르는 것보다 내 마음을 따라 가는 길이 훨씬 흥미로울 거야.'"

그는 석유 굴착 노동자로 일하면서 최대한 아껴 쓰고 남은 돈을 저축했다. 그리고 이삼 년 후에 소위 "수도자처럼 세속을 거부하고 원하는 일에 전념하는 단계"에 이르렀다. 그는 영화 제작에 대한 모든 것을 욕심 사납게 받아들였다. 엄청난 양의 영화를 보았고, 책을 읽었고, 편집 장치를 사들여 사용법을 스스로 깨우치며 편집 기술을 익혔다. 그에게 성공이란 이미 정해져 있는 길이 아니었다. 수많은 좌절과 문제에 직면해도 내면의 목소리를 따라 힘겨운 노력을 게을리 하지 않는 것이었다. 그런 길을 따른 결과, 그는 〈라스트 스쿨데이〉(Dazed and Confused)와 〈비포 선셋〉(Before Sunset) 같은 극찬을 받는 영화를 만들었고, 독립영화 비평계에서 최고의 찬사를 받는 영화감독이 되었다.

1장에 나왔던 BET 진행자, 제프 존슨 얘기를 다시 해보자. 제프는 대학 육상 스타였지만, 자신의 흥미와 관심을 좇아 다른 사람들을 돕는 일을 하기 위해 장학금을 포기했다. 그런 길을 따르면서 그는 자신의 의지로 선택한 삶과, 이른바 "리모컨 인생"으로 이리저리 흔들리는 삶의 크나큰 차이를 깨닫게 되었다. 리모컨 인생을 살아가다 보면, 진정 고무적인 방향으로 자기 자신의 삶을 밀고나가기 위한 결정을 할 수 없게 된다. 부모 세대가 하고 싶어도 하지 못한 한을 풀어준다는 허울 아래 자기 자신의 욕구를 외면하는 젊은이들이 있는데, 자기 자신에게 끊임없이 다음과 같은 질문들을 해야 한다. 내 삶에서 누가 결정 버튼을 누르고 있는 거지? 이미 짜여 있는 틀에 맞추기 위해 나 자신에 대한 믿음을 저버리고 있는 건 아닐까? 나 자신의 흥미, 가치, 희망, 꿈에 맞는 선택을 하면서 살고 있는 건가? 제프는 다시 한 번 우리를 일깨웠다. **"사람들이 당신 생각에 동의하든 말든 상관할 필요 없습니다. 다른 사람들이 당신 인생을 살아가는 게 아니니까요."**

우리가 설명회 같은 공식적인 자리에서 소음에 대해 얘기할 때면 거센 항의가 빗발친다. 교사들은 조용히 우리를 따로 불러내곤 하고, 위기감을 느낀 학부모들은 중간에 일어나서 "짚고 넘어갈 게 하나 있습니다. 지금 우리 아이들에게 부모나 교사의 말을 듣지 말라고 하는 겁니까? 그게 말이 되는 소리입니까!"라며 목소리를 높인다. 그런 학부모에게 우리는 소음을 거부하라는 말이, 얼굴 문신에 열을 올리는 반항적인 십대들이 부모 말을 무시하는 것처럼 모든 말에 귀를 막으라고 하는 게 아니라고 해명한다. 무조건 부모 말에 귀를 막으라는 것이 아니라 당신의 삶에 영향을 주는 조언이나 건설적인 비난은 스스럼 없이 받아들이고, 그런 걸 참고해 판단하고 결정하라는 말이다. 때로는 비난받는 게 마땅하다. 완벽한 세상에서야 우리가 하는 모든 일에 격려를 받고, 부모나 상사나 길에서 만나는 모르는 사람들에게까지 찬사를 받겠지만, 현실에서 우리는 수없이 실수를 한다는 것을, 그리고 소음에 휩싸여 있을 때는 그것이 소음이란 걸 알아차리기 어렵다는 것을 인정해야 한다.

투지 왕성한 코미디언으로 곤충 소비에 대한 리얼리티 TV쇼를 진행했던 **조 로건**도 때로는 비난이 최고의 치료제가 될 수 있다고 말한다. "인터넷 비난처럼 끔찍한 비난은 없을 겁니다. 컴퓨터 앞에 앉아서 익명으로 글을 쓰는 사람들은 너무나도 지독한 말을 함부로 쏟아내기도 하죠. 하지만 때로는 그 사람들 말이 맞습니다. 이유 없이 써대는 악플은 받아들이기 힘들지만, 타당한 비난도 있습니다."

자기 자신을 속속들이 알아보라

부정적인 소음과 유용한 평가를 어떻게 구별할 수 있을까?

자신에게 솔직해짐으로써 소음을 걸러내라. 리처드 링클레이터가 그의 삶에 대해 받은 모든 조언을 무시하고 자기 자신의 뜻에 따르기로 했을 때, 그가 원하는 명확한 비전을 당장 내세울 수 있는 건 아니었다. 하지만 그는 상투적으로 떠벌리는 다른 사람들의 말이 자기 자신과 관계가 없다는 것을 알았다. 그는 자신의 삶에 대한 주변 사람들의 기대를 알았기 때문에 소음으로부터 벗어나 자신을 돌아보는 단계에 이를 수 있었다. 그런 자기 성찰의 단계에 이르려면 자기 자신에 대해 속속들이 알아보아야 한다. 소음이 당신의 특성에 어떻게 모순되는지 알아내려면 당신의 진정한 흥미, 가치, 포부를 알아야 하지 않겠는가. 당신이 받은 제안, 조언, 가정을 분석해 보고, 그런 것이 당신의 흥미나 가치와 조화를 이루는지, 아니면 당신과는 맞지 않는 외적인 기대의 산물인지 생각해 보라.

건설적이든 파괴적이든 비난에 대해 얘기하자면, 선생님, 부모, 친구들, 가족, 동료들이 당신의 삶을 보여주는 유투브 영상 아래에 한 줄의 댓글을 단 것 정도로만 생각해라. 그들의 댓글이 "좋아요"를 얼마나 많이 받는지는 중요하지 않다. 그들의 말이 타당한지, 좀 더 깊이 생각해 볼 가치가 있는지 결정하는 것은 당신 자신이다.

소음을 구별하는 기본적인 규칙은 다음과 같다. 만일 주변의 말이 당신을 한 개인으로 고려한 것이고, 진심에서 우러나온 말로 들린다면, 그 말은 소음이 아닐 가능성이 높다. 반면에 "이 말은 나를 두고 하는 말이 아니다"는 생각이 든다면, 그 말은 소음이다. 당신의 진정한 자아와 요란하기만한 소음 사이의 차이를 정확히 파악하면, 당신의 가치 체계를 확고히 하는 데 큰 도움이 된다. 그리고 또 다른 소음이 나타날 때 그것을 분명히 알아차리는 데도 도움이 된다.

정말 그런지 시험해 보고 싶다면 뒷장의 흐름도를 따라가 보라. 당신이 하루, 한 주, 혹은 지난해를 돌아보고, 주위 사람들로부터 들은 말, 조언, 평가를 생각나는 대로 적어 보라. 그리고 흐름도를 통해 소음으로 발견된 것들을 콕콕 찍어 구멍을 내라. 일종의 심리적 동전 분리기처럼 당신이 들은 페이지 곳곳에 구멍이 난다면, 소음 난에 소음이 수북이 쌓이는 결과를 얻게 될 것이다.

다음 페이지나 일기장, 혹은 노트나 거울 위에 당신이 찾아낸 소음들을 모두 적어라. 그러고 나서 나중에 참고 자료로 돌이켜 볼 수 있도록 "이전"이란 말을 붙여 사진을 찍고 난 뒤에 그 소음 목록을 없애 버려라.

　다 지워 버려라! 불태워 버려라! 조각조각 찢어 버려라! 벽돌에 딱 붙여 버리든 바닷물에 떠내려 보내든, 통쾌한 기분이 들 수 있는 방법으로 없애 버려라. 그 다음에 "이후"란 제목을 붙여 사진을 찍거나 비디오 영상으로 기록해라. 그런 경험을 다른 사람들과 공유하고 싶다면, #RoadmapBook 태그를 붙여서 인터넷에 올려도 좋다. 또한 그 해시태그(#)를 찾아서 다른 사람들은 소음을 어떤 방법으로 없애버렸는지 알아볼 수도 있다.

　방금 위에서 말한 대로 한다면 당신 자신과 소음 사이에 거리가 생길 것이다. 그런 거리가 참으로 중요하다. 만일 당신이 소음을 없애버리지 않으면, 소음이 당신의 마음속에 스며들기 때문이다. 창형 흡충의 유충이 개미의 마음을 조종해서 밤새 풀잎 끝에 들러붙어 있다가 소나 양에게 잡아먹히도록 하는 것처럼, 소음은 당신을 조종할 것이다. "넌 그런 일에 맞지 않아."라는 주변사람의 부드러운 꾸짖음이 점차 "난 그런 일에 맞지 않아."로 바뀔 수 있다. **내면화된 소음은 우리의 신념 체계에 영향을 미치고, 우리의 자아감을 약화시키며, 우리의 자신감과 꿈을 앗아간다. 그뿐이 아니다. 소음으로 오염된 인생관이 독감처럼 다른 사람들에게 퍼질 수도 있다.**

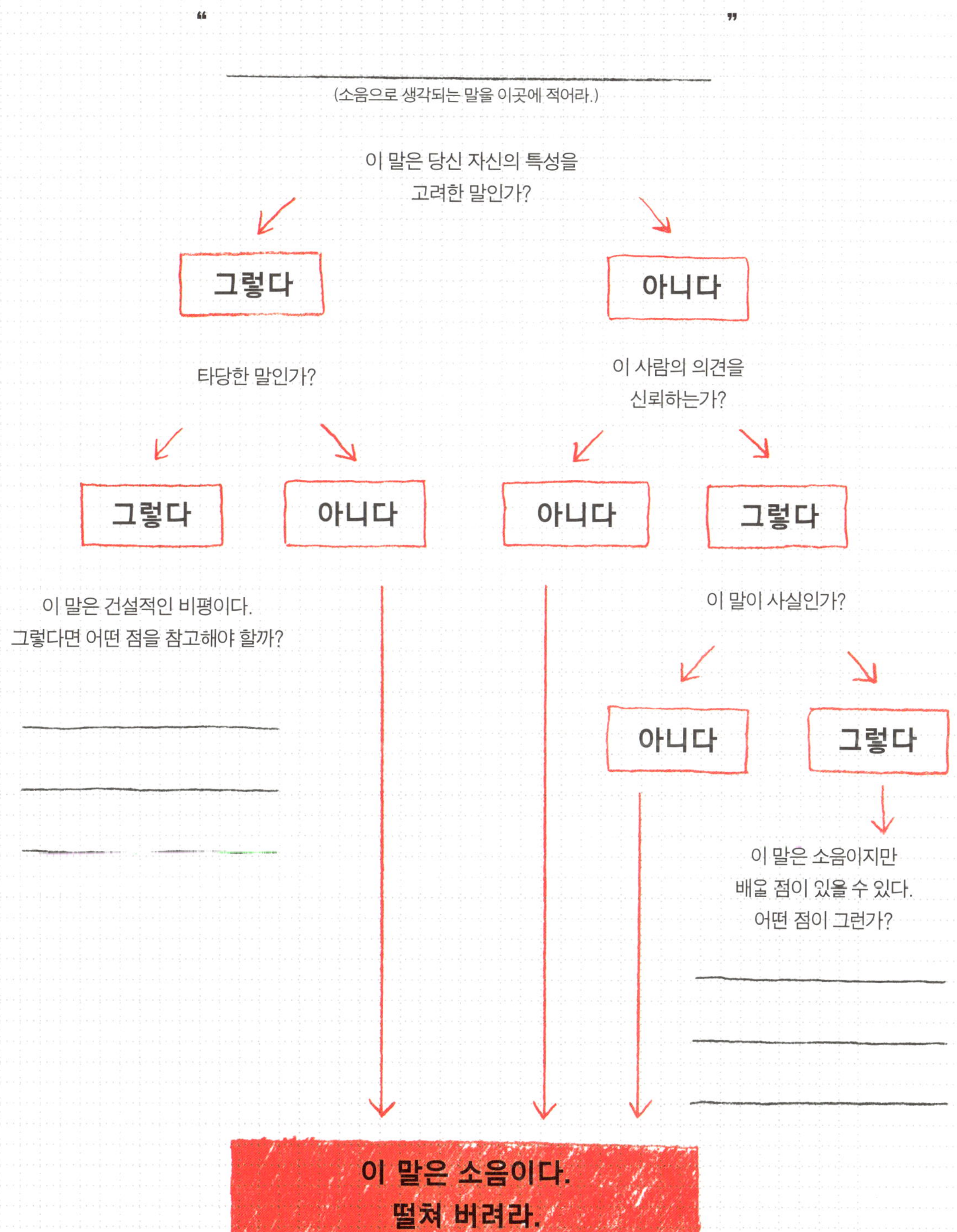

이 말은 소음인가?
"   "
(소음으로 생각되는 말을 이곳에 적어라.)
이 말은 당신 자신의 특성을 고려한 말인가?
그렇다
아니다
타당한 말인가?
이 사람의 의견을 신뢰하는가?
그렇다
아니다
아니다
그렇다
이 말은 건설적인 비평이다. 그렇다면 어떤 점을 참고해야 할까?
이 말이 사실인가?
아니다
그렇다
이 말은 소음이지만 배울 점이 있을 수 있다. 어떤 점이 그런가?
이 말은 소음이다. 떨쳐 버려라.

미국 태권도 챔피언을 다섯 번이나 했고, MIT에서 음악 이론을 강의하고 있는 유명 피아니스트, **일레인 권***은 겉으로는 소음에 전혀 영향을 받지 않은 사람으로 보인다. 하지만 일레인은 성인이 된 이후 끊임없이 자기 의심과 맞서 싸워야 했다.

그녀의 이야기를 들어보자. "저희 아버지는 우리가 성공하기만을 바라셨어요. '넌 아시아계의 소수민족인데다 여자야. 그러니까 남들보다 두 배로 열심히 노력하고 두 배로 더 잘 해야 해.'라고 말씀하셨죠. 대학을 결정할 때도 그렇고 제 진로를 결정할 때 정말 힘들었어요. 제 뜻과 상관없이 의사가 되어야 했거든요. 부모님은 제가 안전하고 안정적으로 살기를 바라셨어요. 그러려면 좋은 직업을 가져야 한다는 비전을 갖고 계셨죠."

잠시 생각해 보자. 당신이라면 사랑하는 사람의 비전을 어떻게 거스르겠는가? 그런 비전이 지극히 합당해 보인다면 말이다. 당신의 주된 가치관과 맞지 않는다고 해도, 그런 비전을 당신 자신의 것으로 받아들일 수 있겠는가? 소음에 맞선 일레인의 싸움은 그녀 자신이 진정으로 원하는 것에 대한 자기 의심과의 싸움으로 나타났다.

일레인은 부모의 기대에 따라야 할지 피아니스트가 되고 싶은 자신의 꿈을 좇아야 할지 선택해야 했다. 너무나도 중요한 선택의 기로에서 그녀는 어떻게 했을까? "그때 전 이미 워싱턴 대학교의 의예과에 등록하기로 되어 있었어요. 하지만 전 의대에 가고 싶은 마음이 없었죠. 그래서 아버지께 정말 어렵게 말씀을 드리고 제 마음을 따르기로 했어요. 그러지 않으면 제 마음이 병들 것 같았거든요. 그렇게 전 주위의 말에 귀를 막고 음대에 갔어요."

그런 선택이 지금 큰 힘을 발휘하고 있다. 그녀도 그 힘을 뒤늦게 깨달은 듯 말했다. "만일 제가 안정적인 보통 길을 따랐다면, 지금처럼 카네기 홀에서 공연하는 건 꿈도 못 꿨을 거예요."

 www.roadtripnation.com/leader/elaine-kwon

그녀의 이야기 속에는 또 다른 중요한 교훈이 담겨 있다. 내면의 소음에 맞선 그녀의 분투는 대학 시절 이후로도 계속되었다. "저는 부담감이 너무 컸어요. 아직도 그런 부담감을 느끼죠. 하지만 대개는 제 자신이... 대개는..." 그녀는 잠시 말을 멈추었다가 처음으로 뭔가를 깨달은 것처럼 덧붙였다. "어쩌면 그런 부담감이 어릴 때부터 습관처럼 제 몸에 배었는지도 몰라요... 전 외부에서 주어지는 압력을 내면화하거든요. 그래서 아직까지도 제 자신을 압박하고 있어요."

그렇다. 소음을 평생 물리칠 수 있는 백신은 없다. 소음은 절대로 완전히 떨어져 나가는 법이 없다. 이 장을 마무리 짓는 말이 답답하고 우울하다고 생각할지 모르지만, 따지고 보면 위로가 되는 말이다.

소음은 누구에게나 평등하다는 점을 생각해 보라. 한 국가의 통치자에서부터 혁신적인 기술자나 콧수염을 멋들어지게 기른 칵테일 바의 바텐더에 이르기까지, 성공하려면 누구나 소음을 극복해야 한다. 우리는 로드트립을 시작하기 전까지, 어느 분야에서든 성공한 사람들은 우리처럼 스스로에 대한 의심으로 괴로워하는 일은 없을 줄 알았다. 한데 그런 사람들도 우리와 똑같은 문제로 힘들어한 적이 있다는 얘기를 듣고 나니, 우리가 안간힘을 쓰는 것이 정상이란 생각이 들었다. 소음과의 힘겨운 싸움이 결코 끝나지 않는다고 해도, 우리나 당신만 그런 게 아니다. 증거가 있느냐고?

처음 이 책을 쓰기 시작했을 때, 우리는 마음속으로 이렇게 중얼거렸다.

'이런 내용이 효과가 있을까? 이치에 맞는 말로 들릴까? 우리가 이런 책을 쓸 만큼 지혜로울까?

CHAPTER 3

스펙을 쌓을 게 아니라,
한 겨 한 겨 삶을 쌓아가라

당신은 어떤 사람이라고 말할 수 있는가? 현재에 이르기까지 무슨 일을 해왔고, 지금 무슨 일을 하고 있고, 앞으로는 무슨 일을 할 것인가?

이런 질문들에 대해 생각할 때, 머릿속에 떠오르는 것이 요즘 만지작거리고 있는 이력서는 결코 아닐 것이다. 하지만 돈벌이가 있어야 살아갈 수 있는 이 세상은, 행복과 성공에 이르는 열쇠로써 이력서라는 종이쪽지에 집중하도록 가르쳐 왔다. 중요한 결정을 해야 할 때 우리는 스스로에게 묻는다. "이런 일이 내 이력서에 괜찮아 보일까?"

제목 칸에 "이력서 첨부"라고 덧붙인 이메일을 열어보게 될 인사담당자에게 깊은 인상을 주려면 우리가 가진 기술, 재능, 경력 등을 나타내는 인생의 대차대조표 어디쯤에 우리의 활동상을 기록할 수 있을까? 이런 문제가 이력서를 작성하는 요즘 사람들이 맞닥뜨리는 딜레마이다. 비디오 대여점처럼 이력서는 이제 구시대의 유물이다. 자기 자신을 만들어 가는 사람이나 직업을 만들어 내는, 새로운 부류의 사람들의 속도를 따라잡지 못하기 때문이다. 하지만 이런 사실이 아직 인사 담당자들에게는 영향을 미치지 않는다. 그래서 우리는 배운 대로 계속 이력서에 연연하면서, 실제 본연의 우리와는 별 관계가 없지만 성공한 듯 보이는 인생행로를 따르려고 한다.

"당신이 이 세상을 떠난다면 사람들은 당신의
묘비에서 세 가지를 보게 될 겁니다. 당신의 출생일,
대시 부호(-), 사망일을. 그중 제가 가장 중요하게
생각하는 건 대시 부호입니다... 태어나서 죽음을
맞기까지 당신은 어떤 삶을 살았나요? 당신은 어떤
사람이라고 할 수 있나요?"

– 그레고리 캐롤, 미국 재즈 박물관 CEO

그레고리의 질문은 "자기 만들기"를 위한 모든 행동의 핵심이 된다. 이력서는 "당신은 어떤 사람인가?"에 대한 답이 결코 되지 못한다. 이력서는 당신의 출생일과 사망일 사이의 대시 부호를 대신하지 못한다. 자기 자신에게 진정한 만족감과 짜릿함을 주는 것이 무엇인지 알아내려는 탐구가 전제되지 않은 스펙 쌓기는 불행한 결과를 초래할 수 있다. 아마도 그렇게 찾은 일은, 특별한 명분도 없이 일주일에 72시간씩 일하는 일 중독자들 사이에서 좀 더 높은 연봉을 받기 위해 치열한 경쟁을 해야 하는 일이거나 의미 있는 일에 다다를 가능성도 별로 없어 보이는데다 성취감도 없는 "징검다리" 같은 일일 것이다. 연봉은 많지만 일이 즐겁지도 않고, 고무적이지도 않고, 흥미와 맞지도 않을 때, 사무실 공간이 그저 주말을 기다리며 일하는 공간만으로 변질될 수 있다. 그런 상황에 빠진 사람은 당연히 비난을 받는다. 일을 잘할 리 없으니까.

싫어하는 일을 찾으려고 하는 사람은 아무도 없다. 하지만 소음에 귀 기울이고 주어진 길을 따를 때, 많은 사람들이 본의 아니게 이력서를 위해 살아가는 답답한 상황에 빠지게 된다. 먼저, 그런 삶이 얼마나 큰 시간 낭비인가를 생각해 보자. 우리가 일하면서 보내는 시간은 대략 인생의 3분의 1에 해당한다. 남은 시간 중 상당 부분은 잠을 자는데 쓰게 될 테고. 우리는 보통 하루에 여덟 시간, 일주일에 5일, 일 년에 52주(2주간의 휴가는 빼고.) 동안 일을 한다. 그러므로 당신이 대략 45년 동안 일을 한다고 가정하면…

당신의 인생에서

90,

000

시간을 견디기 힘든 일에 낭비하는 것이다.

이토록 큰 시간 낭비인 일을 왜 그만두지 못하는 걸까? 생활비를 벌기 위해서? 물론 생활비를 벌어야 한다. 하지만 우리가 십년 남짓 로드트립을 하면서 배운 게 있다. 목표에 도달하는 데는 여러 갈래 길이 있다는 것이다. 경제적인 안정과 즐겁고 만족스러운 일이 양립할 수 없는 것은 아니다. 우리가 경험한 바에 따르면 사실 그 두 가지는 긴밀히 연관되어 있다.

그러니 이력서에 목숨 걸지 말 것. 어찌됐건 이력서에 목을 매고 이끌려가는 삶은 그만두자는 말이다. 스펙이 화려하다고 해서 "올바른" 길을 걸었다는 걸 뜻하지는 않는다. 정말 훌륭한 이력서라면 적극적으로 흥미를 좇으면서 열심히 즐겁게 살아가는 사람임을 보여주어야 한다. 만일 당신이 그렇게 사느라 바쁘다면 당신은 스펙이 아니라 멋진 삶을 쌓아가고 있는 것이다.

삶을 한 켜 한 켜 쌓아가다 보면, 결국 훌륭한 이력을 쌓게 된다.

뒤로 미뤄진 인생 계획

당신이 성실하고 야심찬 능력자임을 보여주는 스펙을 쌓으려고 애쓸 것이 아니라, 밖으로 나가서 당신의 흥미와 관심을 끄는 일을 찾아서 매진해라. **정말로 하고 싶은 일을 뒤로 미루고 나중에 할 수 있는 때를 기다리지 마라.** 기다리기만 하면서 인생을 보낼 수는 없지 않은가. 저자이자 벤처투자가인 **랜디 코미사**[*]는 그런 식의 삶을 "뒤로 미룬 인생 계획"이라고 했다.

랜디가『승려와 수수께끼』(The Monk and the Riddle)에서 설명한 대로 뒤로 미뤄진 인생 계획은 투스텝 댄스와 같다. 먼저 해야만 하는 것을 하고, 그 다음에 하고 싶은 일을 하는 것이다. 먼저, 폼도 나고 연봉도 높은 변호사가 되어 일을 하고, 나중에 은퇴하고 나서 정말로 하고 싶은 일을 하는 것이 바로 뒤로 미뤄진 인생 계획이다. 그런 삶의 실례는 많고도 많다. **주말만 활기차게 사는 주말 전사가 되는 것도 뒤로 미**

뤄진 인생 계획대로 살아가는 한 예이다. 활기차게 살아가는 그런 시간들로 돌아가자. 그때만이 당신이 진정으로 살아가는 것이니까. 만일 주말 이틀 48시간만을 위해 산다면, 월요일부터 금요일까지 나머지 120시간을 어떻게 가치 있게 보내겠는가?

랜디는 뒤로 미뤄진 인생 계획의 위험을 입증하는 인물이다. 성공적인 저자이기도 한 그는 티보(TiVo) 출시에 힘을 보탰고, 루카스아츠(역주—LucasArts, 영화사 루카스 필름의 자회사인 게임 개발 회사)의 CEO로 일했으며, 징가(Zinga, 소셜게임 서비스회사), 웹엠디(WebMD, 의학사이트), 네스트(Nest, 전국 대학생 창업 연합 조직) 같은 최첨단 기술 회사들을 지원하는 벤처자본회사의 공동 경영자이다. 지역사회개발 프로그램에서 공연 홍보에 이르기까지, 그는 대학 졸업 후 자신의 흥미를 좇아 하고 싶은 일을 하면서 살아왔다. 하지만 얼마 후 그는 진지한 고민 끝에 안정적인 미래를 위해 좋아하지 않는 일을 하기 시작했다.

20대에 그는 로스쿨에 등록했다. 하지만 법학을 공부하면서, 그리고 그 후 변호사로 일하면서 아무런 즐거움도 얻지 못했다. 왜 그랬을까? "그때 저는 변호사가 돼서 얻은 것도 있지만, 변호사가 되지 않았다면 얻었을 것을 잃었다는 불안감을 떨칠 수 없었어요. 흥미와 무관한 삶을 살다보면 일반적으로 그런 생각에 빠지게 되죠.

뒤로 미뤄진 인생 계획의 문제는, 먼저 해야 한다고 생각한 일에서 성공한다고 해도, 그 뒤에 정말로 하고 싶은 걸 모를 수 있다는 겁니다. 그럴 때 중요한 건 자신의 경향이 어떤지, 사회의 경향이 어떤지 파악하는 거죠. 빨리 파악하면 할수록, 보다 큰 만족을 얻을 겁니다." 그는 애플사의 변호사였다! 얼마나 대단한 스펙인가! 스펙으로 보면 성공의 절정에 올랐음에도 불구하고, 그는 나른 방면에서 자신의 재능을 발휘하고 싶어 했다.

그래서 그는 안정적인 길을 버리고 게임 개발 회사의 실질적인 CEO로서 자신의 자리를 다시 만들었다. 창의적인 독립사업가로서 자신에게 꼭 맞는 자리를 만들어낸 것이다. 창의적인 사업체를 후원하고 저술활동을 하면서 주변 세상에 미치는 그의 영향력과 만족감은 더욱더 커졌다. 그리고 그의 이력서 또한 안전해 보이는 길을 따랐을 때보다 훨씬 더 화려해 보이게 되었다.

그는 이제 뒤로 미뤄진 인생 계획을 포기하고 정말로 좋아하는 일을 하며 살고 있다. 하지만 누구에게나 그런 행운이 따르는 것은 아니다. **'지금 고생하고 나중에 즐기자.'**는 생각을 떨치지 못하는 사람들이 우리 주변 어디에나 있다. 안타깝게도 어쩌면 당신의 부모도 그런 생각을 고수하며, 언젠가 나중에 정원 꾸미기 강좌를 듣고 싶고, 언젠가 나중에 그리스 섬을 여행하고 싶다는 얘기를 입에 달고 살지도 모른다. 그런 생각은 우리 로드트립네이션에도 익숙하다. 우리도 그런 생각을 가진 사람들 사이를 오가며 많은 시간을 보냈기 때문이다. 설명회를 하거나 공영 티비 시리즈를 제작하면서 그런 시간을 보냈다는 게 아니다. 미국의 로드트립 문화를 접한 경험에 대해 말하는 것이다. 로드트립을 하는 사람들을 평가하려는 게 아니니 오해하지 마라. 우리도 그중 일부가 아닌가. 하지만 조심스레 말을 꺼내자면, 우리는 로드트립을 하는 사람들 사이에서 언제나 두드러져 보인다. 야영지에서든, 장거리 자동차 운전자를 위한 식당에서든, 잠을 자기 위해 멈춘 휴게소에서든, 지나는 곳 어디에서나 우리는 곁눈질을 받는다. 로드트립을 하는 다른 사람들이 타고 다니는 자동차의 99.99%가 비밀 협정이라도 맺은 듯, 강이 내려다보이는 벼랑 꼭대기에 앉아 있는 호랑이나 늑대나 혹은 늑대를 낚아채려는 독수리의 그림이 있는 베이지 색 계통인데 반해, 우리가 타고 다니는 버스는 선명한 녹색이기 때문만은 아니다.

요점인즉, 우리가 시각적으로만 두드러져 보여서 곁눈질을 받는 건 아니라는 말이다. 우리가 튀어 보이는 데는 미묘하게 다른 뭔가가 있다. 우리와 마주친 도로 여행자들이 대놓고 말하는 건 아니지만, 우리를 보는 그들의 눈빛에는 "자네들처럼 젊은 애송이들이 벌써 이런 여행을 하고 다니면 안 되지. 젊을 땐 부지런히 돈을 벌어야 해!"라고 여기는 속내가 훤히 드러나 보인다. 뒤로 미뤄진 인생 계획의 맥락에서 볼 때, 그들의 태도는 소음의 일부이며, 보통과 다른 것을 용납하지 않으려는 사회의 방어적인 투쟁처럼 보인다.

우리도 그들의 마음을 모르는 건 아니다. 그들은 허리가 휘도록 이런 저런 일을 하면서 수십 년을 보냈을 것이다. 정말 하고 싶은 일은 뒤로 미루고. 노년이 된 지금 이 순간, 이런 여행을 하기 위해서. 그런데 "현실 세계" 경험이라곤 없이 제멋대로 사는 것 같은 젊은 풋내기들이 그 속에 낀 것이다. 그들은 십중팔구 우리의 경력을 시큰둥하게 받아들이겠지만 그런 태도는 고루한 사고방식에서 나오는 것이다. 갈수록 쇠퇴하고 있는 전통적인 직업관이 아직까지도 우리의 행동과 옷차림을 좌우하고, 이력서라는 지면에 우리 능력을 채워가는 방식에 영향을 미친다. 그리고 지금으로부터 몇십 년 후 은퇴한 뒤에 레저용 자동차를 사서, 지금 우리가 하고 있는 자동차 여행을할 수 있으니…… 나중에 원하는 대로 살기 위해 지금은 최대한 많은 돈을 벌어야 한다고 은근한 압력을 가한다. 하지만 잊지 마라. 당신이 모든 걸 제대로 한다고 해도,기대하는 미래가 확실하게 온다는 보장은 없다는 사실을.

일과 생활의 균형 맞추기는 잊어라. 둘을 하나로 통합해라!

일과 생활을 연결하는 방식에 패러다임 전환이 일어나고 있다. 사회과학자들은 조립라인에 빠진 사람들을 위한 해결책으로 "일과 생활의 균형"이라는 말을 퍼뜨려 왔고,CEO들은 그 말을 선뜻 받아들여 절대적 진리라도 되는 양 메모를 해놓거나 직원회의에서 언급하곤 했다. 하지만 우리는 일과 생활의 균형은 허울 좋은 헛소리라고 생각한다. 일과 생활의 균형이란 말은 그 둘이 별개이고, 서로 궤도를 돌아야 하는 대척점에 있다는 것을 암시한다. 그런데 균형을 맞추려면 어느 한 가지가 희생되어야 한다. 진정으로 동기를 부여하는 것을 따르거나 먹고 살기 위한 길을 따르거나. 그 둘의균형을 맞추기 위해 우리는 만족감을 느끼지 못하는 일을 피땀 흘려 해야 한다. 그러고 나서 여력이 있다면 저녁 식사를 준비하고, 세탁기를 돌리면서 짬짬이 몇 시간씩흥밋거리를 좇아야 하고, 또 그러면서 친구들이나 가족과 일상적인 관계를 유지해야한다. 다시 말해서 그 둘의 균형을 맞추기란 거의 불가능하다는 것이다. 그래서 일과생활의 균형 맞추기라는 승산 없는 게임에 지친 우리들 대부분이 하루를 마감하는시간이면 소파에 널브러져 재미없는 TV를 몇 시간씩 보곤 한다.

"참다운 삶"이란 정말로 하고 싶은 일을 하는 데 들이는 시간을 포기한 후 몇 시간을 사는 게 아니다. 올바른 의도와 사고방식을 갖는다면, 좋아하는 일을 하면서 풍족하게 살 수 있다. 그러니까 우리가 주장하는 건 일과 생활의 균형을 맞추려 하기보다 일과 생활을 하나로 통합하라는 것이다. 즉, 당신의 흥미와 일을 하나로 묶으라는 말이다. 매일 아침 설레는 마음으로 하루를 시작해서 신나게 일하는 것을 상상해 보라. 그런 삶이 바로 일과 생활이 통합된 삶이다. 하루쯤 농땡이 치고 싶은 마음으로 다시 잠자리로 파고드는 게 아니라, 알람시계 버튼을 누르며 일어나서 망설임 없이 하루를 시작하는 삶 말이다. 우리는 리더들과의 대화를 통해 그런 삶이 가능하다는 것을 몇 번이고 확인했다. 처음부터 그런 삶을 산 리더들도 있고, 중년이 돼서 그런 삶을 이끈 리더들도 있고, 때로는 여러 일을 거친 뒤에 힘겹게 그런 삶을 터득한 리더들도 있었다. 어쨌거나 개인적인 흥미에 부합하는 의미 있는 일을 하면서 넉넉하고 풍요로운 삶을 이끌어가는 것이 가능하다는 증거가 없었다면, 이 책을 쓸 엄두를 내지 못했을 것이다.

암벽 등반가이며 자연 사진작가인 **지미 친***이 살아온 이야기는 흥미에 이끌린 선택이 얼마나 멋진 결과를 가져올 수 있는지를 생생히 보여준다. 지미는 내셔널 지오그래픽, 노스페이스, 파타고니아, 롤렉스 같은 고객들을 상대로 사진을 찍는 탐험 사진작가로, 사람들이 부러워하는 일을 하며 살아간다. 세상을 탐험하고 사진을 찍고 스키를 타면서 보수를 받으니 말이다. 하지만 그보다 더 인상 깊은 건, 그가 스펙을 쌓기 위해 모험을 한 결과 그런 위치에 이른 게 아니라는 점이다.

그는 무작정 모험을 감행했다. 대학 졸업 후 직장을 구하거나 로스쿨에 들어가는 친구들과 달리, 부모를 설득해서 일 년 동안 세상과 그 자신에 대해 알아보는 시간을 가졌다. 유럽에서는 고등학교 졸업 후 대학 생활을 시작하기 전에 그런 시간을 갖는 일이 흔하지만, 그는 미국에서 그런 시간을 갖기 위해 적잖은 저항을 감내해야 했다. 그러면서 1년을 예상으로 낡아빠진 자동차에서 먹고 자며 여행하는 생활이 7년으로 늘어났다. 그는 다른 사람들이 귀중한 "이력서 공간"에 감히 쓸 생각을 하지 못할 특이한 일들을 했다. 스키를 타고, 산에 오르고, 사진을 찍었다. 그가 차에서 생활한 건 게을러서가 아니었다. 그 자신에게 중요하다고 생각되는 일에 몰두하고 그 자신의 흥미에 따르는 일을 하기 위해서였다. 그는 그런 삶을 밀고 나가기 위해 자라면서 갖게 된 모든 생각과 끊임없이 충돌하며 그에 반하는 선택을 했다.

하지만 그런 선택들이 뜻하지 않은 방식으로 유리하게 작용하기 시작했다. 멋진 사진 한 장이 어느 잡지사에 팔린 뒤로 다른 잡지사들이 너도나도 그를 찾게 된 것이다. 그로부터 몇 년 뒤에 그는 어떤 위험도 마다하지 않는 불굴의 사진 탐험대를 이끌면서, 말리의 사암 탑에서 킬리만자로의 정상에 이르기까지 숨이 멎을 만큼 놀라운 순간을 포착했다.

일단 그가 제일 하고 싶은 일을 찾아내자 그 일이 또 다른 흥미를 불러일으켰다. "작은 디딤돌들이 저를 여기저기로 이끌었습니다. 어떤 면에서 제 삶을 잘 통제하지 못한 것도 같지만, 산악 등반에 제 자신을 던지다보니 사진에도 흥미가 생겼습니다. 또 등반을 하면서 사진 탐험대를 모아 정말 먼 데까지 가게 되었죠. 경험으로 배운 게 없었다면 그런 일을 하지 못했을 겁니다. 경험을 통해 대학에서는 배우지 못하는 기술을 익히게 되면, 어느 순간 그 기술을 응용해 또 다른 일을 할 수 있게 됩니다."

랜디를 비롯해서 우리가 만난 여러 리더들처럼, 그는 경험을 통해 배운 것을 활용했고, 그것을 흥미와 결합시켰다. 그렇게 이끌어간 삶이 결국 화려한 경력으로 바뀌었다. 하지만 애초에 그가 목표한 것은 즐거운 삶이지 이력서라는 종이가 아니었다.

지금까지의 얘기는 결국 묘비에 새겨지는 출생일과 사망일 사이의 대시 부호, 즉 이 세상에서 주어진 시간을 어떻게 쓸 것인가 하는 문제로 요약된다. 당신은 어떤 사람이라고 할 수 있는가? 묘비에 새겨질 두 날짜 사이 공간을 어떻게 채우려 하는가?

우리가 줄 수 있는 최고의 조언은, 지금 당장 좋아하는 일을 시작하라는 것! 만일 당신이 젊다면, 부양해야 할 가족이나 경제력에 대한 책임감에서 보다 자유로운 지금 부지런히 당신의 흥미를 알아내고 그 흥미를 좇아라. 나이가 좀 들었다고 해도 얼마든지 흥미를 좇으며 살아갈 수 있다. 다만 좀 더 전략적인 방법이 필요하리라. 당신이 지금 어떤 상황에 있든, 어디서부터 시작해야 하든, 흥미를 좇으면서 얻게 되는 기술과 경험과 전문 지식이, 당신의 삶을 말해주는 "대시 부호"와 이력서에 나타나는 경력에 크나큰 자부심을 안겨줄 것이다.

당신의 흥미는 무엇인지, 흥미와 일을 어떻게 통합시킬 수 있는지 생각해보는 시간을
가져라. 이 세상에서 주어진 시간을 어떤 의미 있는 일을 하면서 보낼 것인가? 당신이 정말로
좋아하는 일을 할 수 있는 기술을 쌓으면서 보낼 것인가?

당신의 "대시 부호"를 무엇으로 채울 것인가?

멋진 삶을 위해 필요하다고 생각되는 것을 뭐든 다 적어 보라.

오른쪽이냐, 왼쪽이냐?

자카리아 코완

화씨 115도, 섭씨 46도에 이르는 지독히 무더운 날, 우리는 다음 인터뷰를 위해 사막을 달렸다. 셔츠 아래로 땀이 줄줄 흘러내렸고, 앞에 보이는 거라곤 하얗게 피어오르는 아지랑이뿐이었다. 길가의 주유소에 도착했을 때, 내 손만큼이나 큰 타란툴라가 주유 펌프기 위를 슬금슬금 기어다니며 우리를 맞았다. 마치 우리에게 환영 인사를 하면서 이곳은 자신의 영역임을, 이제 너는 우리에게 익숙한 곳이 아님을 일깨워주는 듯했다.

드디어 애리조나에 도착했다.

우리는 남쪽으로 더 내려가서 리오그란데 강을 지나 엘패소까지 가야 했다. 그러려면 한숨 돌릴 겨를도 없이 한증막더위 속을 달려야 했다. 그나마 인터뷰가 다음날 아침 일찍 잡혀 있는 것이 다행이다 싶었다. 아침 7시라면 이렇게 푹푹 찌지는 않을 테니까.

우리가 인터뷰하려는 사람은 네온 클라크로, 미국 남서부의 4백만 명에게 전기를 공급하는 미국 최대의 원자력 시설인 팔로 베르데 원자력 발전소에서 만나기로 했

오하이오 콜롬비아 출신의 **자카리아 코완**은 호기심으로 똘똘 뭉친 사람이다. 지속농업에서 대장장이 일에 이르기까지 온갖 일에 관심이 많은 자카리아는 과학에 대한 관심을 살려 오하이오 주립대학교에서 지질학을 전공했다. 하지만 다방면에 걸친 그의 관심과 흥미를 한 가지 구체적인 학문에 집중시키기는 결코 쉽지 않았다. 그래서 자카리아는 다른 두 젊은이와 함께 우리 녹색 버스에 합류해 미국 전역을 누비면서, 여러 가지 흥미를 의미 있는 삶으로 연결시킬 수 있는 방법을 찾고 있다.

 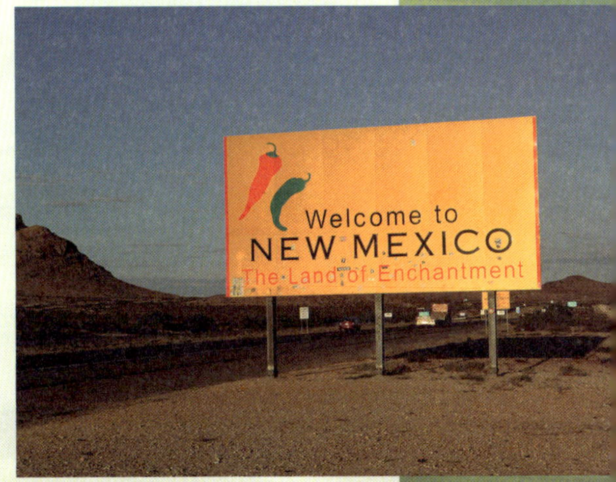

다. 전날 밤 잠을 청했던 화물자동차 휴게소에서 일어났을 때, 마치 우주정거장에서 피어오르는 것 같은 연기가 수평선 위로 보였다. 우리는 휴게소의 세면대에서 고양이 세수를 한 뒤, 커피를 한 잔 사들고 네온을 만나러 길을 나섰다.

네온은 시카고 남부 출신으로 체구가 건장한 남자였다. 몸가짐이며 근육이 전직 군인다웠지만, 웃으며 우리를 맞는 모습은 마냥 너그러워 보였다. 우리는 오전 시간을 함께 하면서 힘겨웠던 그의 어린 시절 얘기를 들었다. 아버지는 평생 행방불명자나 다름없었고, 형제들은 교도소를 제 집인 양 드나들었단다. 시카고 남부에서 흔히 들을 수 있는 얘기였다.

그는 해군에 입대하면서 시카고 남부에서 벗어났다. "전 열일곱 살에 고등학교를 졸업하자마자 해군에 입대했습니다. 아무것도 모르는 사람을 18개월 만에 해군 원자력 발전소 관리자로 만들어 준다는 프로그램이 해군에 있었거든요. 18개월 만에요! 하루 열다섯 시간씩, 월요일에서 월요일까지, 주말도 없이, 휴가도 없이, 18개월을 보냈죠."

그는 열아홉 살에 원자력 항공모함에서 42명의 기술자를 지휘했다. "그 프로그램을 통해서 얻은, 원자력에 대한 지식이 소중한 자산이 됐어요. 그래서 어떤 기관에서든 환영받을 수 있었습니다." 그는 해군 경력을 바탕으로 원자력 공학 관련 회사에서 연봉이 높은 일자리를 구하게 되었다.

지독한 가난을 딛고 자수성가한 이야기만으로도 그를 만나러 사막을 달려 온 보람이 있다는 생각이 들었다. 하지만 감동적인 그의 이야기는 거기서 끝나지 않았다. 우리를 더욱 빠져들게 한 이야기는 어른이 된 그가 어머니를 만나러 시카고 남부로 돌아간 때부터 시작되었다. "거기서 절망적인 분위기를 느꼈습니다. 그래서 시간을 내서 여러 고등학교를 찾아다녔죠. 가서 학생들하고 대화도 나누고 제가 살아온 이야기를 해주었습니다. 그러면서 학생들이 제가 살아온 길에 관심이 많다는 걸 알게 됐습니다."

그는 빈민 지역에 좀 더 많은 기회를 주기 위해, 노후를 대비해 저축했던 자금으로 비영리 단체인 유산 운동(Legacy Initiative)를 설립했다. 단호하게 기술 습득을 강조하는 레온 덕에 그 단체는 성공적으로 운영되고 있다. 어른이 되면 레온처럼 안전하고 안정적인 삶에 보다 큰 의미를 두게 된다. 그는 우리에게 다음과 같이 조언했다.

> "군사 훈련 덕에 저는 원자력 기업에서 서로 데려가려고
>
> 하는 유용한 인력이 됐습니다. 제가 하고 싶은 말은
>
> 한 가지 기술을 연마해서 숙달하라는 겁니다. 그러면
>
> 의지할 게 생기니까요."

전에도 수없이 들은 말이었다. 수많은 부모와 진로 상담사들이 꿈을 좇기보다 현실적인 대비책을 마련하라면서 하는 말 아니던가. 너무 쉽게, 너무 자주 소음으로 바뀔 여지가 있는 말이었다. 하지만 그에게서 들은 말은 다르게 느껴졌고 강렬하게 마음에 와 닿았다. 레온이 실제 그런 삶을 살아왔기 때문이었다. 그의 대비책은 전문적인 기술을 개발하는 것이었다. 그런 기술을 바탕으로 레온은 역대 연봉을 받는 일을 구할 수 있었고, 비영리 단체를 이끌어가기 위한 자금을 마련할 수 있었으며, 다른 사람들의 삶에 긍정적인 영향을 끼칠 수 있었다.

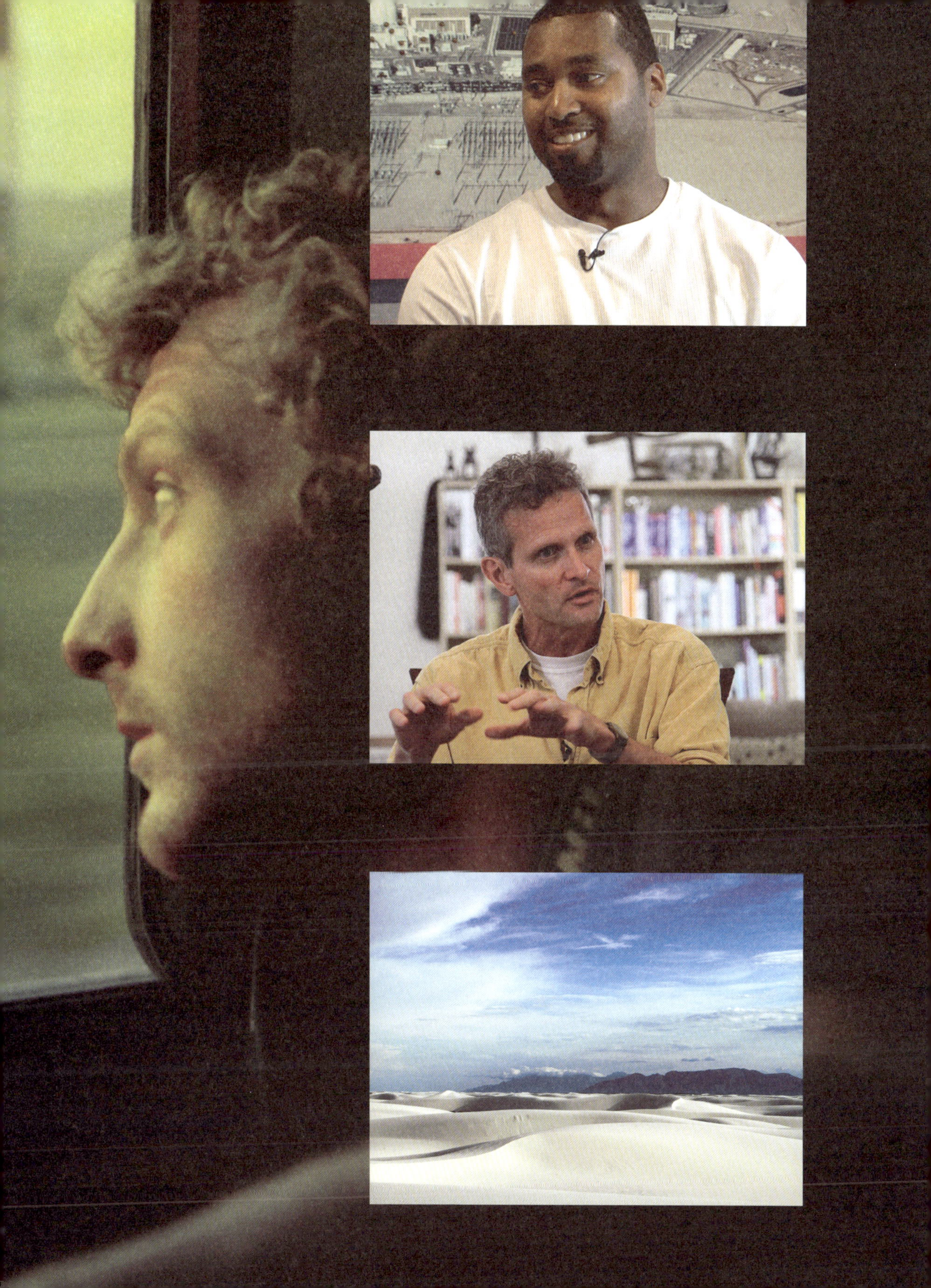

우리는 네온에게 작별 인사를 하고 다시 녹색 버스에 올랐다. 그리고 침묵 속에서 동쪽으로 달리면서 그의 이야기를 되새기며 이런 저런 생각에 빠져들었다. 내 삶에도 네온과 같은 것이 있었던가? 미래를 위한 대비책이 있었던가? 나도 그처럼 살아갈 근성과 투지가 있을까? 만일 있다면, 난 어떤 일을 해야 할까?

우리의 다음 목적지는 인구가 1,664명밖에 되지 않는 뉴멕시코 주의 콜럼버스였다. 콜럼버스의 한적한 중심가에서 밤을 지내기로 하고 버스에서 내렸을 때, 그곳의 인구는 백 명도 안 되어 보일 만큼 한산하고 적막했다. 달빛 아래 나지막한 상점들이 줄지어 있었는데, 흡사 〈마지막 영화관〉(The Last Picture Show)에 나오는 도시와 비슷한 분위기였다. 기분 전환 삼아 볼 영화도 없고 해서 우리는 해가 질 때까지 하릴없이 돌멩이를 차고 돌아다니며 거리를 배회했다. 그러고는 삐걱삐걱 소리를 내며 흔들거리는 버스 의자에 누워 잠을 청했다.

우리가 콜럼버스에 간 것은 폴 살로펙을 만나기 위해서였다. 폴은 내셔널 지오그래픽과 시카고 트리뷴에 쓴 기사로 퓰리처상을 두 번이나 받은 기자로 수많은 잡지에 글을 기고했다. 세계 곳곳을 누비고 다닌 기자가 어떻게 멕시코 국경이 엎어지면 코 닿을 거리의 외진 곳에 정착하게 된 걸까? 고르고 골라서? 어쩌다 보니까? 대체 무엇이 폴을 이런 시골구석으로 이끈 걸까?

폴은 젊은 시절 이곳저곳을 떠돌았다. 여러모로 아직도 그럴지만. 어느 해 여름, 생물학 학사로 대학을 졸업한 폴은 오토바이를 타고 미대륙 횡단에 나섰다. 최종 목적지는 멕시코 만으로, 그곳에서 작은 새우잡이 배를 탈 생각이었다. 하지만 통닭구이가 될 만큼 햇볕이 뜨거운 로스웰에서 오토바이가 멈춰 서고 말았다. 주머니에 달랑 60달러밖에 없던 폴은 로스웰에 머물며 돈을 벌어서 오토바이를 다시 산 뒤 여행을 계속하기로 했다.

폴은 마구잡이로 일을 찾다가 대학 학위를 내세워 그 지역 신문사에 경찰서 출입 기자로 취직했다. 그리고 그 일을 시작하자마자 자신에게 글 쓰는 재주가 있다는 것과 기자 일이 적성에 맞는다는 사실을 깨달았다. 그렇게 폴은 기자가 되었고, 그 일을 진심으로 좋아하게 되었다. 그리고 좋아하는 일에 흠뻑 빠져 전 세계를 누비며 취재에 나서게 되었다. 결국 로스웰이 폴에게 길을 열어준 셈이었다.

직선 코스 대 코스 이탈. 자격증 대 경험. 신중한 대비책 대 즉흥적 결정. 계획의 결과 대 뜻밖의 발견... 우리는 이틀에 걸쳐 사막을 달린 끝에 성공한 두 사람을 만났다. 그 둘의 인생관은 너무나도 대조적이었다. 우리에게 준 교훈도 완전히 달랐고. 두 사람 다 옳은 걸까? 아니면 어느 한쪽이 잘못된 걸까?

폴과 헤어지고 난 뒤 머릿속에서 이런저런 생각들이 요동쳤다. 두 사람의 얘기를 듣는 순간엔 다른 생각이 끼어들 여지가 없었건만. 두 사람 모두 우리에게 한 말을 전적으로 뒷받침하는 삶을 살아왔다. 하지만 그 둘은 너무나도 달랐다!

화이트 샌즈 국립 기념지에 도착했을 때, 우리는 버스에서 내려 두 사람을 만난 느낌을 털어놓았다. 그리고는 해가 진 광활한 사막 속으로 뛰어 들어갔다. 발목까지 푹푹 빠지는 모래 속을 달려 모래언덕 꼭대기에 이르자, 대조적인 두 사람의 이야기가 주는 교훈이 명확해졌다.

우리는 다른 누군가의 삶을 따라 살아서는 안 된다. 옳은 쪽도 틀린 쪽도 없다. 아무리 훌륭한 삶이라고 해도 맹목적으로 따른다면, 자신도 모르게 진부한 길로 빠지기 쉽다. 레온과 폴은 각자 그들의 결정을 이끌어줄 가치관을 발견했다. 우리도 그래야 한다. 한 사람 한 사람이 각자 자신의 열린 길을 찾아야 한다.

CHAPTER 4

인생은 백미러로 볼 때만 직선이다

마블코믹스의 편집장 조 쿼사다, 스타벅스 회장 하워드 슐츠,《새터데이 나이트 라이브》의 연출자 베스 맥카시 밀러, 인간 유전체를 해독한 과학자 크레이그 벤터의 공통점은 무엇일까?

우선, 엄청나게 성공한 사람들이란 생각에 그러잖아도 스트레스에 치여 힘든데 더 맥이 빠진다며, 공통점이 뭐든 도넛을 먹으며 리얼리티 쇼나 봐야겠다고 생각할지도 모르겠다. 하지만 그런 생각은 떨쳐 버려라! 이런 리더들의 이야기가 "뭘 하며 살아야 하지?"라는 문제에 한 줄기 빛을 비춰줄 수도 있다. 성공한 사람들도 어떤 면에서 우리가 직면한 것과 같은 문제를 겪었기 때문이다. 다시 말해 성공한 사람들 역시 자신들이 무엇을 원하는지, 무엇을 하면서 살고 싶은지 까맣게 몰랐던 적이 있다.

하워드 슐츠가 젊은 시절 어느 날 잠에서 깨어나, 앞으로 세상 사람들이 스타벅스란 곳에서 무설탕 카페오레나 캐러멜 마키야토를 주문할 거라고 생각한 건 아니었다. 크레이그 벤터가 의무병으로 베트남에 가서 팔다리가 잘려나가고 머리에 부상을 입은 사람들을 돌보며 역사상 가장 획기적인 과학적 발견을 하겠다고 마음먹은 것도 아니었다. 베스 맥카시 밀러 또한 처음부터 직관적 통찰력이 뛰어난 게 아니었다. 크리스마스 선물을 살 돈을 모으기 위해 갭 매장에서 꽈배기 모양이 들어간 니트들을 접어 진열대에 정리하면서, 티나 페이와 지미 팰론에게《새터데이 나이트 라이브》의 '위크엔드 업데이트' 코너를 맡기고, 윌 페렐에게 "카우벨(역주—소의 목에 다는 방울처럼 생긴 타악기)을 더" 치라고 해야겠다는 생각을 구체적으로 한 건 아니었다.

우리의 롤 모델이 될 만한 사람들은 잘 짜인 인생 계획이 있었을 거라고, 안전한 탄탄대로를 거쳐 최고의 자리에 올랐을 거라고 생각하기 쉽다. 또 성공한 사람들은 선택의 기로에서 우리처럼 알 수 없는 두려움에 빠지거나 길을 잘못 드는 실수를 한 적이 없을 거라고 생각하기 쉽다. 하지만 성공한 사람들도 두려움에 빠지고 실수를 했다. 그것도 자주.

　성공한 사람들이 어디로 가는지도 모르고 그저 앞에 놓인 길을 걸어왔다면, 어떻게 오늘날 위치에 이르게 되었겠는가? 그들의 성공은 수년간의 실수, 실패, 통찰력, 궤도 수정을 통해서였다. 성공한 사람들의 "방향 찾기"는 나침반으로 방향을 찾는 것과 비슷하다. 그들은 철두철미하게 짠 계획에 의해서가 아니라, 흥미와 목적에 따라 폭넓게 길을 찾아간다.

　《오스틴 뮤직 페스티벌》의 프로듀서, **테리 리코나**도 고등학교에 다닐 때 앞으로 무슨 일을 해야 할지, 무엇이 되고 싶은지조차 몰랐다고 한다. 풋볼시즌 맥주 광고 덕에, 사뮤엘 아담스의 창립자이자 양조기술자로 널리 알려진 **짐 코크**는 사회에 첫발을 내디뎠을 때 어땠을까? "제가 스물네 살 때 이제 슬슬 진로를 결정해야겠다 싶었습니다. 한데 준비가 전혀 안 되어 있더라고요. 그때까지 줄곧 학교만 다녔지 다른 건 해본 적이 없었으니까요. 그래서 학교를 그만 두고 20대에 가장 적합한 일을 하기로 했습니다. 그 일이 뭐였냐고요? 빈둥거리면서 이 일 저 일 시도해 보는 거였어요."

　일단 시도를 해야 좋든 나쁘든 성과가 나타난다.

　랜디 코미사가 말한 것처럼 인생은 백미러로 볼 때만 직선이다. 하루하루 경험을 쌓아가는 과정에서는 길을 잘못 든 것 같은 생각이 들지도 모른다. 하지만 흥미에 맞는 삶을 살아간다면, 온갖 어려움이나 의심, 실패가 뒤섞인 길도 나중에 돌아보면 쭉 뻗은 길처럼 보일 것이다.

결승점을 찾지 마라

랜디가 말했다. "제가 만난 사람들 대부분이 궁극적인 목표가 뭔지 명확히 밝히지 못했습니다. 그런 사람들은 '그 문제를 풀 수 없으면 앞으로 나갈 수 없다.'고 하면서 무력해하죠. 하지만 궁극적인 목표는 필요하지 않습니다. 매일매일 의식하며 살아간다면 매순간 깨닫게 될 테니까요. 열정과 의욕을 불러일으키는 발전적인 일을 찾아서 꾸준히 한다면 지금으로부터 10년쯤 뒤에 돌아볼 때 당신이 걸어온 길이 직선으로 보일 겁니다."

어떤 나이에도 마찬가지겠지만, 스물한 살에 남은 평생을 행복하게 만들 수 있는 일을 안다는 것은 거의 불가능한 일이다. 직선으로 곧게 뻗은 인생길을 목표로 하는 것은 눈가리개를 하고 다트게임을 하는 것과 같은 것으로, 조립 라인에서 나온 억지스러운 사고방식이다. 그런 목표는 세상이 돌아가는 방식에도, 인간의 본성이 작동하는 방식에도 맞지 않는다. 어떤 일에 더 이상 만족하지 못할 때 방향을 조정할 수 있는 융통성을 갖는 것이 중요하다. 도태되지 않고 적응하여 발전하는 삶을 이끌어가려면 융통성이 있어야 한다. 흥미에 맞지도 않고 심지어 하고 싶지도 않지만, 지금까지 해온 일이라고 해서 그대로 계속 해야 한다고 생각하는 사람이 어디 있겠는가.

그렇다고 모든 인생 계획을 내던지고 내키는 대로 사는 게 융통성 있는 태도는 아니다. 행복한 삶을 이끌어가는 리더들은 정해진 삶의 공식을 따르기보다 흥미와 가치를 따랐고, 거기에 맞추어 결정을 했다. 궁극적인 목표에 이르기 위해 미리 세운 계획에 집착하는 대신, 경험을 바탕으로 길을 찾아갔고, 새로운 깨달음을 얻었으며, 필요한 때는 궤도를 비꼈다.

"경력을 쌓아가는 방법으로 두 가지를 생각할 수 있습니다. 하나는 숫자를
연결해서 그림을 완성하는 방법이죠. 그런 방법으로 그림을 그려 나갈 때는,
갖가지 색이 갖춰진 크레파스 상자를 가지고, 그 그림이 어떤 모양이 될지
체계적으로 알아가면서 진행해 나가게 됩니다. 그런 방법을 따를 때는
저항이 극히 적죠. 하지만 전 다른 방법을 더 좋아합니다. 점을 이어서 그림을
완성해 가는 방법을 말입니다. 점을 이어가는 그림은 한 가지 생각이나
확신, 또는 마음을 사로잡는 것에서 시작됩니다. 그런 다음에 논리적으로
타당한 다음 단계를 취하면서, 그 그림에 대해 더 많이 알게 되고, 스스로에
대해서도 더 많이 깨닫게 되죠. 그러고 나서 또 다시 논리적으로 타당한 다음
단계를 취하고요. 시작 단계에서는 어떤 모양의 그림이 될지 잘 모르지만,
점을 이어나갈수록 속도가 붙고 어느 순간 갑자기 공을 들고 있는 서커스단
물개의 그림이 드러나게 됩니다. 그 그림이 어디서 어떻게 끝날지는 모를 수
있습니다. 하지만 최종적인 그림이 만족스럽고 아름다울 거라는 확신은 할
수 있습니다."

— **브리탄 헬러,** 미국 법무부 형사과의 인권 & 특별검찰부

점을 이어 완성해가는 방식의 삶은 순간순간에는 터무니없이 보일 수 있다. 확신할 수 없는 것에는 불안감이 따르는 법이므로. 바로 지금 당신은 "내가 법대나 의대나 경영대나 혹은 어떤 대학이든 가지 않고 어른이 됐을 때 좋은 집에서 풍족하고 만족스러운 아침을 맞을 수 있을까?" 하고 불안해할지도 모른다. 물론 그럴 수 있다. 당신이 장차 미래를 위해 어떤 계획을 세우든 시간과 경험에 따라 크게 변할 수 있다는 것만 잊지 마라.

비디오 게임 회사인 비카리우스 비전의 디자이너, **비키 스미스***는 먼저 몰입해서 열심히 하고, 그 다음에 만족도를 평가하는 것의 중요성을 강조한다. 비키는 만화책을 그리며 살고 싶었다는 말로 이야기를 시작했다. "하지만 제 부모님은 딸이 만화작가가 되려 하는 걸 반대하셨어요. 저를 더없이 사랑하고 격려해 주셨지만, '우리는 네가 인문학 학위를 따는 데 학비를 대줄 순 없다.'고 말씀하셨죠. 그래서 전 전기공학을 전공했고, 좋은 직업을 구했어요. 하지만 창의적인 일을 좋아하는 제게 그 일은 너무 따분했어요."

비키는 결국 엔지니어 일을 그만두고 다른 길로 방향 전환을 시도했다. 서아프리카로 가서 몇 년 동안 가르치는 일을 했고, 나중에 미국으로 돌아와서 교사가 되었다. 그리고 몇 년 간의 시행착오를 더 거친 뒤에 창의성을 발휘하는 영역으로 들어갔다. "저는 인터액티브 테크놀로지 석사 학위를 받았어요. 쉽게 말하면 비디오 게임 디자인에 관한 석사 학위를 받은 거죠." 비키가 현재 하는 일은 만화책을 만들고 싶다던 꿈과 얼마나 가까울까? 비키 스스로 말하듯 놀라울 만큼 밀접하다. "지금 전 3차원 인터액티브 만화를 만들고 있어요. 성을 쌓는 법을 알아가는 중이죠. 지금은 그런 수준이에요. 그러니까 실제로 만화책을 만드는 건 아니지만 제 꿈에 한걸음 더 다가섰다고 할 수 있어요." 만화책 작가를 꿈꾸던 비키는 아프리카에서 얼마 간 머문 뒤 돌아와서 비디오 게임을 만드는 일을 하게 되었다. 비키 자신은 물론 주위 사람들을 놀라게 하면서 또 다른 각도에서 흥미를 좇은 것이다. 한편의 즉흥극 같지 않은가.

* www.roadtripnation.com/leader/vicki-smith

융통성을 가져라

일리노이 주, 시카고에 있는 임프로브올림픽(지금은 iO라고 함)의 설립자인 **차르나 핼펀**은 자신의 뜻에 따르면서도 예측할 수 없는 삶을 살아가고 있다. 처음에 그녀는 자신이 갈 길을 분명하게 알고 있다고 확신했다. 그녀는 학교 선생이었고, 그 일이 자신에게 꼭 맞는 일이라고 생각했다. 하지만 고향에서 라디오 인터뷰에 응한 것을 계기로 라디오 진행자 일을 제안 받게 되었다. 그녀는 그 제안을 받아들였을까?

"'전 학교 선생일 뿐, 라디오 진행에 대해서는 아무것도 모른다.'고 대답했어요. 하지만 그 뒤에 '내가 꼭 선생이어야만 한다는 법이 있나? 나도 라디오 방송 진행자가 될 수 있어!'라는 생각이 들기 시작했습니다." 그녀는 익숙하지 않은 분야에서 들어온 뜻밖의 기회를 과감하게 잡았고, 영향력이 큰 코미디 극단 〈더 세컨드 시티〉에서 일하게 되었다. 그리고 마침내는 직접 즉흥극 극단을 운영하며 마이크 마이어스와 크리스 팔리 같은 코미디계의 전설들을 배출하게 되었다.

* ▶ **www.roadtripnation.com/leader/charna-halpern**

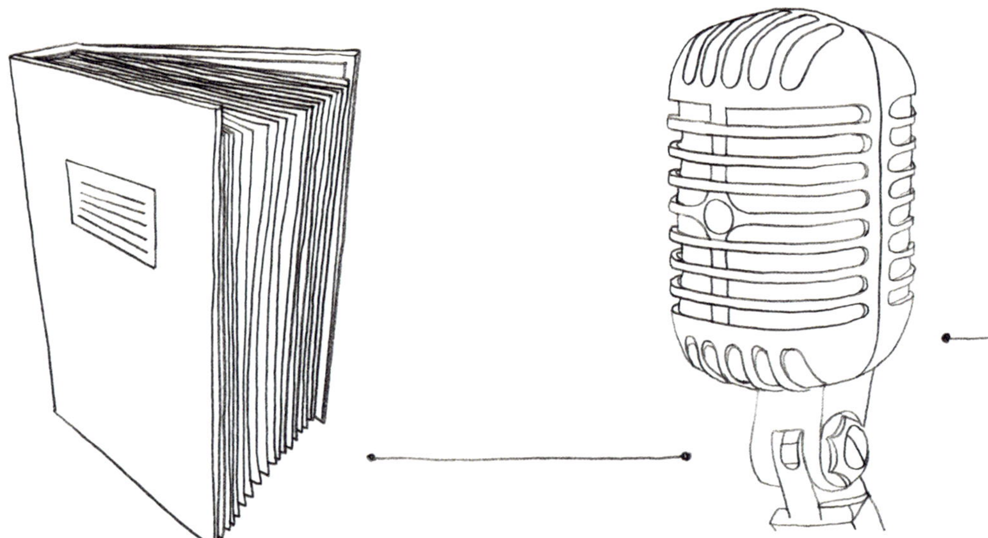

그녀의 이야기에서 중요한 것은 융통성이다. 큰 변화가 생길 때 어떤 종의 생물이 살아남는지 생물학자에게 물어보면, 적응력이 있는 종이라고 답할 것이다. 그러므로 융통성 있게 하고 싶은 일을 선택해야 한다. **미래를 꼭 알아야만 한다고 생각하지 마라.** 그녀에게 한 가지 비전만을 따르라고 했던 주위의 말은 소음이었다. 그녀는 그런 소음과 기대에 따르지 않고, 변화를 받아들이고 적응함으로써 자신이 어떤 사람인지 보여주는 새로운 방법을 찾아냈다. 예기치 못한 변화를 받아들이고 방향 전환을 시도하며 꿈을 좇는 그녀의 삶을 본보기로 따르고 싶은 마음이 결코 들지 않을 수도 있다. 하지만 지나고나서 보면 그런 삶의 여정도 문제될 게 없다. 차르나가 말한 대로 "인생은 즉흥적인 면이 많다. 살면서 부딪치는 일이 계획한 일보다 더욱더 흥미롭다. 또한 모든 일이 계획대로 되는 건 아니다. 앞으로 무슨 일이 일어날지 안다고 생각한다면, 큰 오산이다."

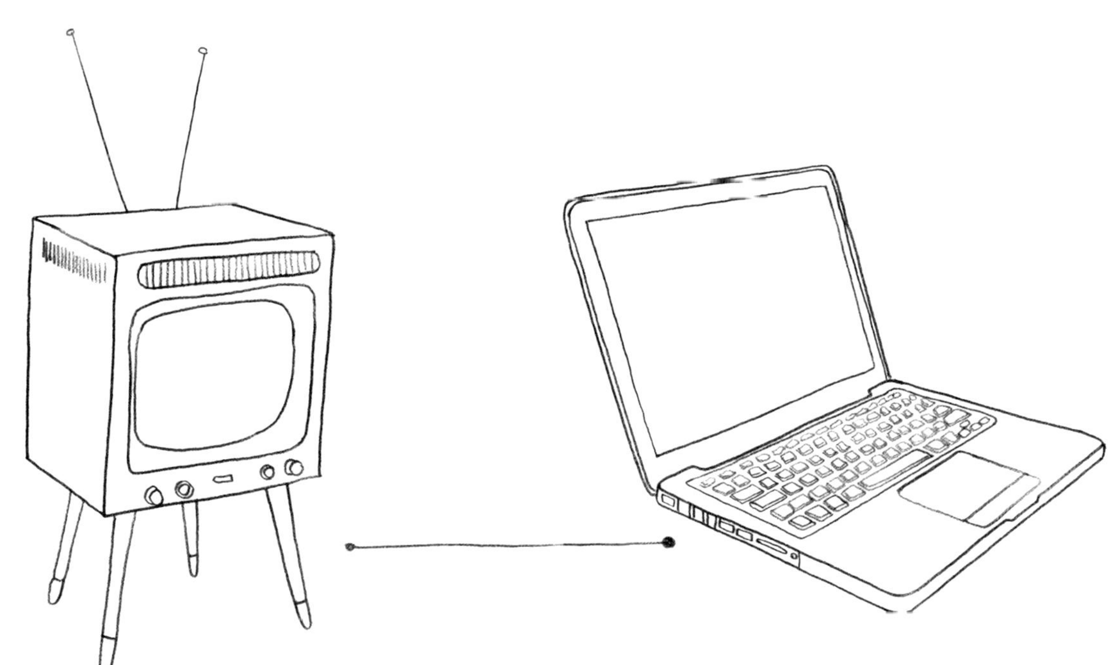

CHAPTER 5

베타 버전으로 살아라

한 길을 선택해서 끝까지 그 길을 가라고 말하는 이들도 있을 것이다. 안정적인 직업을 찾아서, 마치 그 일이 타이타닉 호에 탄 당신의 구명 기구인 양 꼭 잡고 매달리라고 말이다. 하지만 그런 말은 세상이 돌아가는 현실을 무시한 것이다. 이제 전과는 달리 나름의 독특한 방식으로 삶의 방향을 찾아 발전해 나갈 수 있다는 것을 고려하지 않은 말이다.

우리가 한때 알던 "직업"이 사라져 가고 있다. 경제 모델이 바뀌었을 뿐 아니라 혁신적인 변화와 다양화의 속도가 점점 빨라지고 있기 때문이다. 과학 · 경제학 · 사회학의 교차점을 연구하는 학자이자 저자인 **후안 엔리케즈***는 지금으로부터 10년이나 15년 뒤에는 현재 존재하지 않는 직업들이 등장할 것이므로, 우리가 어떤 분야의 일을 하게 될지 모른다고 말한다. 후안이 걸어온 길은 이미 그런 현상이 나타나고 있다는 걸 증명한다. 멕시코 정부의 공무원으로 사회에 첫발을 내디딘 후안은 사파티스타 봉기가 일어났을 때 평화 협상가로 활동했지만 총탄이 난무하는 상황에 염증을 느끼고 학계로 돌아갔다. 그리고 유전체학을 연구하면서, 외부인들에게는 공상과학 소설 속의 얘기처럼 들릴 법한 재조합 DNA와 생명과학에 대한 지식을 넓혀 갔다. 후안은 연구에 빠져들면서 유전체학에서 이끌어낸 여러 가지 최첨단 이론이 국제 경제에도 적용될 수 있다는 믿음을 갖게 되었다.

그런 믿음에서 후안은 과학 · 경제학 · 사회학을 종합적으로 다루었고, 혁신적인 신생 회사들을 지원하는 생명과학 연구 투자 회사 바이오테코노미를 설립했다. 후안은 이렇듯 여러 분야가 뒤섞인 "직업"이 노동부에서 펴내는 직업안내서에 등장하기

 www.roadtripnation.com/leader/juan-enriquez

를 기다리지 않고 직접 나서서 그런 직업을 만들어 냈다. 20년 전에, 혹은 10년 전에 존재하지 않은 일이라고 해서 현재 존재할 수 없는 것은 아니므로.

사람도, 사람들의 관계도, 경제도, 기술도 계속 변하고 있다. 그러므로 일과 삶이 불변의 상수인 양 접근하는 것은 이치에 맞지 않는다. 어려움을 뚫고 능숙하게 미래를 헤쳐나가 발전하고 성장하려면 불확실한 상황을 견뎌낼 수 있는 근육을 만들어야 한다. 이는 경고의 말이라기보다, 우리가 인터뷰한 수많은 리더들이 이미 수십 년 전부터 이끌어온 방식의 삶으로 당신을 초대하는 것이다. 베타 버전의 삶으로.

다음 버전의 당신을 찾아라

아마도 베타 테스트에 대해 들어본 적이 있을 것이다. 베타 버전이란 소프트웨어의 효율성을 테스트하기 위해 한정적으로 출시된 시험용 제품을 말한다. 소프트웨어 개발업자들은 유용한 부분은 성능을 강화하고 적절하지 않은 부분은 없앰으로써 제품의 내용과 형식을 향상시킨다. 그러므로 베타 테스트는 제품을 계속적으로 개선해서 새로운 버전을 만들어내기 위한 것이다.

사람들도 시간이 지나면서 그런 식으로 변해가야 한다. 베타 버전으로 산다는 것은 계속해서 더 나은 자기 자신을 만들어가는 삶을 뜻한다. 현재의 "당신"은 당신이 될 수 있는 여러 모습 중 하나이다. 당신이 만들어갈 다음 버전의 "당신" 또한 최종 형태가 아니다. 한 단계 앞으로 나아간 모습일 뿐이다.

우리가 만난 리더들 중에서 변화된 환경에 적응하며 바람직한 자신을 만들어간 사람을 꼽자면, **마크 잉글리스***가 단연코 으뜸이다. 열두 살에 등반을 시작한 프로 등반가 마크는 이렇게 말했다. "두려움을 기꺼이 받아들여야 합니다. 그런 마음가짐으로 저는 제 인생에서 일어난 모든 변화에 놀랍도록 잘 적응하고 있다고 생각합니다."

  www.roadtripnation.com/leader/mark-inglis

그는 1982년에 뉴질랜드의 최고봉인 쿡산 탐험에 올랐다. 하지만 동상 때문에 실패하고 크리스마스이브에 무릎 아래 두 다리를 절단해야 했다. 그로부터 26년 뒤, 거센 바람소리가 요란하게 울어대는 한밤에 우리를 마주하고 앉았을 때, 그는 이렇게 말했다.

"제가 깨달은 게 한 가지 있습니다.
인생에서 가장 흥미로운 점은 변화라는 겁니다."

인간이 겪을 수 있는 가장 힘든 일을 이겨내고 살아남은 그가 여전히 우리에게 변화와 함께 찾아오는 두려움과 불확실성을 기꺼이 받아들이라고 했을 때, 정말 대단하다는 생각밖에 할 수 없었다. 그는 수술 후 자신의 다리를 내려다보면서 '이 상황을 어떻게 유리하게 바꿀 수 있을까?' 생각했다. 그리고 자신의 비극을 장애인에 대한 사람들의 편견을 바꿀 수 있는 계기로 삼았다. 그에게 변화란 두 다리를 잃은 현실을 받아들이고, 자신이 당한 사고를 비극이 아니라 새로운 환경에 적응할 수 있는 기회로 활용하는 것을 의미했다. 그는 또 다른 버전의 자신을 만드는 능력에 한계가 없다는 것을 세상에 보여주기 위해 완강한 투지를 불태웠고, 2000년 세계 장애인 올림픽에서 은메달을 따는 쾌거를 거두었다. 또 두 다리가 없는 장애인으로는 처음으로 에베레스트 산 정상에 오르기도 했다.

보통은 그렇게 큰 시련을 당하지 않는 일반적인 대다수에게 그의 이야기는 너무 극단적이라고 일축하지 마라. 우리가 어떤 장애를 극복해야 하든, 우리 삶은 끊임없이 변화해 가니까. 갑자기 해고되거나 낯선 곳으로 옮겨야 할 수도 있고, 죽음과 상실을 견디어 내야 하는 일을 당할 수도 있으며, 개인적으로 괴로운 문제에 빠질 수도 있고, 심지어 자신의 능력 밖이라고 생각되는 새로운 기술을 개발해야 하는 상황에 맞닥뜨릴 수도 있다. 그런 모든 순간에 당신은 새로운 버전의 삶을 이끌어가야 한다. 또한 그런 순간마다 어떤 사람이 될지 분명히 선택해야 하고, 새로운 실험 영역으로 들어가서 보다 나은 버전의 자신을 만들어야 한다.

미리 확신하지 마라

받아들이기 어렵겠지만, 모호함과 혼란 속에 가능성이 존재한다. WNYC(뉴욕 공영 라디오 방송국) 수상 프로그램인《라디오랩》의 진행자, **자드 아붐라드**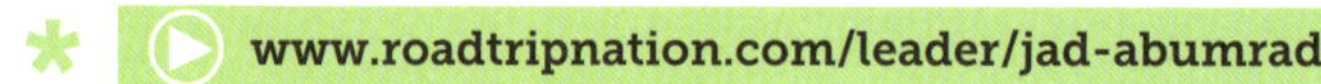가 말한 것처럼 "때 이른 확신은 적이다."

　그의 얘기를 들어보자. "저는 음대에서 작곡을 공부했습니다. 장차 작곡가가 될 거라고 믿어 의심치 않았죠. 구체적으로 영화음악 작곡가를 꿈꾸었습니다. 하지만 사실 잘 되지 않았습니다. 제가 그쪽에 별 재능이 없었던 거죠. 그래서 어느 시점에 그냥 포기했습니다. '난 훌륭한 음악가가 되긴 틀렸어. 대단한 영화 음악 작곡가가 될 수 없어.'라고 생각하면서요. 전 실패했다고, 제 계획이 잘못된 거였다고 생각했습니다."

　그는 지난날을 돌이켜보면서 그의 중심이라고 생각했던 꿈을 포기했을 때 좌절감이 어떠했는지 들려주었다. 지금은 아내가 된 당시 여자 친구가 좌절한 자드를 다른 길로 이끌어주었다는 이야기와 함께.

　"여자 친구가 '자기는 글 쓰는 것도 좋아하잖아. 물론 곡을 만드는 것도 좋아하고. 영화 음악 담당자들이 보기에 자기의 재능은 대수롭지 않을지도 몰라. 그러니까 절

82

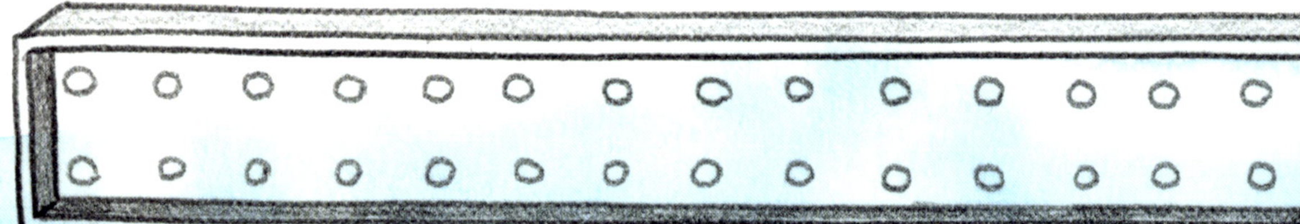

충안을 찾아보는 건 어때? 라디오 쪽을 뚫어 봐.'라고 했어요. 그 말을 듣고 라디오 방송국에서 일 년 동안 보수 없이 일을 했죠. 생활을 위해서 이런저런 아르바이트를 하면서요. 그런데 일하다 보니까 생각했던 것보다 훨씬 재미있더라고요. 그 일은 제게 방향을 알려주는 작은 화살표 같았어요."

"작곡가"는 그의 능력에 딱 맞는 버전이 아니었다. 그래서 그는 다음 버전의 자신을 찾았다. 다음 버전의 미래는 불확실해 보였고, 원래 꿈에서 한 걸음 물러서야 했지만, 새로 선택한 일에서 얻는 큰 만족감을 무시할 수는 없었다. 그는 자신을 이끄는 작은 화살표들을 따라 스토리텔링과 철학과 과학을 접목하여 이야기하는《라디오랩》이라는 프로를 만들고 공동 진행자가 되었다.

베타 버전으로 살면서 그는 새로운 자신을 만들어갈 수 있었다. "어떤 면에서 그런 삶은 **미래의 자신이 현재의 자신을 이끌어가는 것과 같다**고 봅니다. 그런 길을 가다보면 작은 힌트들이 보이거든요. 이 길로 들어서지 않았다면, 라디오 진행이 사실상 제가 상상했던 일이란 걸 절대로 몰랐을 겁니다. 먼 미래를 내다보는 재주는 제게 없으니까요."

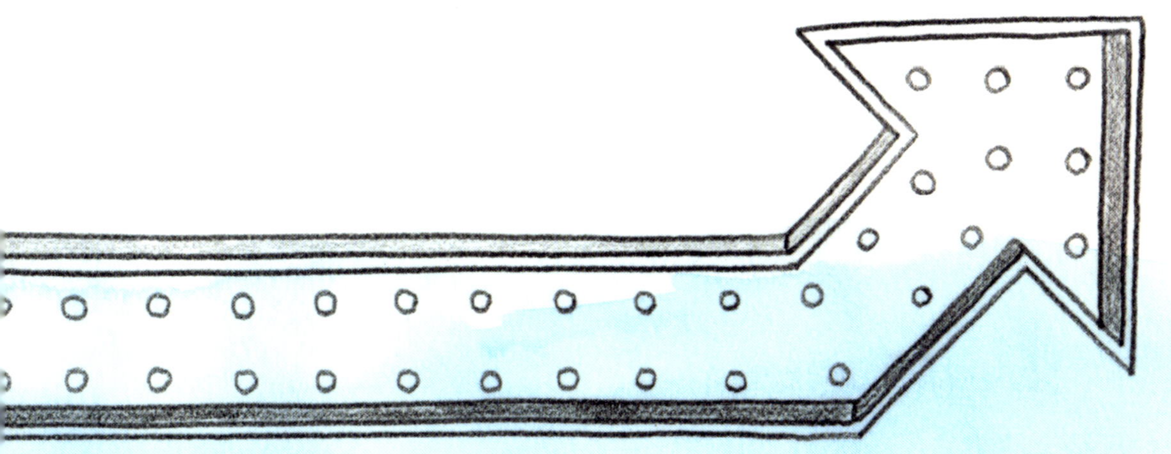

불확실한 베타 버전으로 살아가는 것이 쉬운 일은 결코 아니다. 새벽 2시에 불안한 미래를 걱정하다 페이스북에 접속했는데 친구들의 자랑질을 보게 될 때는 특히 더 힘들다.

우선 스마트폰을 멀리 하고 주먹을 펴라. 신중을 기해 인스타그램에 올린 이미지가 만족스런 생활을 암시하는 듯 보이지만, 자기만족에 빠진 친구들도 미래에 대한 안전하고 확실한 계획은 없다. 다음 버전의 "당신"은 두려움과 모험에 맞서는 용기를 통해 만들어진다.

이런 "자기 만들기"의 길은 결코 쉽지 않다. 하지만 계속해서 반복적으로 자기 만들기를 해야 새로운 버전의 당신으로 거듭 날 수 있다. 회사 상황이 안 좋아져서 실직하게 될까 전전긍긍하는 것은 베타 버전의 삶이 아니다. 회사 상황이 안 좋아져서 실직할 위기에 처한다고 해도 당신 자신과 당신의 능력을 강화하기 위한 노력을 게을리 하지 않았기 때문에, 죽기 살기로 "경력"에 매달리지 않아도 별 문제 없으리란 걸 아는 것이 베타 버전의 삶이다.

한편 40년 동안 같은 일을 하면서도 베타 버전의 삶을 살아갈 수 있다.

베타 버전의 삶은 보편적으로 적용된다. 누구나 변화로 인한 혼란을 겪을 수 있기 때문이다. 만일 당신의 직업이 의사인데 평생 그 일을 하고자 한다고 해도, 당신은 계속해서 발전해야 하고, 의학 분야에서 일어나는 변화와 진보를 받아들여야 한다. 베타 버전으로 살아간다면 변화의 흐름에 대응할 수 있고, 새로운 기술을 얻을 수 있으며, 새로운 경험에 열린 마음을 가질 수 있다. 그뿐이 아니다. 어떤 일이든 시도할 수 있고, 현재 당신의 모습이 언제까지나 변함없을 거라는 생각에서 벗어날 수 있다.

그렇다면 어떻게 새로운 버전의 자신을 만들어가야 할까? 사회에 첫 발을 내딛는 스물두 살의 젊은이든, 좋아하지도 않는 일을 마지못해 하고 있는 마흔둘의 장년이든, 현재 위치에서 행복을 찾고 싶은 쉰여섯의 중년이든, 베타 버전으로 살아갈 수 있는 간단한 방법이 있을까? 어떻게 계속 보다 나은 자기 자신을 만들어갈 수 있을까? 답은 하나이다. 베타 버전으로 살아가려면 백척간두에 서 있을 때와 같은 긴장감이 필요하다.

자드는 불안과 두려움에 대한 관점을 바꾸기를 권했다. 큰 변화가 일어났을 때 생기는 두려움, 불안감, 부적응감이 우리가 경계를 넓혀 가는 데 길잡이가 된다고. 그리고 덧붙였다. "여러분은 어떤 대단한 것의 주변부에 있는 걸지도 모릅니다. 주변부에는 항상 긴장이 따르게 마련이죠. 액체가 기체로 변할 때를 설명하는 물리학이론과도 같습니다. 액체 분자가 진동하기 시작하다 마구 동요하고, 그러다 기체로 변하는 것처럼 변화의 순간에는 안정적일 수가 없습니다. 늘 불편함이 뒤따르죠. 때로는 그런 불편함이 당신이 뭔가 가치 있는 일을 하고 있다는 것을 뜻하기도 합니다."

그런 불편한 상태에 있을 때, 우리는 새로운 베타 버전으로 발전하게 된다. 그래서 망쳤다고 생각한 일을 잘 해내기도 하고, 우리를 두려움에 떨게 하는 누군가에게 당당하게 맞서는 용기를 내기도 한다. 또 헤어날 수 없을 것만 같은 스트레스를 이겨내기도 하고, 결정적인 순간에 기막힌 생각을 떠올리기도 한다. 힘들고 어려운 모든 순간이 우리가 더욱 강해진 새로운 버전으로 발전하는 데 도움이 된다. 우리 일행 중 한 사람이 변화해야 할 때를 어떻게 아느냐고 묻자, 자드가 대답했다. "상당 시간 동안 패닉 상태에 빠져 허우적거릴 때가 있습니다. 그때가 뭔가를 할 수 있는 찰나에 임박한 거죠. '아이쿠, 이런' 하는 생각이 들 때가 바로 변화를 꾀해야 할 때입니다."

《라디오랩》은 우수 라디오 방송으로 피버디 상(역주—미국방송협회와 조지아대학교 이사회가 주최하여 우수한 라디오 · 텔레비전 방송에 주는 상)을 수상했으며 열렬한 청취자들을 확보하고 있다.《라디오랩 팟캐스트》또한 남녀노소를 막론하고 청취자들이 계속 늘고 있다. 보란듯 성공을 거두었음에도 불구하고, 자드는《라디오랩》의 정형화된 형식을 깨기 위해 부단히 새로운 방법을 찾고 있다. 청취자들에게《라디오랩》쇼를 리믹스할 수 있도록 프로툴스(역주―컴퓨터 녹음 작업 및 편집 프로그램) 세션을 개방하고, 생방송 경험을 확대해 지방순회 공연을 하는 것이 모두 그런 노력의 일환이다.

　'아이쿠, 이런'하는 순간에 움츠러들지 말고, 우리 삶을 새롭게 바꿀 수 있는 기회로 삼아야 한다. 중단없이 계속해서 좀 더 나은 베타 버전을 만들어 갈 때, 우리는 놀랍도록 만족스럽고 멋진 삶을 이끌어 갈 수 있다.

"《라디오랩》에서 우리는 적당히 안주하는 것을 피하려고
생각할 수 있는 모든 것을 시도합니다. 그래야 보다 나은
버전으로 발전할 수 있으니까요. 우리 모습이 내년에는
어떨지, 또 그 다음해는 어떨지 아무도 모릅니다. 저는
해마다 조금씩 나아지고 싶고, 나아진 제 자신에게
놀라고 싶습니다. 지금이나 별반 다름없는 미래의 저를
보고 싶지는 않습니다. 그것처럼 끔찍한 일은 없을
겁니다. 저는 앞으로 발전한 제 모습에 놀라고 싶습니다."

– **자드 아붐라드**, WNYC 수상 라디오 프로그램 《라디오랩》의 진행자

CHAPTER 6

성공이란 무엇인가?

성공이란 무엇인가? 성공은 모두에게 다르다. 그게 답이다. 제대로 된 답을 들으려면 이렇게 바꿔 물어야 한다. 당신에게 성공은 무엇인가? 당신의 부모, 상사, 혹은 인스타그램의 팔로어들과 상관없이 당신에게 성공은 무엇인가?

우리는 겉으로 과시하는 성공에 사로잡힌 사회에 살고 있다. 물질적인 것을 얻는 능력을 성공으로 평가하는 것이 요즘의 지배적인 풍조이다. 이러이러한 것을 갖고 있다면, 이런 옷을 입고 있다면, 이 정도 돈을 벌고 있다면, 이런 지역에서 산다면, 이 정도 나이쯤에 결혼한다면, 아이는 두엇 정도 있다면, 휴가는 이런 휴양지에서 보낸다면, 성공한 사람으로 본다.

널리 적용되는 목표로서 성공에 대한 그런 인식은, 스타워즈의 아크바 제독의 말을 빌리자면 "함정이다!" **성공에 대해 말할 때 쉽게 빠지는 오류가 있다. 성공이 누구에게나 같다고 가정하는 것이다.** 학식이 높은 사람들조차 그런 오류에 빠지기 쉽다. 그 이유는 간단하다. 좋은 옷이나 멋진 자동차를 마다할 사람이 없기 때문이다. 중요한 직책이나 높은 연봉을 누군들 은근히 떠벌리고 싶지 않겠는가. 그런 것은 기본적인 욕망이다. 상품 광고가 우리 마음을 조종하는 데 그토록 성공적인 것도 기본적인 욕구를 자극하기 때문이다. 광고는 사고 싶은 마음이 없던 상품까지 사게끔 한다. 그러므로 성공을 물질적인 것으로 판단하는 사회 풍조에서 만연되어 있는 소음에 끝까지 흔들리지 않는다고 해도, 당신에게 적합한 성공의 의미를 재정립하기는 지독히 어려울 수 있다.

성공을 주제로 얘기할 때 처음 생각할 수 있는 건 개인적인 만족을 파악하는 것이다. 로드트립네이션을 위해 길을 나섰을 때, 우리는 자신에게 딱 맞는 자신만의 고유한 자리를 찾아낸 사람들을 찾아 이곳저곳으로 녹색 버스를 몰았다. 거실에서 사무실로 실험실에서 농장으로 스튜디오에서 커피숍으로 다니면서, 우리는 뚜렷한 특색이 없는 일반 대중과 우리가 찾고자 하는 리더들을 구별할 수 있는 방법을 터득하게 되었다. 그 방법이란 우리가 만나는 거의 모든 사람들에게 몇 가지 기본적인 질문을 하는 것이었다. 그런 질문이 우리가 접하게 되는 이들의 의견이 얼마나 깊고 대단한지 판단하는 척도가 되었다. 그중에서도 "당신에게 성공은 무엇입니까?"라는 질문보다 더 광범위한 답을 이끌어내는 질문은 없었다.

"성공은 한 마디로 정의하기 어렵다. 내면을 들여다보라."

– **로드니 뮬런**, 프로 스케이트보더 & 사업가

"저는 늘 시트콤에 출연하기를 원했습니다. 제게 성공은 TV에 출연하는 거라고 생각했죠. 그래서 <못 말리는 패밀리>(Arrested Development)에 출연하게 되었을 때 주체할 수 없을 만큼 기쁘고 즐거웠습니다. 하지만 제가 생각했던만큼 만족스럽지는 않았죠. 그때 배운 게 한 가지 있습니다. 누구나 살면서 '저걸 갖는다면, 더 바랄 게 없을 텐데.'라고 생각하는 것이 끊임없이 생긴다는 겁니다. 그 뒤로 저는 만족하는 걸 연습하고 현재 상황을 즐기는 것이 정말로 중요하다고 생각하게 됐습니다. 지금 그런 걸 연습하지 않는다면, 제가 원하던 꿈을 이룬다고 해도 여전히 만족하지 못할 테니까요."

– **토니 헤일,** 배우 〈못 말리는 패밀리〉에서 버스터 블루스역

성공 : 우승일까, 삶일까?

마땅히 전설적이라 할 수 있는 프로 스케이트보드 선수, **로드니 뮬런**에 대해 얘기해 보자. 마땅히 전설적이라고? 그의 약력을 말하자면, 스케이트보드 계의 붓다, 또는 알버트 아인슈타인 같은 인물이다. 스케이트보드에 대해 아는 게 별로 없다고 해도 그가 수많은 기술을 개발하고, 11년 동안 36개 대회에 참가해서 35번 우승했다는 사실을 높이 사지 않을 수는 없으리라. 스케이트보드 하면 떠오르는 이미지가 모두 로드니에서 비롯된다고 해도 과언이 아니다. 전성기 때 그는 그야말로 천하무적이었다. 하지만 그런 놀라운 기록을 세우면서도 그는 행복하지 않았다.

왜 그랬을까? "스케이트보드에서 기록을 세우는 데 치중하다 보니 스케이트보드를 타면서 얻는 즐거움을 느낄 수 없었습니다. 기록의 노예 같은 생활이었죠." 수많은 팬들이 스케이트보드 관련 잡지에서 접한 로드니의 끝없는 성공 스토리가 막상 성공의 주인공인 그에게는 감옥과도 같았던 것이다.

"저는 우승 타이틀을 지켰습니다. 사람들이 '타이틀'이라고 부르는 것을요. 계속 타이틀을 지키다 11년 만에 딱 한 대회에서 실패했죠. 그런 결과를 받아들이기 힘들어 미칠 것 같았습니다. 그러자 아버지께서 그만두라고 하셨는데… '대회에 안 나간다면 나란 존재는 뭘까? 1등이 그렇게 중요할까? 아니야, 중요하지 않아. 스케이트보드는 계속 탈 수 있으니까.'라는 생각이 들었습니다."

그에게 진정한 성공은 경기장 밖에서 이루어졌다. 프로에서 은퇴한 뒤에 로드니는 2002년에 '올모스트 스케이트보드'를 공동으로 설립하고, 스케이트보드 부품 디자인 업계에서 혁신적인 사업가가 되었다. 시행착오와 인내, 그에 뒤따른 행운과 깊은 자아 성찰을 통해 그는 자신의 재능을 재정비했고, 좋아하는 일을 계속 하고 있다. 이제 그는 "내가 잘하는 것, 내가 정말 좋아하는 것을 드러내 보이는 방법을 알고 있는 걸까?"라는 질문으로 자신의 성공을 가늠한다. 그 두 가지가 서로 상반되지 않기를 바라면서.

www.roadtripnation.com/leader/rodney-mullen

/// 로드맵 ///

우리가 성공이 무엇이라 생각하느냐고 물었을 때, 그가 대답했다.

"평화입니다. 마음이 평화로운 게 성공이죠."

우리는 로드니와 반대편 세상에 있는, 또한 성공의 정의에 대한 스펙트럼에서도 반대편에 있는 서퍼, **레인 비칠리***도 만났다. 일곱 번이나 세계 챔피언에 오른 레인은 어릴 때부터 목표를 세우고, 흔들림 없이 그 목표에 집중했다. 여덟 살 때 이미 어떤 한 분야에서 세계 최고가 되겠다고 굳게 마음먹고, 참가할 수 있는 모든 스포츠 대회에 출전하기 시작했다. 그런 과정에서 레인은 성공과 기쁨을 둘 다 얻을 수 있는 공통분모가 서핑임을 깨달았다.

그녀는 6회 연속 세계 타이틀을 지킨 유일한 서퍼이다. 그러기 위해 두말할 필요 없이 엄청난 투지로 전력을 기울여야 했다. 그녀는 자신이 그런 야망에 집착한 건 "희생이 아니라 헌신"이라고 했다. 그리고 "궁극적으로, 어떤 것에서든 성공하려면 어느 정도 자기중심적이어야 한다."고 덧붙였다.

그녀는 친구들과 어울리거나 달콤한 과자를 아삭거리고 먹으면서 TV를 보는 대신 훈련을 선택했다. 인생 최대의 목표가 최고가 되는 것이었기에 청소년기의 자유와 재미를 포기하는 것이 레인에게는 가치 있는 일이었다. 레인이 다른 모든 일을 포기하고 서핑에만 전념할 수 있었던 것은, 로키 산 정상에 올라 승리의 두 팔을 높이 들어 올리는 것과 같은 순간 때문이었다. 레인이 생각하는 성공은 로드니가 생각하는 성공과 180도 달랐다. 성공에 대한 두 사람의 생각은 한마디로 정반대였다.

스케이트보드니 서프보드니 하는 얘기는 그만하고, 이제 당신이 생각하는 성공에 대해 얘기해 보자. 방금 말한 두 사람의 상반되는 성공에 대한 정의 중, 당신은 어느 것에도 공감하지 못할 수 있다. 하지만 레인과 로드니에게 공통되는 부분이 한 가지 있다. 둘 다 자신이 생각하는 성공을 위해 노력했다는 점이다. 레인이 다른 사람 말을 듣고 세계 챔피언을 목표로 한 것은 아니었다. 전적으로 자신의 의지를 통해 세계 최고의 서퍼가 되기를 결심하고 노력해서 꿈을 이룬 것이었다. 로드니가 생각하

www.roadtripnation.com/leader/layne-beachley

는 성공은 팬들을 열광하게 하는 우승 결과가 아니라 내적인 평화를 얻는 것이었다. 로드니에게 성공은 좋아하는 스포츠를 즐기는 것이고, 승패를 가르는 세계에서 벗어나 스포츠 자체를 삶으로 바꿈으로써 얻은 내적 평화였다. 어쨌거나 레인도 로드니도 외적인 영향을 받지 않고, 한 사람의 개인으로서 자신에게 맞는 진정한 성공을 추구했다.

로드니와 레인은 우리가 10여 년에 걸쳐 만나온 수천 명 중 두 사람에 불과하다. 로드니와 레인을 예로 들었다고 해서, 성공에 대한 그 둘의 생각이 보편적인 것이고, 당신에게도 적용될 거라고 말하는 게 아니다. 어떻게 그럴 수 있겠는가? 하지만 두 사람처럼 진정한 만족이 어떤 것인지 깨닫게 되면, 당신 역시 새로운 도전과 즐거움을 얻는 지점에 이르게 될 것이다. 그러려면 끊임없는 각성이 필요하다.

국제 어린이 예술재단 설립자인 **아쉬팍 이샤크**는 이전에 세계은행에서 고위직에 있었지만, 그런 경력을 성공으로 보지 않았다. 다른 프로젝트를 모두 그만두고 별다른 사전 준비도 없이 시작한 비영리재단에 오롯이 전념했을 때를 성공으로 보았다. 애리조나 다이아몬드백스(역주―미국 프로야구팀)와 피닉스 선즈(역주―미국 프로농구

팀)의 구단주, **제리 콜란젤로**는 정확히 겨냥한 트레이드를 성공으로 보았고, 제트블
루의 창립자인 **데이비드 닐리먼**은 성공이란 그저 "중요한 것"을 뜻한다고 했다. 위
의 예에서 볼 수 있듯 성공은 무엇을 목표로 하느냐에 따라, 또 개인에 따라 다르다.
성공은 각자 스스로 정의하는 것이다.

당신 자신에게 성공이 무엇을 뜻하는지 생각하려면, 우선 큰 그림에서 벗어나라.
그물을 너무 광범위하게 던지면, "성공은 행복해지는 것이다."와 같은 모호한 답을
얻게 될 것이다. 그러나 그 답이 실제로 의미하는 건 뭘까? 성공은 사람마다 다르고
당신 자신의 경우에도 나이와 경험에 따라 달라진다.

당신에게 성공이란 무엇인가?

먼저, 다른 사람들(친구, 가족, 사회)은 성공을 어떻게 정의하는지 생각해보는 시간을
가져라. 그러고 나서 당신은 성공을 어떻게 정의할지 생각해 보라. 당신이 내린 정의와 다른
사람들의 정의에서 어떤 점이 비슷하고, 어떤 점이 다른가? 당신 삶에서 당신이 원하는 것과
다른 사람들이 원하는 것이 어떻게 다른가?

당신의 생각을 써보고, 또 그림으로도 그려보라. 이 페이지는 당신에게 성공이란 무엇인지를
알아가는 공간이다.

다른 사람들이 생각하는 성공

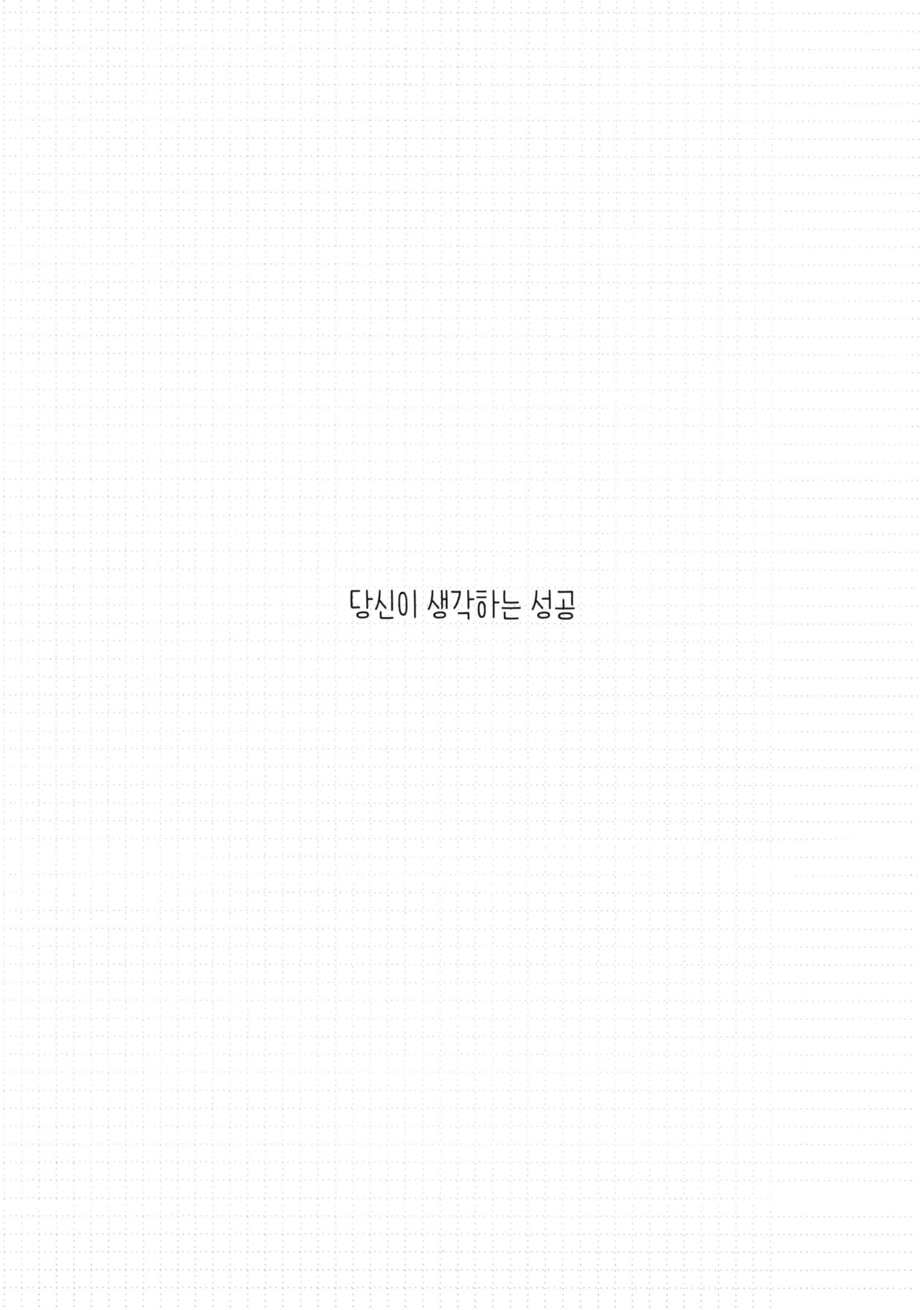
당신이 생각하는 성공

성공에 대한 비전을 너무 광범위하게 잡다 보면, "난 그저 행복해지고 싶어." 같은 막연한 목표를 갖게 되고, 그런 목표를 이루기 위해 실행 계획을 세우기가 턱없이 힘들어질 수 있다.

당신의 인생에서 중요한 것이 무엇인가에 대한 생각이 구체적일수록, 당신에게 성공이란 무엇인지를 명확히 알 수 있을 것이다. 직장에서의 성공은 아빠로서의 성공과 다르고, 자원 봉사 프로젝트에서의 성공과도 다르며, ...와도 다르다.

그러므로 성공에 대한 광범위한 비전을 분류하는 것부터 시작해라.

가정생활에서 성공은 ________________________________

교우 관계에서 성공은 ________________________________

인간관계에서 성공은 ________________________________

직장에서 성공은 ________________________________

경제적인 성공은 ________________________________

________ 에서 성공은 ________________

________________ 에서 성공은 ________________

각기 다른 생활 영역이 성공에 대한 생각에 어떤 영향을 미치는지 생각해 보라. 각기 다른 생활 영역의 성공에 공통되는 맥락이 있는가? "난 그저 행복해지고 싶어."라며 일반화하지 말고, 영역별로 분류한, 보다 작은 성공들을 모두 아우를 수 있는 말로 성공의 의미를 압축할 수 있겠는가?

한 번 시도해 보라.

나에게 성공이란 ______________________________________

____

____

____

____

　성공의 스펙트럼에서 우리가 어느 부분에 해당하든, 성공에 대한 개념이 표준적인 비선부나 너 싶이 있어야 한다. 우리에게 만족감을 주고 흥미를 지극히는 것을 도대로 성공의 개념을 정의하고 나면, 그것을 항해 니이갈 수 있다. 그런 과징이 쉬운 건 아니다. 게다가 목표점에 도달한다고 해도,《여행과 레저》의 표지에 나오는 것처럼 근사해보이지 않을 수도 있다. 하지만 그런 것이 진정한 성공이고, 진정한 우리를 만들어 가는 과정이다.

CHAPTER 7

빈 도화지

삶은 해야 할 일의 목록이 아니다. 하루하루 해야 할 갖가지 일을 묵묵히 해나가고 있을 때, 이 말은 받아들이기 어려운 개념이다. 이메일에 답장하고, 회의에 참석하고, 가족에게 전화를 하고, 청구서를 지불하고, 무지방과 무가당의 차이를 곰곰이 생각하며 슈퍼마켓 통로를 왔다 갔다 하고... 그런 일상적인 일은 끊임없이 이어진다. 앞으로도 결코 끝나지 않을 것이다. 그러므로 주의를 기울이지 않는다면, 우리의 삶은 해야 할 일이 나열된 목록처럼 되기 쉽다. 우리는 재미있게 생활할 수도 있고, 스트레스로 초죽음이 되어서 힘겨운 생활을 이어갈 수도 있다. 하지만 어떻게 살아가든, 우리 주위엔 우리 본연의 삶에 집중하는 것을 방해하는 요소들이 있다. 조립 라인, 소음, 일과 생활의 균형에 대한 편향된 생각, 인생행로와 성공에 대한 선입견 등이 우리 본연의 모습에 집중할 수 없도록 한다.

판단을 그르치게 하는 일상의 급박함에서 벗어나고 지나친 소음을 없앤다면, 빈 도화지 상태에 이르게 된다. 빈 도화지는 진정한 우리 모습을 그려나갈 수 있는 공간이다. 진정한 우리 모습과 잠재력을 말이다. 새로운 출발을 할 수 있는 백지 상태에서 우리는 우리 자신에 대해 알고 싶은 것과, 그런 것을 원하는 이유를 깨달을 수 있다.

빈 도화지 상태에 이르게 된다는 것은 "나무를 보느라 숲을 보지 못한다"는 비유와 비슷하다. 어떤 것(나무들)에 너무 깊이 빠지면, 큰 그림(전체 숲)을 볼 수 없다. 우리가 첫 로드트립을 통해 깨달은 것이 바로 그런 사실이다. 빈 도화지는 우리 사이에, 그리고 하루하루 사이에 빈 공간을 마련해준다. 그래서 보통 우리가 피하는 질문들을 스스로에게 하게 하고 그 답을 찾아낼 수 있는 여지를 준다.

　호스피스 센터에서 우리를 마주하고 앉은, **로이 레머**는 흔들림이 전혀 없이 살아온 사람처럼 신중하고 차분해 보였다. 하지만 그가 항상 그런 삶을 유지해온 건 아니었다. 삼십대 후반에 출판업을 하며 남부럽지 않은 사업 수단을 발휘하던 그는 젠 호스피스 프로젝트에서 자원 봉사를 하는 일의 매력에 빠져들었다. 그는 그때 마음을 이렇게 말했다. "제 머릿속 한 구석에서 제 삶을 바쳐야 할 다른 일이 있는데, 그 일이 바로 호스피스 일이라고 일깨워주는 작은 소리가 들렸습니다."

　우리는 해야 할 일이 있다는 명목 아래 그런 작은 소리를 무시하곤 한다. 하지만 그는 마지막 순간을 보내는 사람들을 지켜보는 평화로운 증인으로 일하는 것이 자신의 소명임을 깨닫고 깊은 고민을 시작했다. "번듯한 직업을 포기하기가 쉽지는 않죠. 제 경우에도 정말 힘든 일이었습니다. 두려움도 컸고요. 아무런 보수가 없는 일을 할 수 있을까 고민했었죠."

　한동안 그는 두 가지 일에 한 발씩 걸치고 지냈다. 출판 일을 계속하면서, 호스피스 일도 소홀히 할 수 없었다. 정신적 풍요로움을 주는 일이기 때문이었다. 로이는 빈 도화지 상태에서 자신의 미래를 생각해 볼 공간이 필요했다. "저는 자주 시골에 가서 시간을 보내기 시작했습니다. 탁 트인 시골 경치를 마주하고 앉아서 '어떤 일을 해야 할까?' 생각했죠." 일상생활 공간에서 벗어나 시간을 보내면서, 그는 감히 엄두를 못냈지만 늘 원했던 길을 결정하게 되었다. "저는 출판 일을 접고, 새로운 삶에 오롯이 매달리기로 했습니다."

　로이가 우리에게 마지막으로 한 말은 출발점을 분명히 하라는 것이었다. 우리 삶의 여러 단계를 깨닫고 존중하되, 다른 단계로 옮겨야 할 때가 되면 이전 단계는 확실하게 끝내라는 말이었다. **어제의, 혹은 작년의 우리에 집착하지 말고, 현재의 우리가 되기 위한 여지를 마련하는 공간, 그런 공간이 빈 도화지이다.** 빈 도화지 상태에 이른다는 것은 우리 스스로 변화할 준비가 되었음을 의미한다.

 **www.roadtripnation.com/leader/roy-remer**

"우리 마음은 극도로 복잡할 수 있습니다. 주어진 순간에 너무 많은 일이 일어날 수 있고, 생각을 방해하는 것도 너무 많고, 우리를 뒤흔드는 이야기도 너무 많고, 쉽게 떨쳐버릴 수 없는 생각도 너무 많으니까요. 인간으로서 우리는 한 곳에 빠져들어 꼼짝 못하는 일이 흔합니다. 저는 그런 사람들을 늘 보죠. 사람들은 사실 자신에 대해 생각할 때 유연성이 너무 없는 것 같습니다."

– 로이 레머, 젠 호스피스 프로젝트 자원봉사 관리자

로이는 적극적인 탐구자이다. 그래서인지 빈 도화지 상태에 이르는 길을 쉽게 찾은 것처럼 보인다. 겉으로 보기엔 그렇다. 하지만 우리들 대다수도 소음을 받아들이는 정도에 따라 얼마든지 빈 도화지 상태에 이르는 길을 찾을 수 있다.

일례로, **크리스티나 헤이니거***는 성공에 대한 사회의 통념에 너무 깊이 빠져들었고, 그런 통념을 따른 탓에 그 길에서 벗어나기 위해 각고의 노력과 투지를 기울여야 했다. 그리고 그 길에서 벗어나는 데 몇 년이란 시간을 들였다.

우리들 대부분처럼 그녀는 외면적인 "성공"의 상징들을 쫓기 시작하면서 갈팡질팡했다. 코넬 대학을 졸업한 후에, 그녀는 뉴욕시의 5개 자치구를 떠돌면서 대학 친구들이 더 높은 연봉을 향한 사다리에 오르는 것을 보았다.

크리스티나가 당시 이야기를 들려주었다. "주말에 치즈 가판대에서 일하기 시작했는데, 코넬 출신 사람들을 가끔 만나곤 했어요. 그러면 그 사람들은 어김없이 '여기서 뭐 하는 거야?' 하고 물었고, 저는 '나도 내가 여기서 뭘 하는지 모르겠어. 치즈를 팔고 있는데 좀 살래?' 하고 대답하곤 했죠."

그녀는 소음에 귀를 기울였고 미래에 대한 두려움에 빠졌다. 그래서 경영학 석사 학위를 따고 비즈니스 컨설턴트 일을 하면서 흔히 말하는 성공을 쫓기 시작했다.

그 뒤 8년 후에도 그녀는 여전히 조립 라인을 따르고 있었다. 하지만 성공적으로 조립 라인을 따르고 있음에도 공허한 마음을 채울 수가 없었다. "제일 큰 문제는 저에게 영감을 주는 게 뭔지 모르는 거였어요. **그때 직장에선 늘 그런 상태일 거란 걸 알았죠. 하지만 이제 알아요. 제가 일상에서 벗어나 좀 더 폭넓게 생각할 수 있는 공간을 만들지 못한 게 원인이었다는 것을요. 전 승진도 하고 일도 그럭저럭 했지만 열정적이지는 않았거든요.**"

크리스티나의 세계에는, 그녀 스스로 만든 자신에 대한 여러 기대와 소음을 벗어나 생각할 만한 공간이 없었다. "다른 일을 찾아볼까 생각할 때, 저는 연봉이 얼마인가만 생각했어요. 내가 찾아야 하는 일에 대해 근본적인 질문들을 하기까지 꽤 오랜

시간이 걸렸죠. '그렇게 많은 돈이 꼭 필요한 건 아니잖아. 이런 집이며 여러 가지 책임감도 꼭 필요한 게 아닐 수 있고!'라고 생각하기 시작하면서 정말 어느 날 갑자기 말도 안 되는 선택을 했죠. 저에게 진정한 전환점은 그랜드 캐니언으로 떠난 여행이었어요. 그때 모든 것에서 완전히 벗어날 수 있었거든요."

제2의 고향이 된 뉴욕과는 분위기가 전혀 다른 알래스카에서 어린 시절을 보낸 그녀는 뗏목으로 그랜드캐니언을 여행하면서, 어린 시절 이후로 잊고 있던 즐거움을 다시 찾게 되었다. 끝없이 이어지는 일과와 성공해야 한다는 생각에 사로잡힌 일상에서 벗어난 먼 곳에서, 그녀는 자신의 삶에 대해 찬찬히 다시 생각할 수 있었다. '진정한 행복을 주는 건 무엇인가? 지금 놓치고 있는 것은 무엇이고, 어떻게 하면 그것을 되찾을 수 있을까?'라는 질문을 한 그 시점이 바로 그녀가 빈 도화지 상태에 이른 순간이었다. 그로부터 오래지 않아 그녀는 강을 안내하는 가이드로 일하다가 비즈니스 컨설턴트 경력을 살려 관광회사들을 돕기 시작했다. 그리고 마침내는 뉴멕시코에 기반을 둔, 친환경 모험 관광 개발을 전문으로 하는 '솔라 컨설팅 회사'를 세웠다.

빈 도화지 상태에서 크리스티나가 깨달은 건 무엇일까? "누구든 하는 일에서 즐거움을 얻을 수 있어야 합니다. 저에게 성공은 즐겁게 일하는 겁니다. 저는 슬플 때조차도 여전히 즐거워합니다. 제가 하는 일이 즐겁다는 말이죠. 저는 요즘 정말 활기차게 창의적으로 일하면서 짜릿한 기쁨을 느낍니다. 그리고 크게 성공했다고 생각합니다. 아주 많이 행복하니까요."

우리 뜻을 오해하지 마라. 너도 나도 하던 일을 그만두고 산간벽지로 들어가서 수작업 일을 해야 한다고 주장하는 게 아니다. 빈 도화지 상태에 이르려면 공간이 필요하다는 말이다. 물론 그 공간이 반드시 달빛 아래 캠프파이어 주변일 필요는 없다. 혼란스러운 마음을 신선하게 자극하고 환기시킬 수 있는 곳이면 된다.

변화를 받아들여라

자메이카에서 태어나 캐나다에서 자란 **샬린 깁슨***은 뉴욕시에 있는 법무법인 회사를 그만두었다. 시골로 들어가 양을 치거나 예술혼을 불태우기 위해서가 아니었다. 샬린은 다른 도시로 가서 새로운 길을 찾았다.

"그러니까 그게... 전 뉴욕에서 직장생활을 했었어요. 연봉도 많고 모든 여건이 좋았죠. 하지만 뭔가 잘못되었다는 생각이 들었어요. 일하면서 아무런 성취감을 느끼지 못했거든요. 어느 날 '내가 뭐 죽을 때까지 이것저것 사들일 건가? 어차피 쓰레기가 될 것들을 더 사들여야 해?' 하는 생각이 들더군요. 돈은 많이 벌었지만 너무 많은 시간을 일에 치여 살았거든요. 꼭 다람쥐가 쳇바퀴를 도는 것처럼 계속 바빴는데, 그 쳇바퀴를 멈출 만한 일이 없었어요. 그래서 뉴올리언스에서 들어온 일을 받아들여서 연방법원 판사의 법률 서기가 되었어요."

그런 결정으로 샬린은 법조계의 사다리에서 몇 계단을 내려가게 되었다. 하지만 샬린은 개의치 않았다. "그 결정은 제 자신을 지탱하기 위한 나름의 방법이었어요. 쳇바퀴에서 내려 저 자신에 대해 다시 생각해볼 여유로운 시간을 얻었거든요." 그런 여유 덕에 샬린은 행복한 삶에 대한 생각을 바꾸게 되었고, 얼마 후 뉴올리언스에서 동료와 함께 자신의 회사를 열게 되었다. 샬린 또한 그런 변화를 받아들이는 것이 두려울 수 있다는 걸 인정하지만, 그런 두려움이 오히려 도움이 된다고도 했다. "벼랑 아래로 떨어지는 것 같기도 해요. 정말 말이 안 되는 거죠. 비논리적이고요. 하지만 그런 변화를 시도한다는 건 정말 열심히 살고 있다는 증거 아닐까요?" 우리 삶은 끊임없는 변화의 연속이다. 어떤 면에서 빈 도화지 상태는 피할 수 없는 변화를 조절하는 도구이다.

젠 호스피스 자원봉사 책임자인 로이는 호스피스 활동을 죽음을 위한 총연습이라고 한다. 로이는 죽어가는 사람들과 마주 앉아 이야기를 나누고, 그들이 마지막 순간에 느끼는 두려움과 후회를 지켜본다. "자기 자신에 지나치게 얽매여 변화를 꾀하고

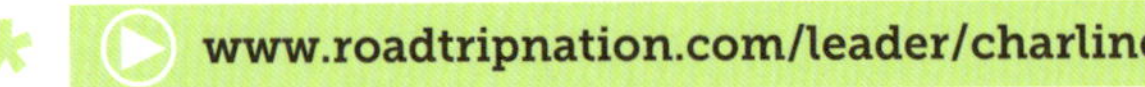

픈 마음을 억누르고 살아온 탓에 선뜻 생을 마감하지 못하는 사람과 마주하고 앉을 때, 그런 사람에게는 죽음이 너무너무 고통스럽다는 걸 느낄 수 있어요."

로이가 임종을 앞둔 사람들의 얘기를 한 것은, 우리가 어떤 모습이어야 한다는 생각에 너무 집착해서 변화를 받아들이지 않는다면, 마지막 순간 아쉬움이 너무 크다는 것을 말하기 위해서였다. 현재 우리의 모습이 본연의 우리 자신과 맞지 않는다면, 벗어나는 연습을 해야 한다. 로이가 너무 앞선 생각일지 모르겠다며 덧붙인 것처럼, 건강할 때 죽는 걸 연습하는 것도 도움이 된다. 그러면 그때까지 살아온 과거에 경의를 표하고 과거의 삶과 화해할 수 있다. 그런 다음에 현재로 나갈 수 있다.

좀 더 진실한 삶에 이르기 위해 당신 자신에 대한 낡은 생각을 버리라는 것, 그것이 지금까지 우리가 해온 말이다.

당신은 이미 통념에서 벗어나 새로운 그림을 그릴 준비가 되어 있다. 빈 도화지 상태에 이르는 것은 상점에 들어가서 새로운 물건을 고르는 것과는 다르다. 당신에게 주어진 도화지는 한 장뿐이고, 당신의 도화지 위에는 이미 수많은 그림이 그려져 있을 수 있다. 그중 훌륭한 걸작이 되어 가고 있는 그림이 있을 수도 있지만, 반면에 소음의 영향을 받아 억지로 그린 그림이나 숫자, 즉 사회적 통념을 따라 그려가는 그림도 있을 수 있다. 하지만 소음이나 사회적 통념이 아니라 우리가 갖고 있는 우리 생각으로 그림을 그려나가야 한다. 깨끗한 백지 상태에 이르는 유일한 길은 번잡하기만 하고 별로 중요하지는 않은 모든 일에서 벗어나는 것이다. 진정한 당신을 마주할 수 없도록 하는 모든 것을 떨쳐내야 한다.

당신이 떨쳐내야 할 것들은 무엇인가? 다음 빈 칸을 채워 보라.

내가 받아들였던 소음은 _________________________ 이었다.

하지만 이제 나는 그것을 막는 법을 안다.

나는 성공이 _________________________ 라고 생각했었다.

하지만 이제 성공은 _________________________ 라고 생각한다.

나는 나 자신을 _________________________ 라고 했었다.

하지만 그건 진짜 나와는 아무 상관도 없다.

나는 _________________________ 이었다. 하지만 이제 더는 그렇지 않다.

사람들이 _________________________ 을 물을 때, 나는

_________________________ 라고 대답하곤 했다. 비록 그것이 사실이 아니란 걸 알면서도.

나는 _________________________ 이 되고 싶다고 생각했다.

하지만 그것이 정말로 내 자신이 원하는 걸까?

나는 _________________________ 이었다.

하지만 내가 알아야 하는 것을 깨우쳤다.

이제 앞으로 나아가야 한다.

이런 변화가 어려울 수 있다는 걸, 심지어 끔찍한 느낌을 줄 수도 있다는 걸 인정한다. 그림판을 깨끗이 비울 때, '내가 기울인 모든 노력을 무효화하는 것은 아닐까? 내 가족을, 친구들을, 나 자신을 실망시키게 되는 건 아닐까? 지금까지 그려온 삶이란 그림은 완전히 실패작이란 뜻일까? 정녕코 이 그림이 내가 원하던 그림이 아니란 말인가?' 하는 생각이 들 수 있다. 어쩌면 당신 주변의 모든 사람이 당신에게 같은 그림으로 남아 있도록 압박한다고 느낄지도 모른다. 마치 그들이 당신보다 당신 인생에 더 큰 관계가 있는 것처럼 말이다.

다른 사람들이 뭐라고 하든지 귀 기울이지 말고, 새로운 버전의 당신이 될 수 있다는 가능성에 마음을 열어라. 당신이 무엇을 할 수 있는지 이미 알고 있다는 생각은 버려라. 당신의 능력을 의심하거나 아직 드러나지 않은 당신의 잠재력을 찾는 일을 방해하는 소음에 반응하지 말고, 겉으로 드러난 당신의 이면에 숨어 있는 잠재 능력을 찾아내라.

이제, 앞을 보라. 로이가 말한 것처럼 졸업이든, 이혼이든, 죽음이든, 이직이든, 그런 것들이 사라져가는 순간을 지켜보고, 새롭게 다가오는 순간을 맞아라.

지금 이 모습은 어제의 나였다. 그 모습은 사라진다. 이제 오늘의 내가 되어라.

찾아

내라

2부

CHAPTER 8

직업이 아니라 흥미를 좇아라.

앞서 우리는 로드트립네이션 본부의 회의실에 둘러앉아 이 책을 통해 전하고 싶은 것들에 대해 의견을 나누었다. 그중 한 가지 중요한 주제를 어떻게 풀어나가야 할지 꽤 오래도록 의논을 거듭했다. 고전적인 추리소설처럼 해답이 이미 우리 앞에 있었는데도 말이다. 원래 그런 법이다. 너무 분명해서 부정할 수 없는 사실을 깨닫기가 종종 가장 어렵지 않던가. 우리가 깨달은 것?

그건 바로 **"직업"이란 말을 없애야 한다는 것이다.**

우리가 지금까지 길 위에서 나눠 온 모든 이야기에는 나이, 문화, 신념, 성별, 지역에 상관없이 일관되게 두드러지는 한 가지 사실이 있었다. 우리에게 이야기를 들려준 리더들은 직업이 아니라 흥미를 좇았다는 점이다. "직업"을 좇는 시대는 지났다. 이제 그 사실을 받아들여야 한다.

셔츠든 드레스든 작업복이든 평생 한 가지 옷만 입어야 한다고 상상해 보자. 그래서 당장 가게로 가서 옷을 골라야 하는데, 당신은 여러 상점을 둘러보지도 않고 옷을 입어보지도 않는다. 옷이 얼굴색과 잘 어울리는지, 입었을 때 껄끄럽거나 이상한 냄새는 나지 않는지 확인하지도 않고 그냥 휙 둘러보고 평생 입을 옷을 정한다. 이것은 물론 말도 안 되는 이야기이다. 하지만 전통적인 학교의 패러다임은 이런 터무니없는 방식으로 평생 한 가지 직업을 택해서 그 일에 맞춰 살아가기를 강요한다.

직업 은 하나의

그릇일 뿐이다.

직업이란 하나의 그릇일 뿐이다. 전통적인 직업 모델은 우리가 고등학교나 대학에서 한 가지 직업을 선택하여, 그 직업에 우리 자신을 맞춰가도록 한다.

우리의 미래에 적합한 직업을 단정적으로 제시하는 적성 검사 또한 다를 게 없다. 적성 검사 질문지에 대한 답을 토대로 '넌 간호사가 가장 적합해'라는 결론을 내리지 않는가. 그런 것에도 꼭 알아야 할 사실이 담겨 있을 수는 있지만, 진단 영역이 한정적이기 때문에 우리의 가장 중요한 특성을 간과하는 일이 흔하다. 일례로 피만 보면 기절하는 사람이라면 어쩌겠는가? 그렇다고 다른 사람을 돕는 일을 할 수 없는 건 아니지만, 응급실은 그 사람이 일하기에 적합한 곳이 아닐 것이다. 연필로 질문지에 답하는 적성 검사의 문제는, 그 결과가 검사 대상자의 흥미를 끄는 것인지 묻지 않는다는 점이다. 그런 결과는 권위적인 단체에서 내세운 것일 뿐 그 사람이 진정으로 어떤 사람인지, 어떻게 세상과 관계를 쌓아 가야 하는지를 말해주지는 못한다. 우리가 제안하는, 흥미를 기초로 하는 접근 방식은 적성 검사와는 달리 포괄적이다. 그래서 특정한 직업군을 제시하는 대신에 그 사람에 대한 사실을 기초로 선택의 세계를 탐험할 수 있도록 한다. 다시 말해, 당신이 어떤 사람이 될 수 있는지 선택 범위를 좁혀주는 게 아니라 당신이 할 수 있는 일의 범위를 넓혀준다.

우리는 제각각 너무나 역동적이고 독자적이어서 누구에게나 적용되는 틀에 끼워 맞추어질 수 없건만, 하나의 직업을 선택하려면 실제 그 일이 어떤 일인지 제대로 경험도 하지 못한 채 결정을 내려야 한다. 하지만 직업이라는 그릇 밖으로 나온 사람들은 개인적으로 만족하면서 경제적인 안정과 성공에 이르는 흥미진진한 길을 찾아내는 경향이 있다. 어떻게 그런 길을 찾았을까? 어떻게 하면 그런 길을 찾을 수 있을까?

흥미 있는 일부터 시작하면 된다.

"마음을 움직이는 일, 열정적으로 달려들 수 있는 일을
찾아야 합니다. 그런 일에 등을 돌리는 건 스스로를
비참한 길로 빠뜨리는 겁니다."

– 크리스 플링크, IDEO (역주—"세계에서 가장 혁신적인 회사"로 선정된 디자인 컨설팅 회사)
공동경영자

　이 두툼한 책을 다 읽기 전에 당장 핵심 내용을 알고 싶어 못 견디겠다고? **우리가 전하려는 메시지를 한 문장으로 요약하자면, 흥미를 중심으로 삶을 설계하라는 것이다.** 바로 이것이 이 책에서 꼭 얻기를 바라는 교훈이다. 다른 모든 것은 이 기본적인 개념에서 나온다. 한껏 만족하는 삶을 이끌어가는 사람들은 흥미를 일로 연결시키고, 자신만의 독자적인 방식으로 일이 곧 생활인 삶을 만들기 위한 노력을 게을리하지 않는다. 그들의 마음을 설레게 하고 사로잡는 것이 그들이 내려야 하는 모든 결정의 출발점이 된다.

　흥미를 최우선으로 하는 삶이 그토록 만족스러운 이유는 좋아 죽는 일을 하면서 살 수 있기 때문이다. 하기 싫은 일을 하면서 살아야 한다면 얼마나 끔찍하겠는가. 하지만 내가 어떤 것에 흥미가 있는지 모른다면 어떻게 해야 할까? 알게 모르게 우리는 진정으로 좋아하는 일을 우리 삶의 뒤편으로 미루고 무시하는 경향이 있다. 그러므로 이제까지와는 다른 관점에서 좋아하는 일을 살펴볼 필요가 있다. 그러면 어떤 면에서 이미 당신이 날마다 흥미를 좇고 있다는 걸 깨달을 수 있을 것이다.

"어떤 일이 물 흐르듯 잘 되고 있을 때는, 마음이 먼저 그런 걸 느끼고 있는 걸 알 수 있습니다. 어떤 기분을 말하는지 알 겁니다. 자신도 모르게 푹 빠져서 시간을 도둑맞은 것 같은 기분이 들게 하는 일이 있잖습니까. 꼭 노는 것 같은 기분이 들게 하는 일말입니다."

— 앤서니 베네지알, 뉴욕, 백 하우스 프로덕션의 예술 조감독

앤서니가 말하는 기분을 다들 알 것이다. 어떤 일에 몰두하다 보면 시간이 순식간에 지나간 듯한 느낌을 받을 때가 있다. 대수롭지 않게 여길 수 있는 그런 순간에서 우리의 흥미를 알아낼 수 있다. 쉬는 날 직접 만든 동영상을 유투브에 올리거나, 숲속을 거닐거나, 선거 때 자원 봉사를 하거나, 마인크래프트(역주―블록을 쌓으며 모험을 하는 게임)에서 **프랭크 로이드 라이트**(역주―미국의 건축가) 양식의 집을 짓거나 하는 모든 활동 안에 흥미가 깃들어 있으므로.

직업이라는 그릇에서 벗어날 수 있는 최선의 방법은 어떤 것에 몰입할 수 있는 흥미를 알아내고, 그런 흥미를 일과 연결시키는 방법을 찾아냄으로써 흥미를 토대로 일을 선택하고 그 일에 전념하는 것이다.

만일 의학에 별 흥미가 없다면, 남 보기에 번듯하고 돈을 많이 벌 수 있는 전문직이므로 선택해야 한다는 주위의 소음에 귀 기울이지 마라. 그리고 당신이 찾아낸 흥미가 세상의 잣대로 대수롭게 보이지 않는다고 해도 두려워하지 마라. 특히나 다양하게 분화되어 있는 요즘 시장에서 흥미와 일을 하나로 만들 수 있는 놀라운 방법은 많고 또 많으니까. **마이크 라조**처럼 토요일 아침마다 만화 영화를 즐겨보다 카툰네트워크(역주―미국의 애니메이션 채널)에서 일하게 될 수도 있고, 테네시 대학교의 **빌 바스** 교수처럼 인간의 뼈에 푹 빠져 지내다 법의인류학(역주―생물인류학적 지식을 이용해 뼈만 남은 유해를 감식하여 신원을 확인하고 사망원인을 분석하는 일) 분야의 저명인사가 될 수도 있다. 말인즉슨 정형화된 틀 속에 스스로를 가두지 말라는 것이다.

의사는 진료실에서만 일한다. 교사는 교실에서만 가르친다. 과학자는 모두 실험가운을 입는다. 프로그래머는 웹사이트를 만들기만 한다. 엄밀히 따지면, 이 말들은 어느 것도 맞지 않는다. 하지만 스스로 새로운 길을 만들어 가야 하는 상황에 직면했을 때는 특정 분야에서 일하거나 특별한 흥미를 따르는 것에 어떤 큰 의미가 있는지 생각하지 못할 수도 있다. 지금 이 순간 세상의 소음이 우리의 창의적인 생각을 억누르고, 우리를 틀 속에 가두려 한다고 해도, 예상되는 미래에 대한 질문을 거듭하면서 진실에 이르는 길을 찾아가야 한다.

샌프란시스코 과학박물관에서 전시물을 개발하는 **숀 라니***는 과학에 흥미가 있으면서도, 처음에는 과학 분야에서 일하는 것을 망설였다. 과학자는 하루 종일 실험실에 박혀 일해야 한다는 고정관념 때문에 마음이 선뜻 내키지 않았던 것이다. 숀이 과학 세계에 이끌린 것은 다른 이유에서였다. "제가 정말로 좋아한 것이 몇 가지 있었어요. 전 미지의 것이라든지 불가사의한 것을 좋아했죠. 물리적 실체나 공간을 볼 수 있다는 생각이나 우리가 알 수 있는 것보다 더 많은 것들이 있을 수 있다는 생각이 제 흥미를 끌었어요. 하지만 그런 흥미는 너무 모호한 거라서 일에 적용시키기가 힘들었지요."

숀은 흥미를 끌어당기는 특정 분야를 찾지 못하고 이 일 저 일을 전전했다. 바에서 피아노를 연주하기도 하고 신발을 팔기도 했다. 그러다 마침내 과학에 대한 흥미와 창의적인 특성을 모두 만족시켜주는 일을 찾아냈다. 샌프란시스코 과학박물관의 체험 학습실에서 아이들이 직접 만지고 놀면서 배울 수 있는 전시물을 만드는 일을.

호기심을 자극하고 물리적 세계를 깊이 있게 탐구하도록 이끄는 것에 목표를 둔 샌프란시스코 과학박물관의 일은, 숀으로 하여금 좋아해 마지않는 과학에 몰두할 수 있도록 했다.

/// 직업이 아니라 흥미를 좇아라 ///

아래 나열된 항목들은 리더들과의 만남을 통해 알게 된 주요 관심 분야이다. 당신의 흥미를
끄는 것이 무엇인지 표시해보라. 목록에 없는 다른 관심 분야가 있다면
맨 밑의 빈 원 안에 직접 써넣어라.

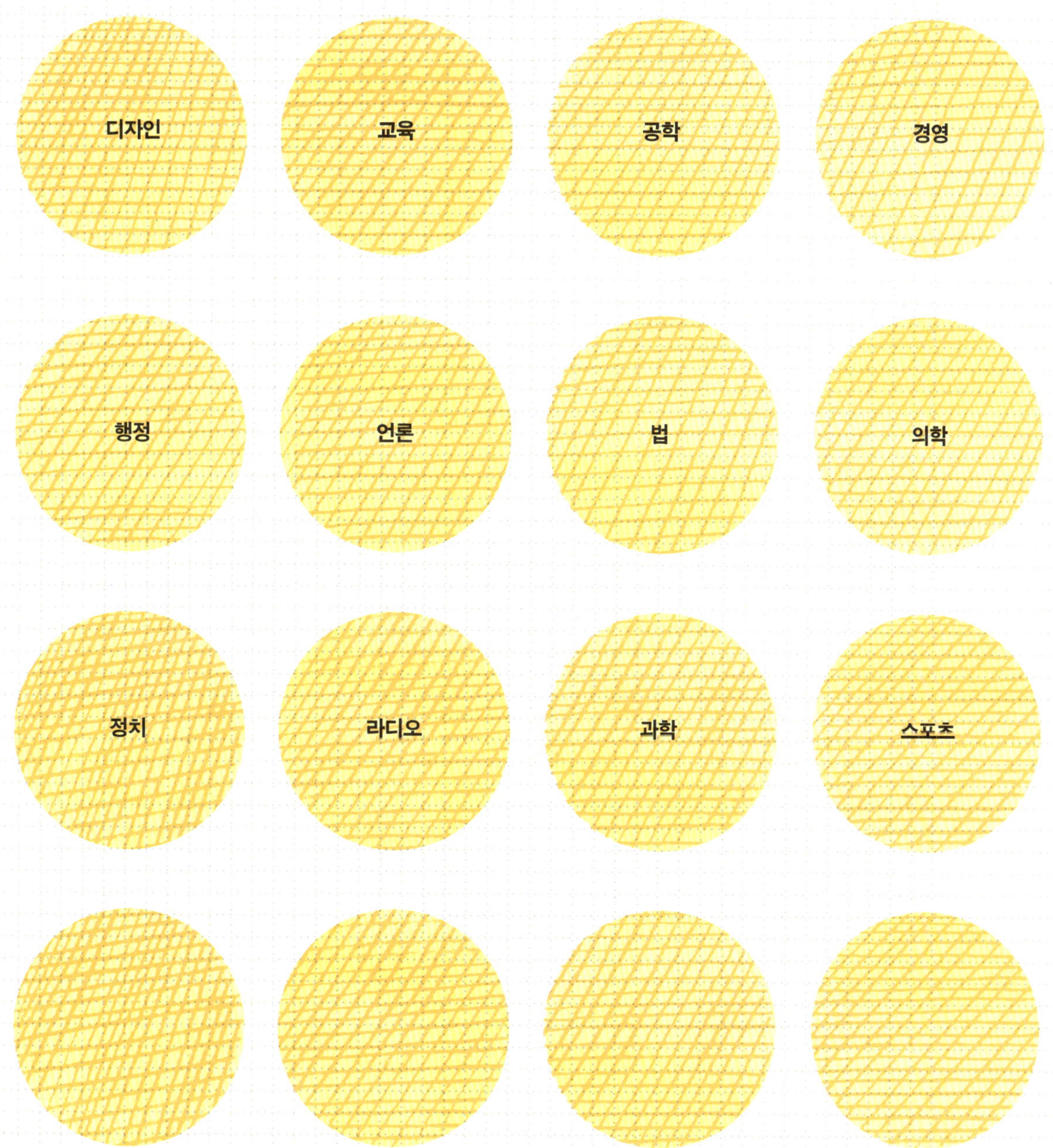

디자인
교육
공학
경영
행정
언론
법
의학
정치
라디오
과학
스포츠

위에 제시한 관심 분야는 누구나 흥미를 가질 만한 매력적인 것들이지만, 사람들이 흥미를 갖는 분야는 훨씬 더 많다. 다른 사람들이 어떻게 흥미를 기반으로 독특한 삶을 이끌어갔는지를 더 알고 싶다면 www.roadtripnation.com/explore/interests.에 접속하여 로드트립네이션 인터뷰 아카이브에 들어가 보라. 그곳에서 참고할 게 있다면 짬을 내어 메모를 해두고, 아래 질문들에 대해서도 생각해 보라.

사람들이 흥미를 생계수단으로 만든 방식이 너무나도 다양해서 놀랐는가? 당신 자신의 삶에서 흥미를 더욱 열정적으로 좇는다면 어떤 길에 이르게 될지 상상할 있겠는가?

일이 곧 생활인 삶을 만들어라

흥미를 일과 생활로 바꾸려면 상상력과 용기가 필요하다. 필라델피아 세븐티식서스(역주—미국 NBA 프로농구팀)의 단장인 **빌리 킹**[*]은 그러기 위해서는 때로 도약을 해야 하고, 위험을 무릅써야 하며, 앞뒤 가리지 않고 뛰어들어야 한다고 말한다. 그는 농구에 대한 단순한 흥미를 시작으로 일이 곧 생활인 삶을 만들어갔다.

"저는 프로 농구 선수가 되고 싶었어요. 그런데 학교에 다니면서 농구와 관련된 다른 일도 많이 있다는 사실을 깨닫게 되었지요." 그는 농구를 좋아한다고 해서 프로 농구선수가 되어야만 한다고는 생각하지 않았다. 그래서 대학을 졸업한 후 ESPN에서 스포츠 해설을 하기 시작했고, 얼마 후 TV 방송국에서 스포츠 분석가로 자리 잡았다. 그는 농구와 관련된 다양한 일에서 자신의 재능을 개발했고, 여러 가지 일을 경험하면서 발전을 거듭했다. 프로 농구 선수가 되고 싶다는 꿈에서 시작하여, 농구가 여전히 생활의 일부인 삶을 펼쳐나간 것이다. 자신도 예상하지 못한 방식으로 그런 삶을 찾은 빌리가 말했다. "직업이라는 닫힌 개념에 사로잡혀 일을 구하지만, 6년쯤 지난 뒤에 그 일이 지겹도록 싫다는 걸 깨닫는 사람들이 많습니다."

앞에 놓인 길이 확실하지 않고 두렵기까지 할 때, 빌리 같은 리더들은 융통성과 창의성, 그리고 흥미를 좇는 열정에 힘입어 흥미와 일이 하나로 합쳐진 삶을 이끌어나가는 방법을 찾아냈다.

흥미를 좇는 삶을 이끌어가는 방법에 대해 독창적으로 생각하기 시작했다면, 고정관념을 버리고 열린 생각을 해야 한다. 평범한 생각을 뛰어넘어 일과 흥미를 하나로 만들 수 있을 때, 만족스러운 삶을 이끌어갈 수 있는 기회는 더욱더 많아질 것이다. 우리가 찾아가서 이야기를 나눈 리더들은 너나 할 것 없이 흥미를 좇았다. 하지만 그들 대부분 한 가지 흥미만을 일과 생활에 접목시킨 건 아니었다. 리더들은 다양한 흥미를 가졌고, 그런 흥미들을 모두 아우르는 일과 생활을 이끌어갔다.

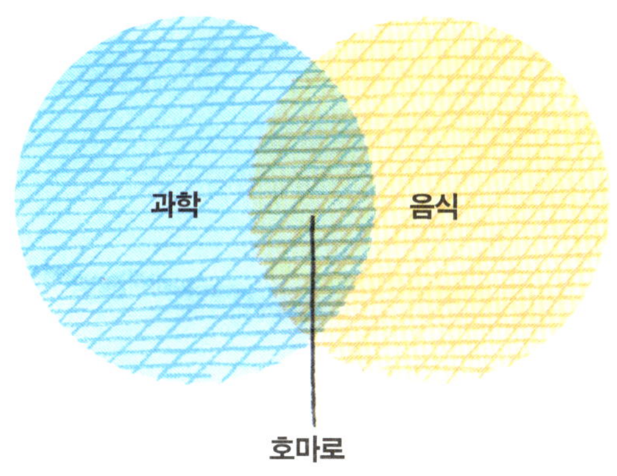

미래지향적 요리사였던 **호마로 칸투**[*]는 다양한 흥미와 일을 하나로 통합힐 때 그 저력이 얼마나 대단한지를 구체적으로 보여준다. 그는 어릴 때 잔디 깎는 기계가 고장 나면, 아버지가 잔디 깎는 일을 시키지 않을 거라 생각하고 기계를 분해한 적이 있다고 했다. 한데 그런 과정에서 기계의 작동 방식을 알아가는 것이 참으로 흥미롭다는 것을 알게 되었다. 새로운 걸 만들어내는 것과 기계에 대한 흥미는 이후 그가 요

 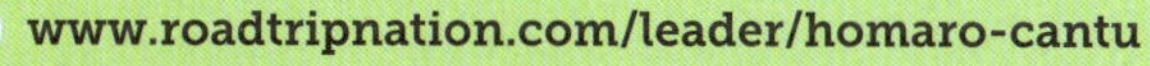

식업계에서 어려움을 딛고 우뚝 설 수 있는 발판이 되었다. 그는 요리학교 소파에서 새우잠을 자며 요리를 익혔고, 무보수로 식당에서 일하며 경험을 쌓기도 했다. 그런 힘든 노력을 마다하지 않았기에 시카고에 있던 그의 식당, 모토는 독창적인 음식을 개발하는 선두에서 분자요리학(역주―조리과정과 식감, 맛에 영향을 미치는 요인을 과학적으로 분석하여 독특한 맛과 식감을 만들어내려는 활동)의 지평을 넓혀 갔다. 맛깔스러운 요리에서 "탄산" 과즙에 이르기까지, 모토 식당에서 제공하는 모든 것이 기계와 요리에 대한 그의 흥미가 통합되어 나온 것이었다. 이처럼 음식과 과학이라는 이질적인 두 분야가 독창적인 탐구와 분석을 통해 예상치 못한 방식으로 합쳐지는 것, 그것이 바로 통합의 핵심이다.

영화감독 **발레리 웨이스***도 여러 흥미와 일이 통합되어 큰 힘을 발휘하는 삶을 이끌어간다. 그녀는 생물물리학 박사이면서 영화감독이다. 과학자 발레리가 어떻게 영화를 만들까? "저는 과학자로서 영화에 접근합니다. 우선 무엇에 대한 영화를 만들 건지 정한 뒤에 최대한 많은 자료를 수집합니다. 그런 다음에 한 장면의 대본을 써서 배우들과 함께 그 장면이 어떻게 보이는지 실험을 해봅니다. 엄격히 적용하는 건 아니지만, 창의적인 일을 할 때도 여전히 과학적 절차에 따르죠."

그녀는 일찍이 하버드대학교에 다닐 때부터 과학과 영화라는 두 분야를 좋았다. 전공은 과학이었지만, 하버드 학생센터에서 영화 프로그램을 만들기도 했다. 그러면서 흥미를 좇기 위한 힘겨운 노력이 의무는 아니지만, 그런 노력에 보상이 따른다는 것을 알게 되었다. 2003년에 영화감독으로 데뷔하게 된 것이다. "좋아하는 일을 할 때는 힘이 끝없이 솟아납니다. 저는 여러 일을 해봤는데, 특히 물건을 파는 일이 지독하게 힘들었습니다. 일하면서 흥도 안 나고 서럽기까지 했죠. 하지만 제가 정말 하고 싶은 일을 할 때는 쉬지 않고 24시간을 일해도 거뜬합니다."

발레리와 같은 리더들의 예에서, 여러 흥미를 하나로 묶는 결합체, 즉 독창적인 통합체를 찾아낸 것을 알 수 있다.

 **www.roadtripnation.com/leader/valerie-weiss**

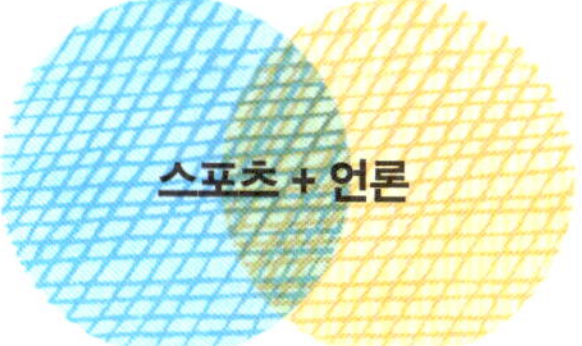

스포츠 + 언론

아리엘 헬와니,
MMA 스포츠 기자

과학 + 공학

브라이언 비니,
**스페이스십원(역주 – 최초의 민간
유인 우주선)의 실험 비행사**

경영 + 여행

데이비드 닐먼,
제트 블루 항공사 창업자

음식 + 과학

엘리스 벤스타인,
**젤리벨리 캔디 회사의
식품 과학자**

정치 + 텔레비전

제프 존슨,
정치 활동가 & BET 진행자

음악 + 영화

랜스 뱅즈,
뮤직 비디오 감독

언론 + 패션

아투사 루벤스타인,
〈세븐틴 매거진〉의 전 편집장

수학 + 디자인

렉스 그링언,
**드림웍스 애니메이션의
캐릭터 애니메이션 팀장**

미술 + 경영

미셸 드레허,
〈투 톤 프레스〉 창업자

자연 + 행정

데니스 베렛,
로스앤젤레스 동물원 부원장

이제 당신의 주요 관심분야들을 연결시켜 보라. 여러 관심분야들이 통합된 조합을 몇 가지나
생각해낼 수 있겠는가?

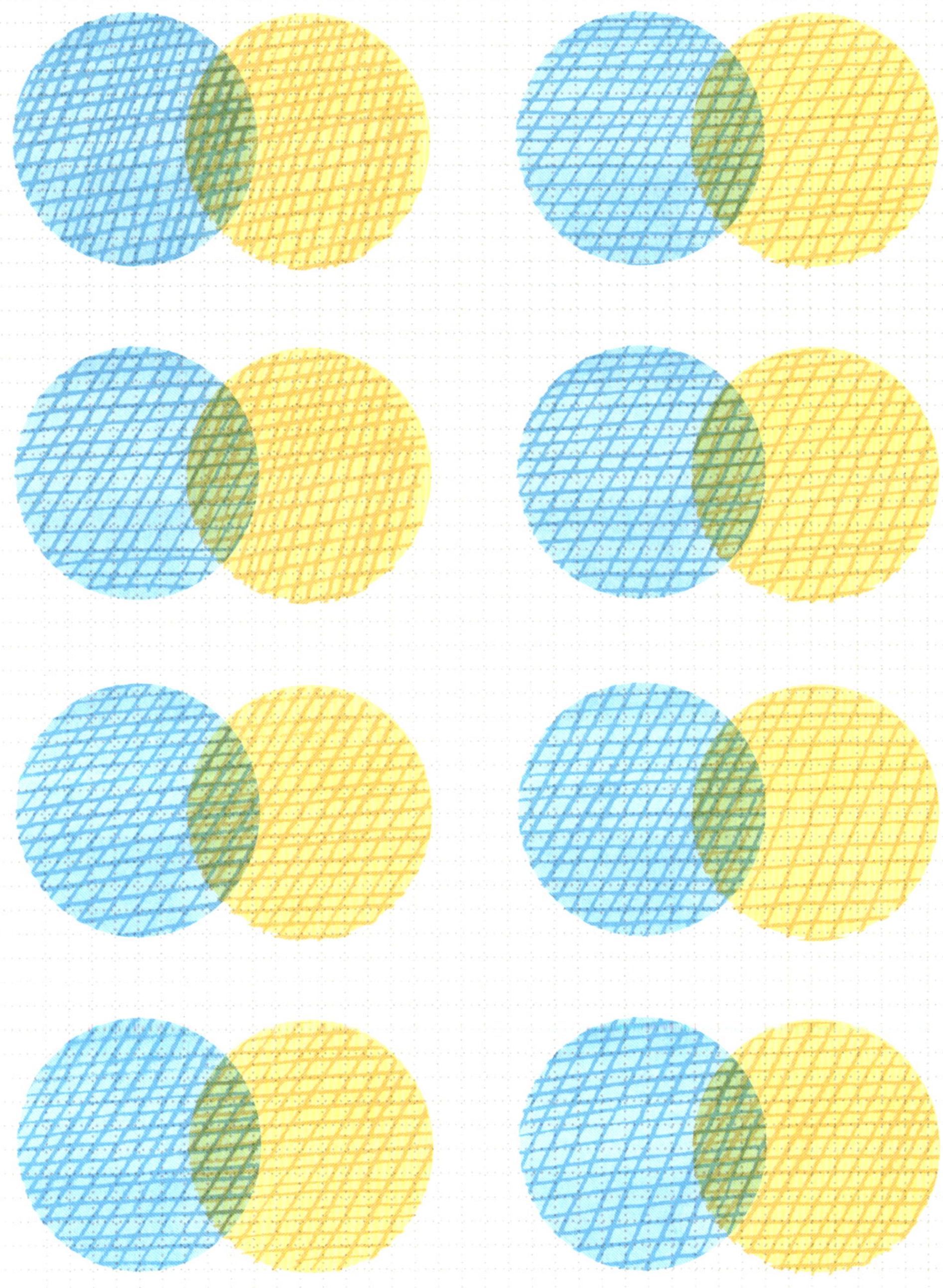

이러한 새로운 접근법으로 세상을 다른 시각에서 보는 것이 필요하다. 그런 다음 며칠에
걸쳐 다양한 흥미를 아우르는 삶을 살아가는 사람들의 이야기를 가능한 한 많이 모아서
기록해 보라. 영화 크레디트에 오른 변호사, 롤러코스터에서 일하는 공학자. 프로 스포츠
팀에서 일하는 회계사 등을 찾아보라. 다채로운 삶의 길은 끝없이 계속 늘어나고 있다.
우리가 그런 삶을 찾아내는 법을 배우지 못했을 뿐이다.

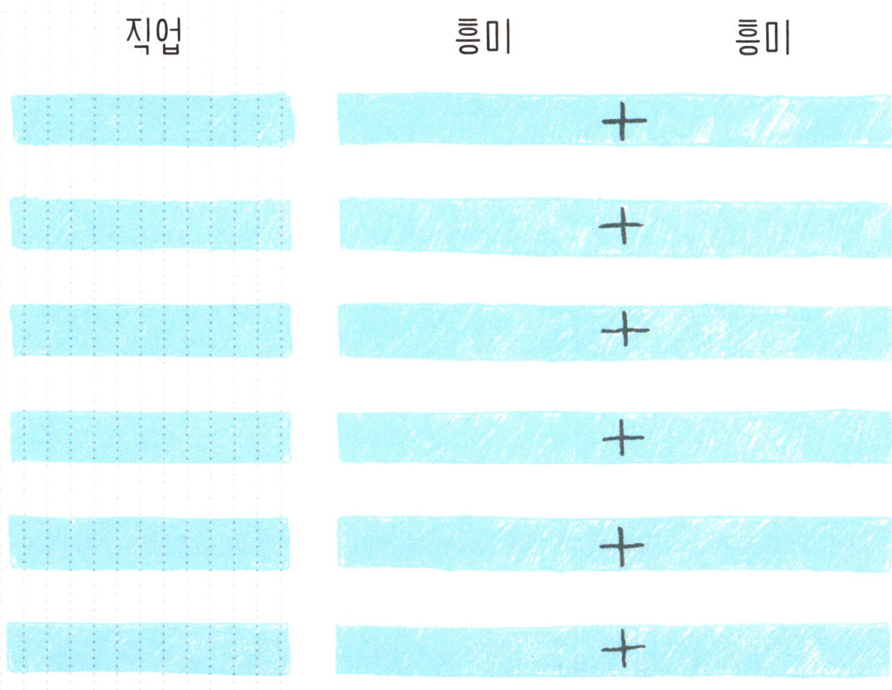

　　이런 방법으로 직업 대신 일과 생활이 하나로 합쳐진 삶을 찾아간다면, 더욱더 뜻
깊고 지속 가능한 길을 갈 수 있을 것이다. 스스로 여러 가지 역할을 만들어 보라. 시
금은 세상에 존재하지 않는 일을 생각해 내라. 수입을 먼저 생각하지 말고 일단 시작
부터 해라. 그러면 머잖아 흥미로 시작한 일에서 수입을 얻는 방법도 찾게 될 것이다.
화가인 크리스토퍼 브라운이 "우리들 각자는 이 세상에 처음 나온 유일무이한 존재
들입니다… 자신을 달라지게 하고, 자신의 삶을 축복된 삶으로 만들 수 있는 일을 찾
아내는 것이야말로 당신이 해야 할 일입니다."라고 말했듯이.

CHAPTER 9

기본 성향을 찾아내라

자신에게 진정으로 중요한 것이 무엇인지 알아내는 일은 흥미를 아는 것으로부터 시작된다. 흥미는 한 개인의 정체성을 형성하는 벽돌과 같은 것으로 우리 마음을 자극하여 어떤 일에 몰입하도록 한다. 하지만 흥미는 정체성의 첫 번째 구성요소일 뿐 전부는 아니다. 수많은 리더들과 이야기를 나누면서, 우리는 리더들의 삶에는 여러 흥미를 서로 연결해주는 무엇인가가 항시 있다는 걸 깨닫게 되었다. 어떠한 사람이 걷는 길이 아무리 크게 변한다고 해도, 그 사람의 삶에서 그 무엇인가가 일관되게 나났다. 우리는 그 무엇을 기본 성향이라고 부르기로 했다.

간단히 말해서 기본 성향이란 우리가 이 세상에서 즐겨하는 일을 나타내는 중심 요소이다. 기본 성향은 어떤 일에 흥미를 갖도록 유발하는 근본 요인으로, 보통 우리가 흥미를 갖는 일 전반에 걸쳐 나타난다.

기본 성향과 흥미의 연관 관계를 밝혀내면, 우리 앞에 놓인 길을 헤쳐 가는 데 요긴한 열쇠가 될 것이다. 당신이 음식을 굉장히 좋아한다고 가정해보자. 음식을 좋아한다는 사실은 표면적으로 나타나는 유용한 정보로써 삶의 길을 찾아가는 데 기초자료로 활용될 수 있다. 하지만 좀 더 깊이 파고 들어가면 그런 흥미를 유발하고 뒷받침하는 층에 이르게 된다. 당신이 음식에 이끌리도록 하는 근본적인 요소는 무엇일까? 당신은 창의적으로 다양한 요리법을 시도하기를 즐기는가? 원재료로 음식을 만드는 일에서 만족감을 얻는가? 음식을 맛 본 후에 옐프 같은 맛집 평가 사이트에 상세한 평을 올리는가? 흥미를 갖도록 이끄는 것이 무엇인지 알아낸다면, 자신의 특성에 가장 적합한 길을 찾는 데 있어서 보다 깊은 통찰력을 발휘할 수 있다.

다음은 십여 년에 걸쳐 리더들과의 만남을 통해 밝혀낸 기본 성향들의 예이다.

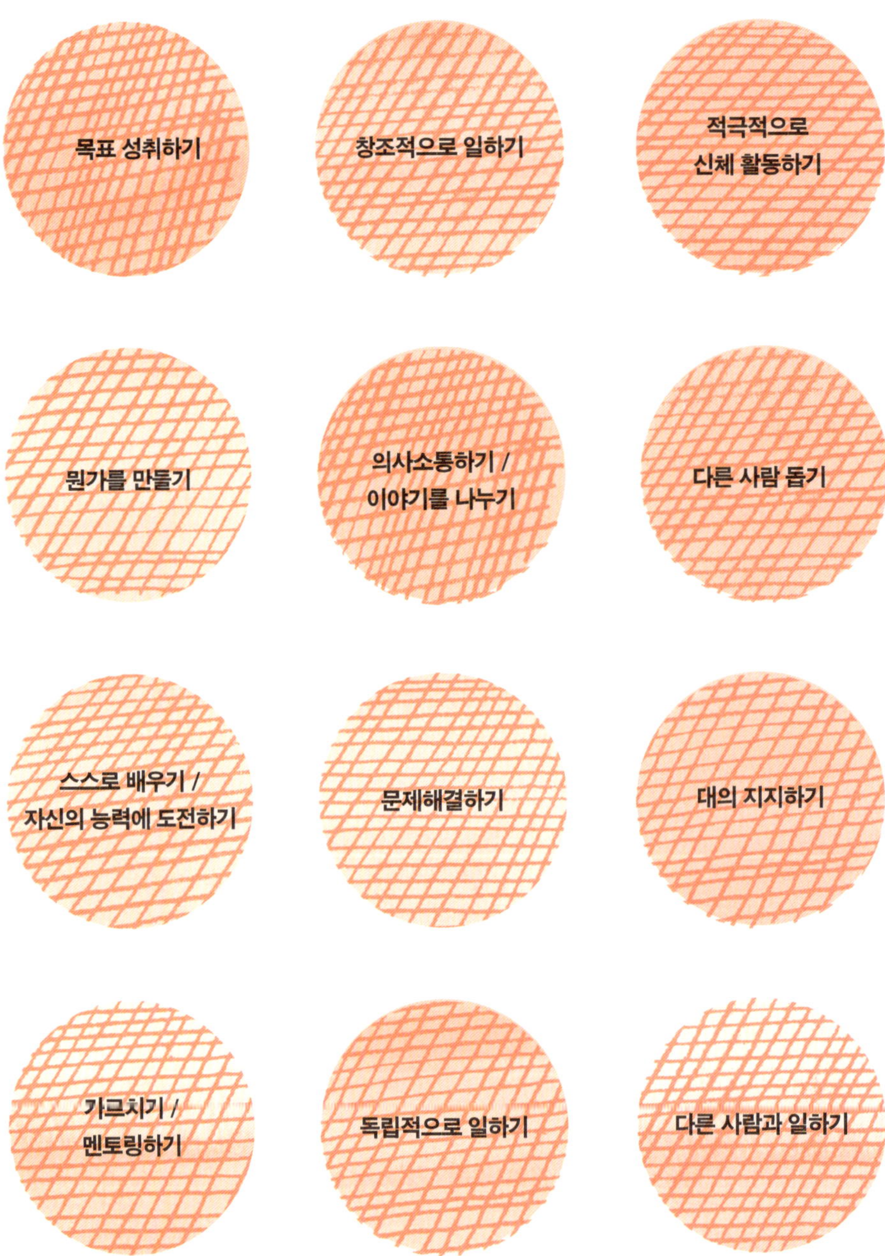

/ / / 로드맵 / / /

기본 성향을 알아내면, 스스로에 대해 생각할 때 통상적인 방법을 뛰어넘을 수 있다. 기본 성향은 온라인에서 프로필을 작성하거나 적성 검사를 하면서 알게 되는 것이 아니다. 또한 당신이 "좋아하는 것들"이나 성격 특성을 말해주는 것도 아니다. 기본 성향은 "난 친절한 사람이야."라거나 "난 빵 굽는 걸 좋아해."라는 것이 아니라, 그런 말을 하게끔 하는 동기를 뜻한다. 즉 "나는 다른 사람을 돌보는 일을 하라고 태어난 사람이야."라는 말이나 "난 뭔가를 만드는 일을 해야 해."라는 말에 더 가깝다. 기본 성향은 개인의 본질을 밝혀주는 것이므로, 기본 성향을 밝히는 데 초점을 맞추면 흥미에 맞는 구체적인 활동을 찾아가는 데 도움이 된다.

넓게 생각하고, 또 돌이켜 생각해 보라

게티 센터 설계로 프리츠커 건축상을 받은 **리처드 마이어**의 기본 성향은 뭔가 만들기를 좋아하는 것이다. "제가 어릴 때 집 지하실에 제도판이 있었습니다. 전 거기에 모형 배나 비행기의 도면을 그리곤 했죠. **뭔가를 만드는 일이 그저 좋았거든요.**"

그가 어릴 때 "건축을 좋아했다"고 말하지 않은 점에 주목해라. 뭔가 만드는 것을 좋아하는 성향이 자연스레 그를 건축으로 이끈 것이다. 공학에서 목공, 도예, 로켓 과학에 이르기까지 그가 만들기를 좋아하는 욕구를 드러낼 수 있는 분야는 무궁무진했지만 그의 경우처럼 기본 성향은 다른 가능성의 문을 차단하는 것이 아니라, 열고 싶은 문을 찾아내도록 도움을 준다. 기본 성향은 우리 안에 존재하고 우리를 지지하면서, 흥미를 삶과 연결시킬 수 있도록 해준다.

기본 성향은 혼란스러울 때 올바른 궤도로 들어설 수 있게끔 방향을 찾아주는 나침반 같은 역할을 할 수 있다. 시간이 흐르면서 흥미는 바뀔 수 있고, 특정한 일을 하고 싶은 욕구 또한 변할 수 있으며, 경제적인 요구는 더 커지거나 작아질 수 있다.

하지만 기본 성향은 필시 언제나 한결같을 것이다.

사실 어릴 때부터 변함없이 우리의 흥미를 유발해온 것이 바로 기본 성향이라고 할 수 있다. 하지만 우리는 나이가 들면서 어릴 때 스스로에 대해 발견했던 사실들을 무시하는 경향이 있다. 어릴 때는 가치 판단 없이 받아들였던 것들이 나이가 들어 "현실을 직시"해야 할 때가 되면, 갑자기 "비현실적인 일"이 되거나 "어리석은 일", 또는 "불가능한 일"로 보이기 때문이다. 그래서 우리들 대부분은 사회의 기준에 맞는 안전한 삶을 좇기 위해 기본 성향의 중요성을 외면한다.

워싱턴 DC에 기반을 둔 미술가 **셰릴 포스터***는 자신의 기본 성향을 다시 찾는 데 무려 20년이라는 오랜 시간이 걸렸다. 셰릴은 언제나 미술을 좋아했고 일정 기간 동안 미술 학교에도 다녔다. 하지만 안전한 삶을 좇는다는 명목 아래 화구를 내던지고, 부동산 감정사의 길을 택했다. 그렇게 셰릴은 조립 라인에서 몇 십 년의 시간을 허비했다.

셰릴은 갈수록 분노와 좌절감에 빠져들기 시작했다. 기본 성향에서 너무 멀리 벗어나면 진정한 우리 자신의 삶을 살고 있지 않다는 생각이 우리를 좀먹는다. 하지만 제대로 된 길에서 아무리 멀리 벗어나 있다고 해도, 누구나 기본 성향에 맞는 길을 다시 찾아가는 힘을 갖고 있다. **한마디로 기본 성향이란 바로 자기 자신이기 때문이다.** 이 길은 내 길이 아니라는 느낌이 들면, 자신의 삶을 뒤돌아보고 어떤 일을 할 때 만족스러웠는지 기억을 되살려 볼 필요가 있다. 셰릴처럼. "저는 부모님 덕분에 손으로 뭔가 만드는 즐거움을 알게 됐어요. 교회에서 모자 만들기 대회가 열리면, 저는 어머니와 조세핀 베이커 스타일의 모자를 만들었고, 매번 우리가 우승을 했죠!"

*   www.roadtripnation.com/leader/cheryl-foster

셰릴은 자신에게 만족감을 주었던 일을 다시 떠올렸고, 그 기억을 되살려 미술에 심취해 마침내 성공적이면서도 만족스러운 길로 들어서게 되었다. "미술은 제게 취미가 아니라 바로 제 자신이에요. 테레빈유, 유화 물감, 글루건 같은 것들이 제 피 속을 흐르고 있죠!" 셰릴의 어린 시절 이후 미술분야의 매체는 변했을지라도, 셰릴의 핵심적인 기본 성향은 창작 활동이었다.

기본 성향을 무시하거나, 기본 성향을 찾기 위한 노력을 게을리 한다면, 당연히 채워지지 않는 욕구와 좌절감에 휩싸이게 될 것이다. 기본 성향을 찾는 데는 몇 년이 걸릴 수도 있고, 어느 날 아침 갑자기 표면으로 나타날 수도 있다. 하지만 우리가 수많은 리더들을 통해 확인했듯이 기본 성향을 알아내면, 그걸 토대로 하는 길을 찾아야겠다는 마음이 절실해진다.

기본 성향을 탐색하여 찾아내고 명확히 밝혀라

한 가지 직업을 선택해야 한다는 생각을 버려라. 기술자가 되기를 원할 때, 그런 욕구가 기본 성향은 아니다. 기술자가 되고 싶다는 마음이 들게 하는 내재적 특성이 바로 기본 성향이다. 즉, 기본 성향은 우리의 행동에 의미를 부여하는 것이고, 우리를 이쪽이나 저쪽으로 밀어붙이는 근본적인 내적 충동이며, 충족감을 느끼도록 하는 것이다. 부, 명성, 권력에 대한 충족감이 아니라 당당하고 즐겁게 유용한 일을 하고 있다는 충족감을 주는 것이다. 정말로 하고 싶은 일의 본바탕을 이루는 것이 무엇인지 깊이 파고들이 생각해 보라. 어릴 때 무엇을 하면서 시간을 보냈는지 떠올려보고, 또 지금은 뭘 하면서 여가 시간을 보내는지 생각해 보라. 그런 일들의 중심에 무엇이 있고 공통된 특징은 무엇인가?

기본 성향은 "하고 싶은 일"이 아니라 "내적인 충동"이라고 생각해라.

아래 제시된 예들 중에서 특히 마음에 와 닿는 것들을 골라서 빈칸을 채워 보라.

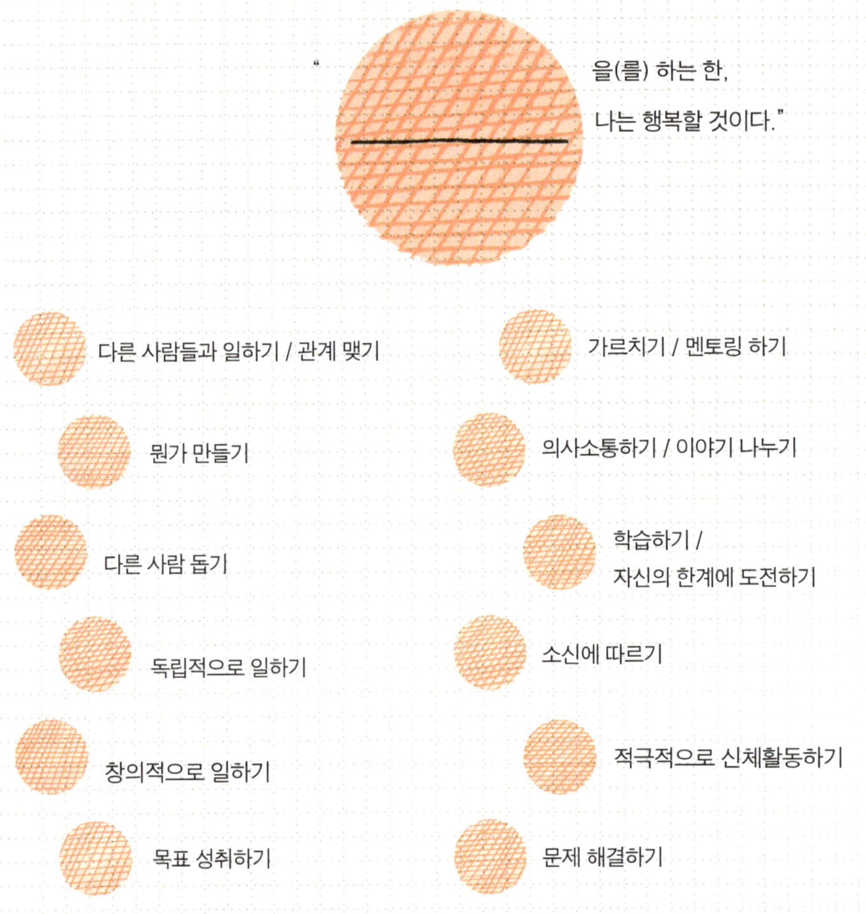

어쩌면 아직도 자신의 기본 성향이 무엇인지 확실히 모를 수도 있다. 앞에서 말했듯 빈 도화지 상태 뒤에는 자기 의심과 혼란 상태가 뒤따르기 쉽다. 그래도 괜찮다. 다음의 질문들을 통해 빈 도화지 단계를 뛰어넘을 수 있을 테니까.

당신은 어떤 사람이 아닌가?

때로 내가 어떤 사람인가 하는 것은 내가 어떤 사람이 아닌지를 생각해보는 데서 답을 얻기도 한다. 기본 성향을 찾아내기 위해, 당신이란 사람을 형성하는 요소가 아닌 것들을 생각해보라. 그런 걸 제외하고 살펴본다면 찾기가 더 수월하지 않겠는가. 당신이 좋아하거나 좋아하지 않는 것을 찾아내라는 게 아니라, 좀 더 깊이 파고들어서 당신의 정체성과 맞지 않는 것들을 찾아내라는 말이다. 탈의실에서 옷을 입어 보듯 기본 성향들을 하나하나 자신에게 대입해 보라. 어떤 것이 당신과 맞지 않는 느낌인가? 당신의 마음이 결코 끌리지 않을 거라 생각되는 것은 무엇인가? 당신에게 맞지 않는 것을 목록에서 지워나가라.

무엇이 당신을 즐겁게 하는가?

꿈은 놀이터에서 시작된다. 『빨간 고무공의 법칙』의 저자, **케빈 캐롤**이 자신의 꿈은 실제로 고무공과 함께 시작되었다면서 우리에게 즐거움을 주는 것이 무엇이냐고 물었다. 어린 시절에도 혹은 어른이 되어서도 우리는 흔히 놀이 속에서 깊고 지속적인 즐거움을 발견한다. 그런 순간에 우리는 부지불식간에 우리의 기본 성향을 어렴풋이 알아차릴 수 있다. 자신이 즐겨 하는 놀이를 잘 살펴보라. 시간 가는 줄 모르고 집중하는 일은 무엇인가? 어린 시절 자신도 모르게 빠져들었던 것은 무엇인가?

　기본 성향이 순식간에 툭 튀어나와 보이지는 않을 것이다. 하지만 흥미를 불러일으키는 것들 사이에서 공통점을 찾아낸다면, 기본 성향을 찾아 따라길 수 있는 문에 이르게 될 것이다.

　당신에게 즐거움과 만족감과 목적의식을 주는 것, 다시 말해 당신의 기본 성향에 대해 계속해서 폭 넓게 생각해 보라. 생각에 생각을 거듭하여 그것이 뜻하는 바를 알아내라. 기본 성향을 제대로 찾아내기까지 몇 번이고 시도해야 할지 모르지만 그래도 괜찮다. 주의 깊게 관찰한다면 결국 알아낼 수 있으니까.

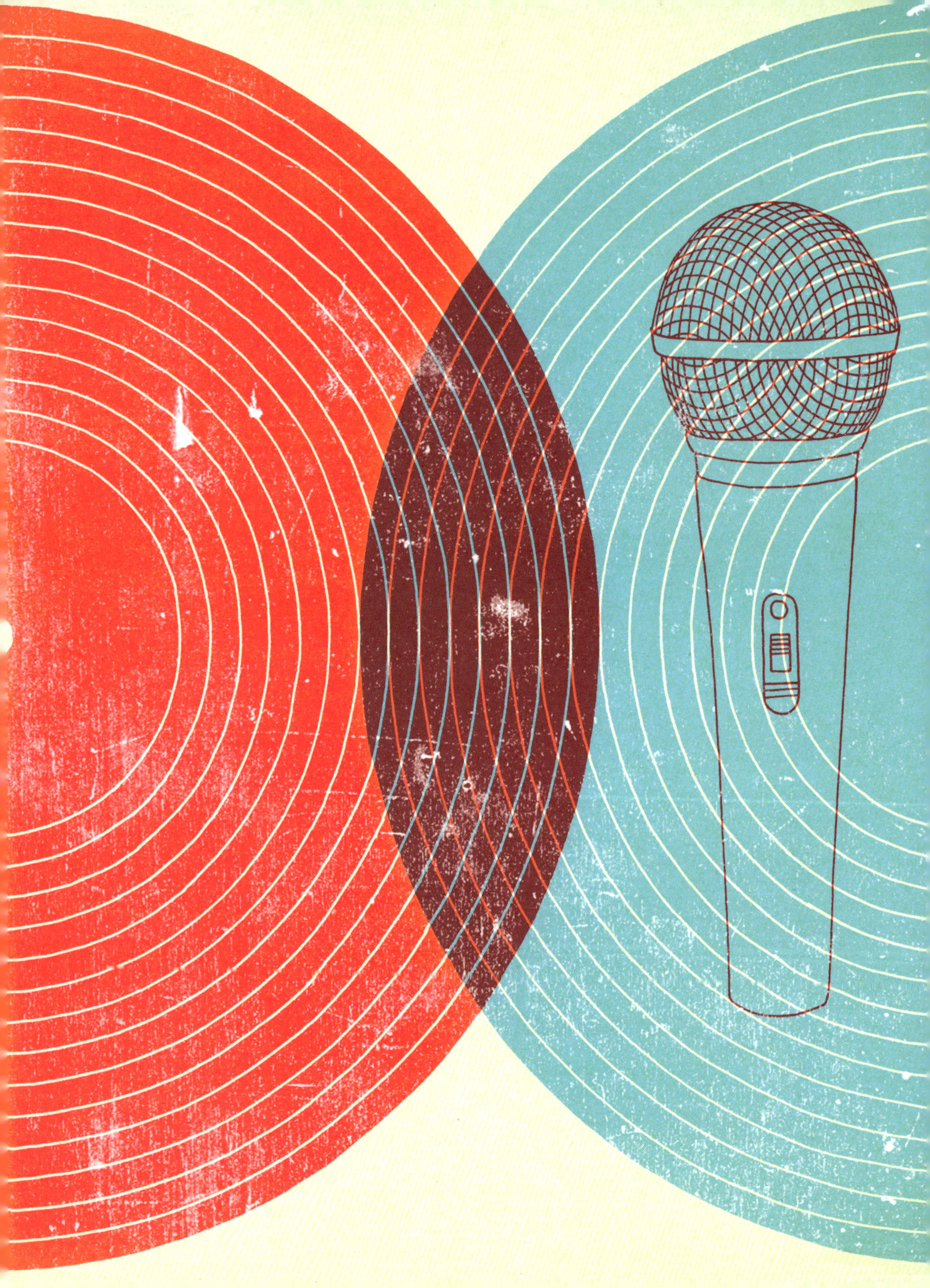

CHAPTER 10

두 개의 턴테이블과 하나의 마이크

일렉트로 힙합 그룹, 맨트로닉스는 1985년에 앨범《맨트로닉스》를 발표했다. "베이스라인(Bassline)", "니들 투 더 그루브(Needle to the Groove)", "프레쉬 이즈 더 워드(Fresh is the Word)" 같은 댄스곡을 특징으로 하는 이 앨범은 가장 영향력 있는 힙합 초기 앨범 중 하나로, 비스티 보이즈나 마스터 P를 비롯하여 수많은 가수들이 리믹스하고 샘플링했다.

그로부터 10년 후에 벡이 "니들 투 더 그루브"에서 특히 귀에 착착 감기는 소절을 샘플녹음하여 "웨어 잇츠 앳(Where It's At)"이란 히트곡을 내놓았다. 그 샘플은 세계 곳곳의 디제이들이 "나는 두 개의 턴테이블과 하나의 마이크가 있어!"라고 외치는 일종의 구호 같은 것이 되었다. 이 말은 클럽의 댄스 플로어에서뿐 아니라 우리가 이제 논하려는 주제를 빗대어 외치기에도 효과적인 구호이다.

부스 안의 디제이는 마이크를 들고 하나의 음반만을 들려주지는 않는다. 여러 음반의 소리를 서로 뒤섞으면 음악이 더욱더 흥겨워지니까. 우리가 자신만의 길을 찾아내는 방법에 대해 얘기할 때, "두 개의 턴테이블과 하나의 마이크"만큼 적절한 비유도 없다. 이 비유에 따르자면 우리는 우리 삶의 디제이로서 우리가 좋아하는 것들을 뒤섞고, 통합하고, 겹겹이 쌓아올리면서 우리 자신만의 삶이란 음빈을 만들어가야 한다.

자신만의 음반을 만들어라

먼저 무수히 많은 시간을 들여 음반 가게나 중고품 할인점을 샅샅이 뒤져서 애정과 관심을 갖고 찾아낸 앨범들을 신중하게 모으는 것이 필요하다. 좋아하는 가사와 리듬으로 가득 찬 그 앨범들이 바로 주요 흥미들이다. 좋아하는 음반들에 바늘을 내려놓고, 새로운 사운드 트랙을 시도하면서 주요 흥미들을 뒤섞기 시작해라. 그리고 사람들이 흥에 취할 수 있도록 반응을 유도하면서 마이크를 잡고 소리쳐라. 그 마이크를 기본 성향이라고 치고 흥미와 기본 성향이 합쳐져 함께 작용하도록 해라. 이런 모든 요소들이 올바르게 뒤섞이면 역동적이면서도 균형 잡힌 삶을 보여줄 수 있게 된다. 당신 본연의 것들이 당신이 좋아하는 것과 결합하여 시너지 효과를 내기 때문이다. 당신을 당신답게 하는 모든 것, 다시 말해서 당신의 기본 성향과 주요 흥미들을 조화롭게 섞어가면서, 생활수단으로 하고 싶은 일에 대한 청사진을 만들어가는 것이 "자기 만들기"의 한 부분이다.

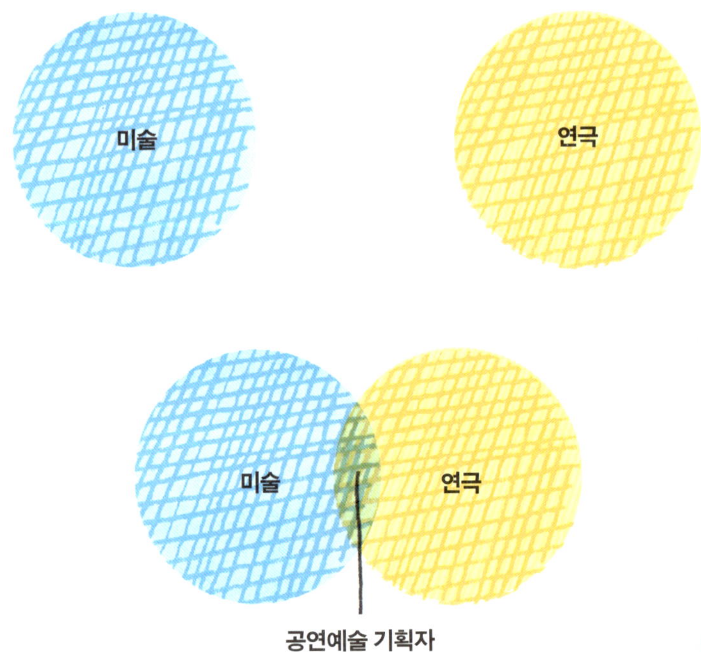

"저는 어떤 일이 지금껏 저를 존재하게 했는지, 또는
존재할 수 있게 했는지 정말 몰랐어요. 자신의 길은
자신이 만들어가는 거죠. 세상에 보여줄 자신만의
독특한 면이 있다는 믿음을 가져야 해요."

– 애나 호틸로사, 샌프란시스코의 아시아 미술관 행사 기획자

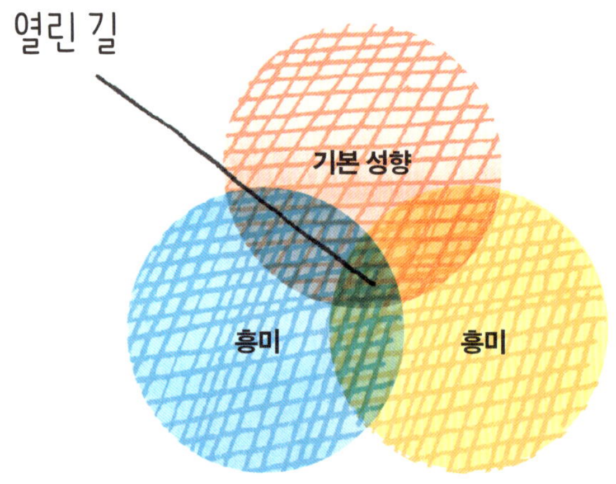

이제 당신만의 독특한 음반을 걸작으로 만들어야 할 때다. 당신의 기본 성향과 주요 흥미들이 겹치는 지점에서 리듬을 찾기 시작해라. 당신은 언제든 새로운 주요 흥미들을 뒤섞어 자신만의 노래를 끊임없이 발전시켜 나갈 수 있다. 그런 노래가 당신이 앞으로 겪게 될 모든 변화와 도전을 견딜 수 있게 해줄 것이다.

애나 호틸로사[*]는 UC 버클리 재학 중에 철학과 인류학, 미술, 연극에 관심을 가졌다. 그 네 분야 모두 부모들이 고개를 가로저으며 "그런 걸 해봤자 제대로 된 직업을 구하기 힘들어."라며 반대할 만한 분야이다. 애나는 부담을 느꼈고, "현실적"이면서도 그녀 자신이 좋아할 수 있는 일을 찾고 싶어 했다. 이야기를 나누기 좋아하는 기본적인 성향과 주요 흥미들을 결합시킴으로써 애나가 찾은 일은 무엇일까? 샌프란시스코에 있는 아시아 미술관의 행사 기획자였다. 애나가 흥미와 재능과 기본적인 성향에 모두 만족스러운 일을 찾은 것은 기적이 아니다. 여러 가지 흥미를 좇으면서, 그 흥미들을 발전시켜 일이 곧 생활이 될 수 있는 다양한 길을 적극적으로 찾은 결과였다.

 www.roadtripnation.com/leader/ana-hortillosa

주요 흥미와 기본적인 성향을 결합시킨 수많은 얘기 속에는 예상치 못한 특성이 있다. 애나를 비롯해서 우리가 인터뷰한 많은 사람들이 열린 길을 따르면 어디에 이르게 될지 전혀 몰랐다. 하지만 열린 길을 따른 결과 더할 나위 없이 만족스러운 지점에 이르게 되었다. 주요 흥미들과 기본 성향에 맞는 길을 따르면, 다음과 같은 흥미롭고도 다양한 지점에 이를 수 있다.

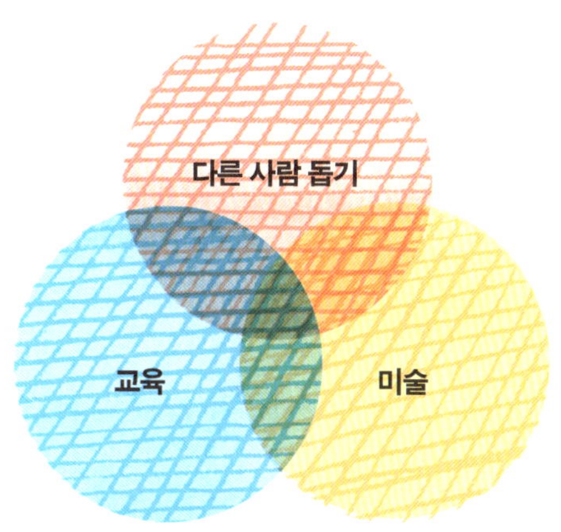

알렉스 자발레타, **비영리적 목적의 영상물 감독**

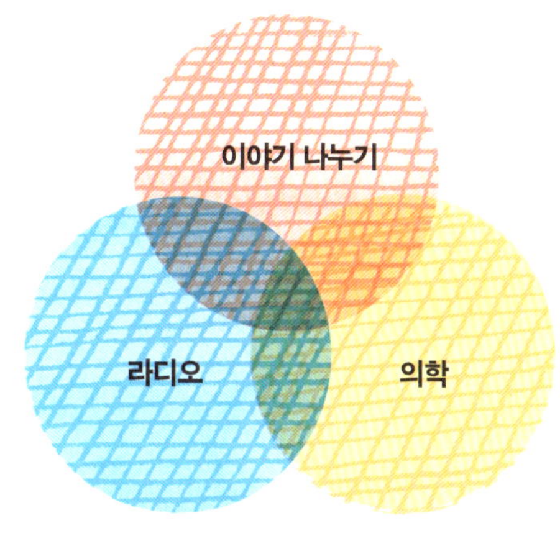

칼 크루스젤니키, **라디오 진행자**

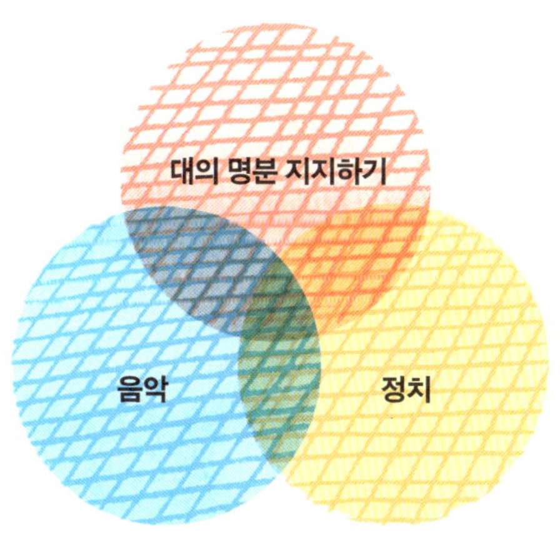

제무 그린, **락 더 보트**
(역주 – 미국 대통령 선거 참여 독려 사이트) 회장

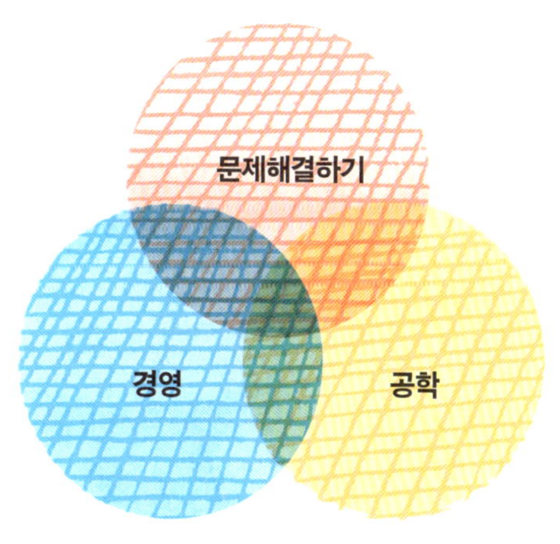

데이비드 프로보스트,
와인 제조를 위한 지하 시설물 개발

솜씨 좋은 여느 디제이들처럼, 당신 또한 언제까지나 같은 곡만 틀고 싶지는 않으리란 점을 명심해라. 지금 연주되는 노래에 싫증이 난다면 음반을 바꾸어라. 심사숙고해서 음반을 다시 평가하고, 시행착오를 거쳐 멋진 소리가 나는 새로운 믹싱곡을 만들어라.

화학이라면 죽고 못사는 **캐리 멀리스*** 얘기를 해보자. 캐리가 따른 길의 목적지는 한 곳만이 아니었다. 그의 길이 조금씩 다른 방향으로 향할 때마다 목적지도 바뀌었다. 버클리에서 캔자스시티로 옮겨 소아심장학에 대해 연구했고, 다시 샌프란시스코로 옮겨 DNA 연구를 시작했다. 그리고 1990년대 초에 DNA 복제 연구로 노벨상을 받았다. 하지만 캐리는 노벨상 수상조차 그가 가는 길의 종착지는 아니라고 말했다.

"살아가면서 '내가 정말 잘한 것 같군.'하는 생각이 드는 순간들이 있습니다. 노벨상을 받기 위해 무대에 오르는 순간 같은 때 말입니다. 하지만 그런 순간 다음에는 또 '음, 이제 뭘 하지?'라는 생각이 들죠. 앞으로도 딱 맞는 일이 생길 거라는 믿음, 그리고 그런 일이 나타나면 알아차릴 수 있을 거라는 믿음을 어느 정도 가져야 합니다."

그런 것이 흥미가 이끄는 대로 살아가는 삶의 지혜이다. 그러면 "딱 맞는 일"이 더 자주 생길 것이고, 또 그런 일이 생겼을 때 더 잘 알아보게 될 것이다. 조립 라인에서 벗어나고 소음에 휘둘리지 않을 때, 어떤 선택을 해야 할지 좀 더 명확하게 알 수 있고 자신만의 방식으로 모험을 펼쳐갈 수 있다. 노벨상을 받고 난 뒤 캐리처럼. "저는 전혀 다른 분야로 직업을 바꾸었습니다... 삶에 접근하는 저만의 특별한 방식이 있죠. 저는 어떤 뭔가가 아니라 제 자신입니다. 제가 흥미를 갖고 있는 모든 것의 총합체죠. 저는 많은 것에 흥미가 있습니다."

*  www.roadtripnation.com/leader/kary-mullis

"모든 게 융합으로 이루어집니다. 융합이란 것을 인정하고, 당신이 가진 여러 요소들을 융합하는 연금술을 찾아낸다면 멋진 삶을 이끌어가게 될 겁니다."

– 파벨 브룬, 안무가 & 예술 감독

기본 성향과 주요 흥미가 통합된 삶을 기꺼이 받아들여라.

자신의 흥미를 계속 찾아가면, 몰두할 수 있는 일을 찾기가 더욱 쉬워진다. 모스크바 서커스단에서 안무를 했고, 태양의 서커스단에서 9년 동안 영향력 있는 무대 공연을 연출한 안무가이자 예술 감독인 **바벨 브룬***은 "아직도 나이가 들면 뭐가 되고 싶은지 꿈꾸는 마흔여섯 살의 남자"라고 스스로를 소개했다.

파벨은 그의 흥미를 드러낼 새로운 방법을 끊임없이 모색해 왔다. 무대 공연에 대한 새로운 열정을 찾고자 하는 열망이 학교교육이나 외적인 영향력보다 늘 앞섰다. 그런 과정에서 소비에트 연방에서 전위적인 작품을 안무하며 살아가던 자칭 히피 생활을 끝내고, 2000년대 초반 라스베이거스에서 팝의 여왕 셀린 디온을 위한 무대 공연을 기획했다. 우리가 두 개의 턴테이블과 하나의 마이크라고 칭하고, 파벨이 "융합"이라고 하는 것은 기본성향과 흥미를 뒤섞어 새로운 기회와 경험을 만드는 것이다.

기본 성향과 주요 흥미를 뒤섞어 새로운 길을 찾을 때 반드시 파벨처럼 극단적이어야 하는 것은 아니다. 당신의 기본 성향은 다른 사람을 돕기 좋아하는 것이고, 주요 흥미는 기술과 의학이라고 가정해보자. 그런 기본 성향과 두 가지 주요 흥미를 뒤섞어, **칼 크루스젤니키***처럼 과학적 현상을 다루는 라디오 프로그램을 진행할 수도 있고, 구글 공익사업 사이트의 **래리 브릴리언트**처럼 세계적으로 유행하는 병을 뿌리 뽑기 위한 일을 할 수도 있다. IBM의 IT 설계자인 **릴리 엔지**처럼 비용과 생산성에 따른 이윤을 최대화하기 위한 정보 소프트웨어를 운영하고 관리하는 일을 할 수도 있고. 또 발명가 **레이 커즈와일**처럼 맹인들을 위해 인쇄물-음성 변환 판독기를 만들어 의료 혁신의 선봉에 설 수도 있다. 그런 모든 일이 다른 사람을 돕기 좋아하는 기본 성향과 두 가지 주요 흥미인 기술과 의학이 결합되어 만들어진 것이다. 여러 활동을 통해 어떤 일이 적합한지 알아보고, 만일 맞지 않는 일이라면 음반을 바꾸고 다시 믹싱하면 된다.

*  www.roadtripnation.com/leader/pavel-brun

* www.roadtripnation.com/leader/lillie-ng

지금까지 우리가 한 얘기가 뜬 구름 잡는 소리처럼 들릴지도 모르지만, 현실성 없이 허울만 좋은 말로 진로지도를 하려는 것은 절대 아니다. 기본 성향과 주요 흥미를 결합시키는 전략이 효과가 있다는 확실한 증거는 얼마든지 있다.

이 책에서도 우리가 모은 수많은 증거들의 일부를 볼 수 있지만, 로드트립네이션의 웹사이트 www.roadtripnation.com/roadmap에 들어가서 당신 자신의 주요 흥미와 기본 성향을 입력하면, 당신과 비슷한 흥미와 기본 성향을 갖고 있는 리더들이 어떻게 의미 있는 삶을 이끌어 갔는지 알아볼 수 있다. 또 주요 흥미 중 한 가지를 다른 것으로 바꾸고, 리믹스된 노래가 어떻게 변하는지 살펴보라. 주요 흥미나 기본 성향에 변화를 줄 때마다 삶에 접근하는 다른 길을 볼 수 있을 것이다. 어떤 조합이 당신에게 적합해 보이는가?

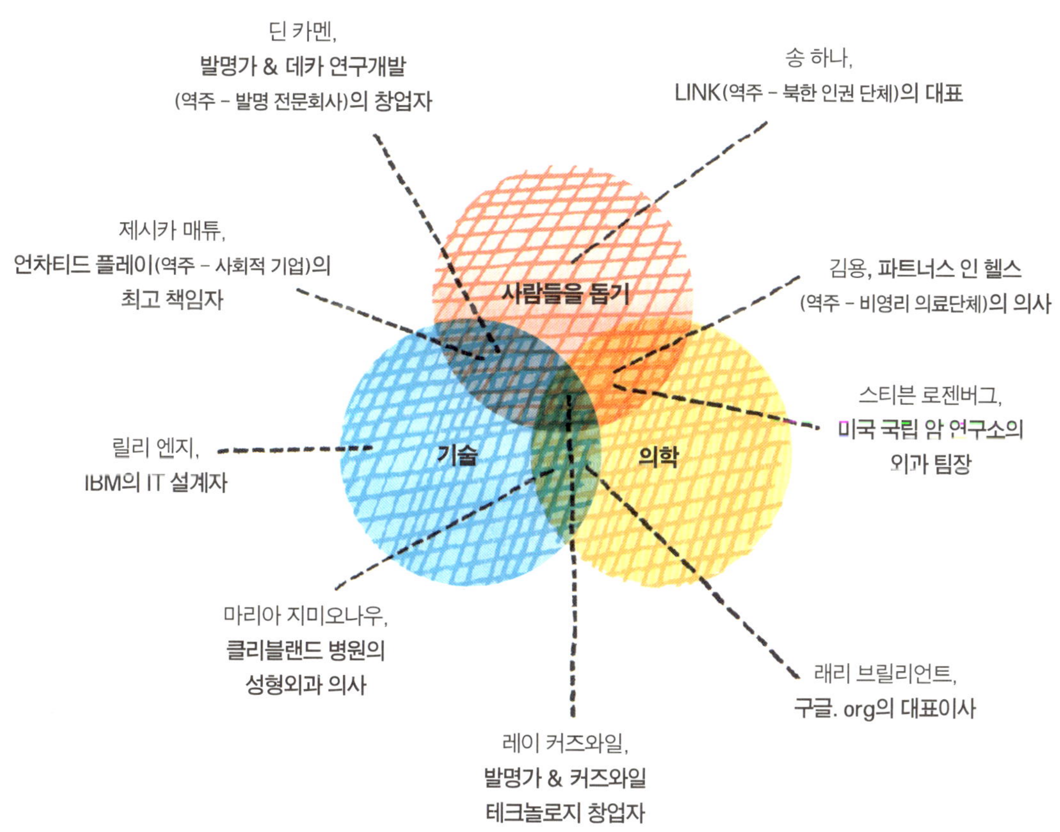

당신에게 이상적으로 보이는 조합은 어떤 것들인가?

이 책을 읽으면서 자신의 길에 대해 생각한 것들을 모두 되살려 하나의 기본 성향과 두 가지 주요 흥미로 압축시켜 보라. 9장에서 예로 든 기본 성향들과 8장에서 예로 든 주요 흥미들을 다시 찾아보고, 가장 강렬하게 마음을 끄는 것들을 선택해라. 지금 바로 어느 한 방향으로 결정할 필요는 없다. 우선은 당신의 마음을 끄는 조합을 모두 알아내는 것이 목표이다.

CHAPTER 11

미치지 않을 수도 있겠지만,
그래도 미쳐야 한다

브루클린 스미스가 우리와 함께 녹색 버스를 타고 여행하게 된 여름에 화가 나서 못 견디겠다는 투로 하소연을 했다. "변호사나 은행원 말고 다른 일을 하면 안 되는 거예요?! 우리 부모님은 글쎄 변호사나 은행원이 되라고 저를 대학에 보내준 거래요."

브루클린의 부모는 딸에게 전형적인 미래를 제시했다. "평범하고 일반적인 일을 해라. 돈을 많이 벌어라. 사실 필요한 건 그게 전부다."라고. 브루클린은 고향인 오하이오에서 자라면서 보아온 직업들에 전혀 마음이 끌리지 않았다. 어쨌거나 조립 라인을 따르고 싶은 마음이 결코 없었다. 하지만 조립 라인을 따르지 않는 길을 알 수도 없을뿐더러, 그런 길은 모두 비현실적으로 보였다.

브루클린은 그때껏 살아온 곳을 벗어나 진정한 영감을 주는 본보기를 찾고 싶다는 마음 하나로 우리와 함께 여행길에 올랐다. 저 바깥 세상에 그런 본보기들이 있을까? 그런 사람들은 성공했을까? 행복했을까? 그해 여름, 브루클린은 미국 곳곳에서 본보기로 삼을 만한 사람들을 만났다. 대나무 자전거를 만드는 수공업자, 발로 차면 전기를 일으키는 축구공 발명가, 휴대폰으로 영화를 제작하는 학교를 세운 사람, 로봇 공학자, 인권 변호사, 조각가, 와인 제조업자, 쿵푸 사범, 수도자 같은 다양한 사람들을.

브루클린은 "이 세상에는 없다고 들어온 사람들을 만났어요!"라며 놀라워했다.

들어 본적도 없고, 실제 존재하지도 않을 법하지만, 일이 곧 생활인 삶을 이끌어가는 사람들이 넘쳐났다. 브루클린이 꿈꾸는 세계는 이미 열려 있었던 것이다.

타당성을 받아들여라

흥미를 기초로 하는 삶을 이끌어가고자 할 때, 처음으로 부딪치게 되는 난관은 기본적으로 그런 삶의 타당성을 받아들이는 것이다. 우리들 각자 제한적인 가치관을 가진 것은 말할 것도 없고 일상적으로 맞닥뜨리는 기대와 압력 속에서, 우리가 꿈꾸는 삶이 가능하다는 사실을 받아들이기는 결코 쉽지 않다. 우리는 우리가 겪은 경험의 총체이다. 경험을 통해 취할 수 있는 다른 길을 찾지 못한다면, 눈앞에 보이는 길만을 믿게 된다. 누구나 마찬가지다. 변호사나 기술자나 거리의 화가나 유기농 커피를 볶는 사람이나 어떤 사람이든 될 수 있다는 생각이 가치관에 포함되지 않는 한, 흥미를 좇는 것은 미친 선택으로 보일 수 있다.

　뉴욕 맨해튼의 센트럴 파크에서 관광 마차를 끄는 말의 눈가리개에 대해 생각해보자. 눈가리개 때문에 시야가 좁아진 말은 똑바로 한쪽으로만 달리면서 관광객이 탄 마차를 공원으로 이끈다. 하지만 또 한편으로 그 말은 주위와 단절된 듯 행동한다. 그러다 눈가리개를 벗기면, 말은 시야를 자극하는 많은 것들에 놀라 혼란에 빠진다. 선택할 수 있는 것이 너무 많기 때문이다! 그 말은 사방 어디로든 달려서 맨해튼을 온통 휘젓고 다닐 수도 있고, 다리를 건너 맨해튼을 벗어날 수도 있다. 우리의 시야를 가리던 눈가리개를 벗긴다면 우리에게도 똑같은 일이 일어날 것이다. 처음에는 갑작스레 넓어진 시야를 감당하지 못하고 두려워 할 수 있다.

　색다른 일을 하는 것이 현실적으로 어렵다는 생각은 조립 라인에서 근시안적인 시야를 발전시켜 온 탓이다.

　하지만 위험과 안전에 대한 고정관념에 의문을 품고 답을 찾아가는 법을 깨우친다면, 무엇이 소음이고 무엇이 실질적으로 도움이 되는 말인지 구분할 수 있게 된다. 모험적인 사업가 **재크 카플란**을 만났을 때, 재크는 우리의 근시안적인 생각을 바꿔주었다. 재크는 보통 큰 회사에 대량으로만 판매되는 3D 프린터용품, 흡착식 테이프, 빈 회로판 같은 물품을 산업디자이너나 자영업자들에게 소량으로 판매하는 온라인 공구점 인벤터블스의 창업자이다. 재크는 기존 유통구조에서는 개인 디자이너들이나 발명가들이 필요한 걸 제대로 구입하기 어려운 상황을 파악하고 온라인 공구점을 시작했다.

우리가 사업에 뛰어드는 건 본질적으로 위험해 보인다고 하자, 재크가 대뜸 물었다. "그게 왜 위험한가요? 왜 회사에 들어가서 일하는 것이 더 안전할 거라고 생각하죠?" 그의 물음에 우리 자신도 애초에 뭐 때문에 그렇게 생각하게 된 걸까 하는 의문이 들었다. 답을 못하는 우리를 보고 재크가 말을 이었다. "생각해보면 사실 대기업에서 일하는 것보다 사업을 하는 편이 더 안전합니다. 일단 사업을 시작하면, 그 작은 사업체에 관해서는 스스로 결정을 내리니까요. 하지만 만일 여러분이 대기업에서 일할 경우, 아무리 일을 잘해도 회사에서 2만 명쯤 무더기로 해고하는 인원 안에 포함될 수 있습니다. 여러분은 그저 회사의 일부분에 지나지 않기 때문에 일을 잘해도 해고될 수 있죠. 그런 점에서 사업을 하는 게 더 위험하다고 볼 수만은 없을 겁니다."

재크의 말에서 중요한 사실은 작은 사업체와 큰 사업체의 장단점에 대한 것이 아니라 기존 개념에 이의를 제기한다는 점이다. 재크의 말은 성공에 이르는 길은 언제나 여러 갈래가 있다는 것을 보여준다.

우리 자신의 삶에도 다양한 가능성이 있다는 생각을 사실로 받아들이기는 쉽지 않다. 며칠 후 지불해야 하는 임대료, 끝없이 밀려드는 청구서, 앞으로의 휴가 계획, 불어나는 식구 등 우리가 처한 현실을 생각하면 멈칫거릴 수밖에 없다. 기본 성향과 주요 흥미에 맞는 꿈에 그리던 일을 찾으라는 말은 듣기에는 그럴 듯하지만, 현실에 비추어보면 위험하기 짝이 없는 미친 소리이고, 한낱 꿈에 지나지 않는 말이라는 생각에 빠져들게 된다.

하지만 기본 성향과 주요 흥미에 맞는 일을 찾는 것은 결코 헛된 꿈이 아니다

미쳐라.

그래도
생각 만큼
미친 게
아니니까.

거북이 산책자의 노래

우리는 학교를 다니며 자주 강연회를 연다. 우리가 학생들에게 주로 하는 얘기는 미래를 좀 더 폭넓게 생각하라는 것이다. 그런 얘기는 학생들에게 꿈꾸는 직업이 뭔지 묻는 것으로 시작된다. 그러면 진지하게 대답하는 학생도 있고, 농담 섞인 대답을 하는 학생도 있는데, 오히려 농담 섞인 대답이 이야기를 풀어가는 데 도움이 되기도 한다. 한 번은 "저는 거북이 산책자가 되고 싶어요!"라는 대답이 나왔고, 뒤이어 학생들의 웃음소리가 터져 나왔다. 우리 일행 중 한 명이 "거북이 산책자라니, 무슨 말이니?" 하고 물었고, 또 한 명은 서둘러 인터넷에 접속해서 "거북이 산책자"를 검색했다.

"전 사람들이 키우는 거북이를 데리고 나가 적당히 운동도 시키고 산책도 시키는 일을 하고 싶어요." 익살맞은 학생이 대답했다.

"이리 나와 볼래?"

그 학생은 쏟아지는 관심을 즐기며 마이크 앞으로 나왔다. 하지만 우리가 검색해서 찾은 거북이 재활센터 전화번호와 휴대폰을 건네며 그곳에 전화해서 거북이를 운동시키는 일에 대해 문의해 보라고 했을 때는 썩 내켜하지 않았다.

그래도 홍당무처럼 빨개진 얼굴로
더듬거리며 플로리다의 히든 하버 해양
환경 프로젝트에 전화를 해서 거북이
산책자에 대해서는 물론 거북이의 재활
운동에 대해 이것저것 물으며 유용한
정보를 얻어냈다.

우리는 이처럼 "여러분이 직업을
만들어내면, 우리가 관련된 전화번호를
찾아드리겠습니다"라는 운동을 계속
펼쳐가고 있다. 이런 운동은 흥미롭고도
합법적인 직업을 만들어낼 수 있는
확실한 실험적 방법이다.

꿈꿀 수 있는 일이라면,
아마도 그 일로 수입을 얻는 사람이
있을 것이다.

가능한 일을 찾아내는 재미있는 방법이 있다. 아래 단어들을 살펴보고 관심을 끄는 단어 서너 개 위에 동그라미를 그려라. 선택한 단어들 사이의 연관성이 적을수록 더 좋다. 그 다음에 인터넷에 접속해서 선택한 단어들을 한꺼번에 검색해 보라.

검색 목표는 동그라미를 친 단어들을 모두 아우르는 일이나 사업체, 또는 전문 직종을 찾아내는 것이다. 흥미로운 기사나 자원봉사 기회를 찾을 수도 있고, 뜻밖의 사업체나 멘토로 삼을 수 있는 사람을 찾을 수도 있다. 또 동그라미를 친 단어들과 관련된 분야에서 일하는 사람을 찾을 수도 있고, 심지어 일자리까지 찾을 수도 있으리라. 우리가 놀랐던 것처럼 당신 또한 그 결과에 놀랄 것이다.

선택한 단어들을 한꺼번에 검색하여 어떤 흥미로운 사람, 장소, 일을 찾아냈는가?

찾아낸 것들과 생각한 것들

물론 서너 개 단어들을 조합한 것으로 생계 수단을 찾자는 것이 요점은 아니다. 하지만 터무니없는 선택으로 보일 수 있는 일이 누군가에게는 생계를 꾸려가는 일이 될 수도 있다. 전혀 예상하지 못한 별나고 특이한 결과에 비해 당신 자신의 꿈은 얼마나 "미친" 것인가?

피터 린*이 공학 기술을 연 만드는 일에 바치기로 했을 때, 가족도 친구도 모두 마뜩하게 여기지 않았다. 얼핏 보기에 연을 만드는 일은 하찮아 보일 수 있지만, 실제로는 기술을 바탕으로 아름다우면서도 재미있고 유쾌한 즐거움을 주는 놀이기구가 되도록 만들어야 한다. 그래야 사람들이 돈을 주고 사지 않겠는가. 현재 뉴질랜드에 본사를 둔, 세계적으로 사랑 받는 연 브랜드 창업자로서 혁신적인 디자인의 연과 카이트보드(역주―대형 연을 공중에 띄우고, 연을 서핑보드와 연결해 물 위를 내달릴 수 있도록 고안된 것)를 제작하여 판매하고 있는 피터의 성공은 흥미를 좇는 일이 아무리 미친 듯 보여도 실현 가능하다는 것을 여실히 보여준다.

 www.roadtripnation.com/leader/peter-lynn

"아무리 보잘 것 없는 일이라 해도 그 취미를 계속
따르면서 생계를 유지할 수 있는 방편이 있습니다.
다른 일에 눈 돌리지 않고 그 일에만 집중하면서 꾸준히
한다면, 그 일을 필요로 하는 곳이 세상 어딘가에 있다는
걸 알게 될 겁니다. 그 일이 얼마나 사소한가 하는 건
중요하지 않습니다. 그런 작은 일로도 생계를 유지할 수
있는 수입을 얻을 만큼 세상은 넓디넓으니까요."

– **피터 린,** 연 제작자 & 기술자 & 발명가

전통적인 길을 따른다고 해서 문제가 되는 건 아니다. 하지만 주위의 기대에 연연하지 않고 자신이 진정 원하는 걸 찾는다면 더욱더 큰 만족을 얻을 것이다. **엘리스 벤스타인**＊은 과학자이다. 그보다 더 전형적인 경력은 없으리라. 하지만 엘리스는 전형적인 길에서 벗어나 과학 학위를 배경으로 현실 세계의 윌리 윙카(역주―로알드 달의 소설『찰리와 초콜릿 공장』의 등장인물)가 되었다. 캔디 회사 젤리 벨리에서 새로운 맛의 캔디를 만들어내는 일을 찾은 것이다. "전 요즘 새로운 캔디를 만들어내는 데 앞장서고 있어요... 제가 이런 일을 하리라고는 꿈도 꾸지 못했었죠." 엘리스는 과학과 음식에 대한 흥미를 모두 살려서 젤리벨리 캔디 회사의 '해리 포터 버티 보트의 모든 맛 젤리'에 들어있는 토사물 맛 젤리 같은 별난 캔디를 만들면서 보수를 받고 있다. 엘리스는 기회가 찾아왔을 때 열린 마음으로 그 기회를 잡고 새로운 개념을 받아들이라고 조언했다.

우리가 접한 맞춤형 생활을 이끌어가는 사람들을 좀 더 알아보면 다음과 같다.

회사 운영 + 헤비 메탈 = 테리 스튜어트
로큰롤 명예의 전당의 CEO

영장류 + 노인병학 = 레이븐 잭슨
실험실에서 은퇴한 침팬지 보호소 '침프 헤븐'의 상주 수의사

음식 + 정치 = 앤디 살랄
예술 · 정치 · 문화에 대한 다양한 토론을 장려하는 식당 겸 서점, 버스보이즈 앤 포우이츠의 점주

타투 + 여행 = 키티 러브
여행하는 타투 아티스트

＊  **www.roadtripnation.com/leader/elise-benstein**

앞날을 내다보며 흥미를 실현시킬 수 있는 방법을 상상할 때, 한계를 두지 말고 마음껏 상상해라. 유명한 유리 공예가이자 다양한 활동가로서 자신의 자리를 성공적으로 만들어간 **윌리엄 모리스**는 다음과 같은 가설을 제기했다. "활기 넘치는 일 년을 살고 싶은가, 늘 그저 그런 평범한 십 년을 살고 싶은가? 둘 중 어느 것을 선택해도 좋다! 하지만 선택을 하면 그것에 따라야 한다! 활기 넘치는 삶을 선택하고 그저 그렇게 살지는 마라." 자신이 흥미에 충실한 삶을 원한다는 걸 깨달았다면 망설이지 말라는 말이다. 다시 앞 장으로 돌아가서 당신이 선택한 기본 성향과 주요 흥미들의 조합 결과를 찾아보라. 통념에 구애받지 않고 마음껏 상상의 나래를 펼친 결과인가? 엘리스가 과학 학위를 이용하여 별난 맛의 캔디를 개발하는 일을 찾았듯이, 자신 앞에 다가올 여지가 있는 모든 기회를 잡을 수 있을 만큼 그물을 널찍이 펼쳐 놓았는가?

주위의 소음이나 마음속 불신은 잠시 접어 두고 스스로에게 물어 보라.

나의 별난 젤리는 무엇일까?

/// 미치지 않을 수도 있겠지만, 그래도 미쳐야 한다 ///

내면의 GPS

월리 위트

"길을 잃는다."라는 말이 새로운 의미로 다가온다. 나는 한밤중이면 어김없이 깨어나 미간을 찡그리고 어둠 속을 바라보며 "여기가 어디지?"하고 혼잣말을 중얼거린다. 그러다 차츰 정신이 들면서 어슴푸레 벽이 보이면 막연히 익숙한 느낌을 되찾는다. 물론 지금 나는 임시 거처인 녹색 버스 안에 있다.

어느 날 아침, 겨우 다시 잠이 든 지 얼마 안 되어 휴대폰 알람이 요란하게 울리며 다시 길을 나설 때가 되었음을 알렸다. 나는 소파 쿠션 사이를 더듬어 휴대폰을 찾아들고 액정화면의 날짜를 확인했다. 7월 21일. 길 위에서 지낸지 28째였다.

GPS가 나오기 전에는 어떻게들 살았는지 모르겠다. 이즈음 나는 방향 감각을 상실하는 특별한 단계에 이르렀다. 이상일 마다 계속 새로운 곳에서 길을 찾아야 하다 보니 일종의 도로 여행 시차증이 생긴 모양이다. 우리는 켄터키 주의 맘모스 동굴을 지나 왔고, 그 전에는 녹스빌을 지났으며, 그 전에는 애틀랜타, 뉴올리언스, 오스틴, 산타

월리 위트의 명함에는 "프로 로드트립퍼"라고 쓰여 있다. 정말로 그렇다. 월리는 로드트립네이션의 녹색 버스를 타고 8만 킬로미터 이상을 여행하며 미국의 50개 주 중에서 49개 주에 발을 디뎠다. (언젠가는 북 다코타에도 갈 것이다!) 그보다 더 중요한 사실은, 월리가 로드트립네이션 TV 시리즈의 카메라맨으로서, 우리에게 깨우침을 주는 각계각층의 리더들과의 인터뷰를 무려 200회 가까이 촬영했다는 것이다. 이 글에 나오는 인터뷰를 위해서, 아이다호 주의 샌드포인트에 있는 작은 고향 마을을 떠나온 지 얼마 안 된 월리는, 몬태나 주의 소도시 스티븐스빌에서 온 로드트립 팀과 동행하며 촬영을 했다. 5년이 지난 지금도 월리는 그때 그 여행이 그의 인생에 가장 큰 영향을 미친 일 중 하나였다고 말한다.

페, 로스웰, 세도나, 로스앤젤레스를 지나 왔다. 그리고 7월 21일, 클리블랜드에서 다시 길을 잃었다.

"어, 잠깐만. GPS에 우리가 길을 잘못 들었다고 나오는데. 잠시 멈춰 봐." 나는 운전석 옆에 앉아 더듬더듬 말했다. 버스에 타고 있는 일행 거의 모두 미시시피 동쪽으로는 초행이라는 사실을 생각하면, 길을 잃은 것이 조금도 놀랍지 않았다. 나는 GPS가 다시 경로를 찾는 걸 지켜보았다.

"됐다. 음... 미안."

어쨌거나 길을 찾아가는 지루함보다 피로감이 더욱 깊어졌다. 몇 주 동안 길 위에서 지내다 보면 정신적으로 탈진하는 게 사실이다. 하지만 한편으로 이 여행에는 그런 피로를 얼마든지 견디어 낼 수 있게 하는 힘이 있었다. 목적지에 도착해 이야기를 듣고 지혜를 얻을 때마다 그 힘은 커져갔다. 우리 일행 모두가 그렇듯이, 내 마음의 풍선도 점점 부풀어 올라 터지기 직전에 이르렀다. 나는 시골 마을에서 자랐고, 내 로드맵은 소음에 의해 분명하게 정해져 있었다. 내 로드맵에는 내가 가서는 안 될 길, 내가 할 수 없는 일, 내가 두려워할 만한 일에 "섣불리 넘벼들지 말라"고 말해주는 수많은 선들이 선명하게 그어져 있었다. 그 중에는 나 스스로 옆에 들며 그은 선들도 있었다.

하지만 이곳저곳 계속 다니면서 사람들의 이야기를 받아들일수록, 그 선들이 점차 줄어들기 시작했다. 그러면서 큰 의문이 떠올랐다. 경계를 구별하는 그런 선들이 없다면, 다음 목적지를 어떻게 알 수 있을까?

지금 우리가 잔뜩 흐린 클리블랜드의 아침을 뚫고 만나러 가는 사람은 내 머릿속에서 울려대는 새로운 의문의 소리를 더욱 요란하게 할 것만 같았다. 지금까지 그 사람에 대해 우리가 알고 있는 건 '클리브랜드에서 가장 흥미로운 사람'이란 제목의 잡지 기사에서 얻은 것이 전부였다. 그에 대한 짤막한 소개는 다음과 같았다. 반 테일러 먼로는 맞춤 신발에 그림을 그리는 화가이다. 운동화에 손으로 그림을 그려 돈을 번다. 윌 아이 엠과 P. 디디도 그의 고객이다. 버락 오바마 대통령의 상징적 이미지를 표현한 나이키 에어포스 운동화는 워싱턴 DC의 스미소니언 국립 아프리카계 미국인 역사 문화 박물관에 전시될 예정이다. 반이란 사람은 무슨 일을 하던 사람일까? 운동화에 그림을 그리는 일로 어떻게 지속 가능한 삶을 이끌어갈까?

반은 클리블랜드 시내 중심가의 쇼핑몰, 타워시티 센터 앞에서 우리를 기다리고 있었다. 드디어 마주하고 앉았을 때, 반은 르브론 제임스(역주-미국 프로농구선수)를 완벽하게 표현한 에어 조단 한 켤레를 내게 건넸다. 신발을 받아들고 보니 그 위의 그림이 너무 정교해서 "이게 정말 손으로 그린 거예요?"라는 말이 절로 나왔다. 손으로 그린 것이 확실하다는 반의 대답에 나는 그 대단한 걸작이 더럽혀질까 두려워 얼른 내려놓았다.

반은 예술가의 기질을 타고난 사람이었다. 하지만 대학에서 경영학으로 방향을 바꾸었다. 그리고 대학을 졸업한 후에 신시내티의 한 물류회사에서 회계 담당 임원으로 일했다.

반은 그 시절에 대해 이렇게 얘기했다. "그 일에 열정은 없었어요. 하지만 돈을 많이 벌 수 있는 일이었죠. 그 일을 하면서 생활비도 넉넉히 벌고 가정도 꾸릴 수 있을 거라고 생각했어요. 그림은 부수적으로 할 생각이었고요." 여기까지는 새로울 게 없는 이야기였다. 다들 진정한 흥미를 좇는 것과 생활비를 벌어야 하는 일 사이의 균형을 맞추기 위해 끊임없이 고민하고 갈등하지 않던가. 우리 사회는 늘 이것 아니면 저것을 선택하길 바라고, 우리는 보통 사회가 지지하는 쪽을 선택한다. 하지만 반은 회사 일에 집중할 수가 없었다. 중요한 회계 업무를 위해 수화기를 들 수조차 없었다. 반의 머릿속에서 길을 잘못 들었다고 소리치는 아우성 때문이었다. 반은 "'내 마음이 계속 일을 그만 둬. 그만 둬.'라고 소리쳤어요."라고 말했다.

반이 마침내 일을 그만두기로 했을 때, 어느 누구도 그 이유를 납득하지 못했다. 하

지만 반은 마음의 소리를 무시할 수 없었다. 반의 상관은 흥분하며 반박했다. "여기서 일하면 일 년에 20만 달러를 벌 수 있는데, 그런 일을 그만두고 고작 예술가 나부랭이가 되겠다고?" 하지만 반은 정말 그 일을 그만두었다. 그 얘기를 듣는 순간 내 팔에 소름이 돋았다. '탁자 맞은편에 앉은 이 사람이 정말 20만 달러를 뿌리치고 나온 거야? 말도 안 돼!'라는 생각이 들었다. 나는 나 자신에게 그 어려운 질문을 던져 보았다. 나도 책상 위에 그 많은 돈을 남겨 두고 안전망도 없이 뛰어내릴 수 있을까? 나는 그럴 수 없을 거란 생각이 들면서, 내 앞에 앉아 있는 예술가의 소신이 새삼 존경스러워졌다.

반이 말을 이었다. "하지만 제가 겪은 만큼 상황이 나빠질 거라고는 생각하지 못했어요." 반은 유화든 뭐든 그릴 수 있는 건 다 그렸지만, 생계를 이어가기가 힘들었다. 모든 게 암울해 보였지만, 어린 형제들과 자신을 대단하게 생각하는 사촌동생들 앞에서 힘든 내색을 할 수도 없었다.

"아이디어란 아기와 같습니다. 아기가 세상 밖으로 나오기 전에 자궁 속에서 귀가 듯 아이디어도 드러나지 않은 채 발전할 시간을 필요로 하죠." 반의 말에 나는 내 머릿속에서 "움트고 있는 아이디어들"에 대해 생각해 보았다.

"1월이 되면서 문 앞에 퇴거 요구서가 붙었어요." 하지만 반은 그대로 물러설 수 없었다. 반은 가족에게 어떤 본보기가 되어야 할지 다시 생각했다. "잠시 집 없이 떠도는 신세가 되더라도 다시 일어나서 기필코 성공하겠다고 다짐했어요." 그때 당시 2008년은 예술가는 말할 것도 없고 누구나 일자리를 찾기가 힘든 해였다. 버

락 오바마 대통령의 격려 메시지가 가슴 속에 사무치는 해였다. 어느 날 밤, 꿈을 꾸다 잠에서 깬 반은 밀려드는 영감을 주체하지 못하고 옆에 있던 나이키 운동화에 대통령의 모습을 그렸다. 그리고 사진을 찍어서 온라인에 올렸다. 그 사진이 어떤 반향을 불러올지 별 다른 생각 없이.

그 신발 사진이 블로그를 통해 입소문이 나기 시작했고, 나중에는 뉴스에까지 나오게 되었다.

반은 웃음 지으며 그 신발 덕분에 유명해진 이야기를 이어갔다. "〈월 스트리트 저널〉에도 제 기사가 나왔어요. 〈월 스트리트 저널〉에요! 제가 그린 테니스화 사진하고 같이!" 물류회사에 다니는 반의 전 동료들이 좁은 칸막이 책상 앞에 앉아 〈월 스트리트 저널〉을 펼쳐들고 반과 반이 그린 테니스화를 본 순간 어떤 표정을 지었을지 상상이 되었다. 단연코 반의 승리였다!

그 이후로 반은 명성을 얻었고, 유명인들이 세간의 이목을 끄는 행사에서 반의 신발을 신기 시작했다. 심지어 오바마 대통령도 반이 그린 신발을 두 켤레나 갖고 있다. 이렇듯 반은 자신의 인생을 성공으로 이끌었다. 하지만 어떻게? 무엇이 필요했던 걸까? 랩퍼와 농구선수들이 반의 전화기에 불이 나게 전화를 하기 전에, 방송매체와 박물관이 반을 찾아내기 전에, 안정된 직장을 그만둔 뒤 집에서 쫓겨날 위기에 처했을 때 반은 어떻게 성공의 기회가 찾아올 걸 알았을까? 그 일이 잘되리란 걸 어떻게 알았을까?

반이 대답했다. "마음은 GPS 장치와 같아요. 자동차의 GPS는 어디로 가야 할지 말해주지만 당신을 위해 차를 돌리지는 못합니다. 잘 모르는 어딘가로 갈 때 당신은 주위를 둘러보며 말하겠죠. "괜찮아! GPS가 어디로 가야 할지 말해줄 테니까!" 반이 내 얘기를 하고 있었다. 나는 "여기까지 올 때도 그랬어요!"라고 생각하며 바보처럼 고개를 끄덕였다. 이번 여행에서만도 내 휴대폰 속의 GPS라는 그 작은 블루칩에 몇 번이고 결정을 맡겼던 것을 떠올리면서.

반이 말을 이었다. "그리고 때로는 GPS 장치처럼, 당신의 마음도 다시 조정을 해야해요… 내가 처음에 마음의 소리에 귀 기울이지 않았던 것처럼, 당신도 귀를 막은 채어디로 가고 있는지 모를 수 있으니까요. 바로 그런 게 무서운 거죠. 많은 사람들이 꿈을 쫓으며 사는 걸 두려워하는 이유는 그 다음 문 뒤에 무엇이 있는지, 모퉁이를 돌면 무엇이 있는지 모르기 때문인 것 같아요." 그러고 나서 반이 돌연 달라진 말투로 내게 바짝 당겨 앉으며 말했다. "당신은 몇 번이고 길을 잘못 들 수 있어요. 그러면 계속 GPS를 다시 맞추면 되죠. 하지만 계속 잘못된 길로만 간다면 어떨까요? 영화를 보러 극장에 가는데, 계속 길을 잘못 든다면 그 영화가 끝날 때쯤에나 도착하지 않겠어요?" 반이 잠시 말을 멈추고 나를 빤히 보더니 덧붙였다. "많은 사람들이 마음의 소리에 귀를 기울이기까지 너무 오래 기다리는 것 같아요. 그래서 되도록 빨리 마음의 소리에 귀를 기울이라고 말해주고 싶어요. 당신의 무대가 언제 끝날지 모르니까요. 마음의 소리에 귀를 기울이고 그 소리를 따르세요."

CHAPTER 12

당신의 주관적 진실은 무엇인가?

살인은 나쁘다, 도둑질을 하면 안 된다, 할머니가 길을 건널 때는 도와 드려야 한다, 비행기에서 생선을 주문하면 안 된다 등의 사실에 이의를 제기하는 사람은 거의 없을 것이다. 지극히 판단하기 쉬운 사실이므로. 하지만 우리 자신에게만 사실인 것들에 대해서는 어떨까? 우리는 누구나 우리가 어떤 사람인지 그 본질을 드러내는 특성을 가지고 있다. 그런 특성들이 바로 우리의 주관적 진실이다. 이런 주관적 진실들이 우리의 기본 성향과 주요 흥미와 어떻게 조화를 이루는가 하는 것이 중요하다.

일반적 사실	주관적 진실
• 물이 없으면 우리는 죽는다. • 낙타는 눈꺼풀이 세 개다. • 거품 경제는 무너지기 마련이다. 구직 시장은 순환적이다. • 일본어 가라오케는 "텅 빈 오케스트라"라는 뜻이다. • M&Ms의 M은 회사 창업자들의 성씨인 "Mars"와 "Murrie"를 나타낸다. • 흥미를 중심으로 인생을 설계하는 방법은 다양하다. • "조츠(jorts)"는 "청바지(jeans)"와 "짧은 반바지(shorts)"의 혼성어이다.	• 나는 돈을 많이 벌고 싶다. • 가정을 꾸리고 가족과 시간을 보내는 것이 가장 중요하다. • 나는 안정적인 기업 구조에서 능력을 가장 잘 발휘한다. • 나는 개인 사업을 할 때 일을 가장 잘 한다. • 나는 대도시를 싫어한다. • 나는 도시에서 살아야 한다. • 조츠는 인류에게 선물인 동시에 골칫거리다.

주관적 진실은 금을 채취할 때 쓰는 체와 같다. 여러 가능성 있는 일들 중에서 우리가 펼칠 수 없는 것들을 걸러내고, 우리 자신의 됨됨이와 잘 맞아서 적합한 느낌이 드는 것들, 즉 금을 남게 하는 것이 바로 주관적 진실이다.

주관적 진실 중에는 금방 알아챌 수 있는 것들도 있지만, 코앞에 대면하기까지 드러나지 않는 것도 있다. 로드트립을 처음 시작한 일원이자 로드트립네이션의 공동 설립자인 **네이선**의 경우가 그랬다. 네이선은 대학 때 직업 박람회에서 놀랐던 일을 떠올렸다. 주위의 소음에 귀를 기울이게 되면서, 예술가가 되고 싶던 어릴 때 꿈을 접은 네이선은 전문대학에서 경영학 과정을 수강했다. 그리고 경영학 학위를 받기 위해 4년제 대학교로 편입했다. "저는 너무 소극적이었어요. 그래서 제 자신에게 물어야 할 중요한 질문들을 하지 않았죠. 그냥 경영학과 학생은 경영 컨설턴트가 되는 거라고 받아들였어요. 당시엔 그랬거든요." 그리고 네이선은 그렇게 되기 위한 길로 들어섰다.

직업 박람회에서 네이선은 자신이 따르려는 조립 라인을 앞서 가고 있는 사람들을 만났다. "모두들 최고의 컨설팅 회사들을 대표해서 아주 잘 차려 입고 나온 직장인들이었어요. 저는 제가 지원하는 일에 대해 제대로 알지도 못하면서 여기 저기 지원서를 냈죠. 그리고 한 컨설턴트에게 같이 점심을 먹으면서 일에 대한 정보 좀 달라고 부탁했어요."

같이 점심을 먹으면서 네이선이 컨설턴트에게 물었다. "그런데 매일 양복을 입어야 하나요?"

"아, 네. 하지만 난 양복 차림을 좋아해요. 말쑥한 차림을 좋아하죠. 우리는 의복비도 지원을 받아요. 그러니 더할 나위 없죠." 컨설턴트가 대답했다.

네이선은 그 말을 어떻게 받아들였을까? "직감적 반응이라고 할 수 있는지 모르겠지만, 어쨌든 전 이렇게 대답했어요. '그 일은 제 일이 아닌 것 같네요. 전 양복에 넥타이를 매는 타입이 아니거든요. 그런 차림은 결혼식이나 상례식에 살 때나 하죠.'"

그런 주관적 진실을 자신의 특성으로 받아들이자, 곧바로 네이선의 길이 바뀌었다. 경영학 전공자가 열망하는 직업군 중 상당 부분이 네이선이 선택할 수 있는 범주에서 떨어져 나갔다. 주관적 진실이라는 체가 적합하지 않은 선택 사항을 걸러내고, 네이선이 추구하는 가치와 조화를 이루는 기회들만 남긴 것이었다.

주관적 진실이 흥미를 유발한다

네이선 얘기의 요점은 "양복은 싫고 티셔츠는 좋다"는 게 아니라 우리 모두 주관적 진실에 귀를 기울여야 한다는 것이다. 모든 주관적 진실이 다 중요하고, 주관적 진실과 대립하는 선택을 하게 되면 결국 불만족과 좌절감을 겪게 될 게 뻔하기 때문이다. 주관적 진실은 또한 다른 사람들의 선택과 동기를 올바르게 보는 눈도 준다. 사람들은 주관적 진실이라는 스펙트럼에 모든 걸 각각 다르게 배치한다. 우리가 가장 행복하게 일할 수 있는 곳이 대기업인지, 작은 사업체인지, 혹은 들판인지 알아내는 것이 우리 자신에 대한 진실들이 이끄는 대로 살아가기 위한 구성요소이다.

　도예가이자 작가이자 예술가이며, 뉴질랜드 시골의 아름다운 산속 풍경을 따라 굽이굽이 도는 유명한 협궤 철도와 도예 공방을 운영하는 철도 안내원이라는 놀랍도록 이색적인 이력을 가진 **배리 브릭켈**[*]은 지나온 삶을 이렇게 떠올렸다. "제 자신의 삶을 살아가기 위해 노력하는 과정에서 지옥을 겪었죠. 전 열네 살에 도자기를 만들기 시작해서 대학에서도 도자기 공예를 전공했어요. 학구적인 편은 아니었지만, 부모님이 번듯한 직업을 구하려면 대학 학위를 받아야 한다고 해서 대학교에 갔죠. 하지만 전 도자기를 만드는 도공이 되고 싶었어요. 제 뜻을 말씀드리자 아버지께서 충격을 받고 이렇게 말씀하시더군요. '도공이 된다면, 넌 절대 가정을 꾸릴 수 없을 기다. 좋은 아내를 만닐 수도, 내게 어러 명의 손자를 안거줄 수도 없을 테고.'"

 www.roadtripnation.com/leader/barry-brickell

　그때 배리는 짐짓 화가 난 척 아버지에게 대답했다. "전 좋은 아내를 원하지 않아
요. 아버지께 여러 손자를 안겨 드리고 싶지도 않고요. 전 도자기를 만들고 싶어요!"
뉴질랜드의 울창한 숲 속에 자리한 공방에서 배리는 옛 기억을 떠올리며 웃었다. 하
지만 그의 이야기에는 특별한 것이 담겨 있었다. 배리의 주관적 진실은 분명했다. 비
록 대학에서 학위를 받고 "평범한" 직업도 가져봤지만, 배리는 곧바로 그 일을 그만
두었다. 배우자와 자녀가 있고 울타리 안에 너른 뜰이 있는 집에 사는, 표준적인 어른
의 삶은 배리의 안중에 없었다. 배리는 누가 뭐래도 도공이 되고 싶었다. 그래서 자
신의 주관적 진실에 따라 미래를 상상하고 흥미를 찾아가면서 유별난 길로 들어서게
되었다. 숲을 훼손하지 않고 도예 작업을 하기 위해 협궤 철로를 만들었으니 그보다
더 유별난 길이 어디 있겠는가. 배리가 개인적으로 운영하는 협궤열차는 놀이 기구
이자 관광 열차이며, 설치 예술작품이기도 하다. 그 모든 것이 진정한 자신의 삶을 이
끌어가려는 배리의 의지를 보여주는 증거이다.

　"레일과 목재를 사고, 다리를 놓기 위한 철재를 사면서 정말 많은 돈을 썼습니다."
이제는 뉴질랜드에서 가장 유명한 관광지 중 한 곳이 된, 울창한 숲속을 달리는 철길
을 만들기 위해 엄청난 공을 들여야 했던 때를 떠올리며 배리가 말을 이었다. "이제
는 기관사가 넷이나 있어요. 그래서 저만의 '안식처'인 공방에서 도예 작품에 전념할

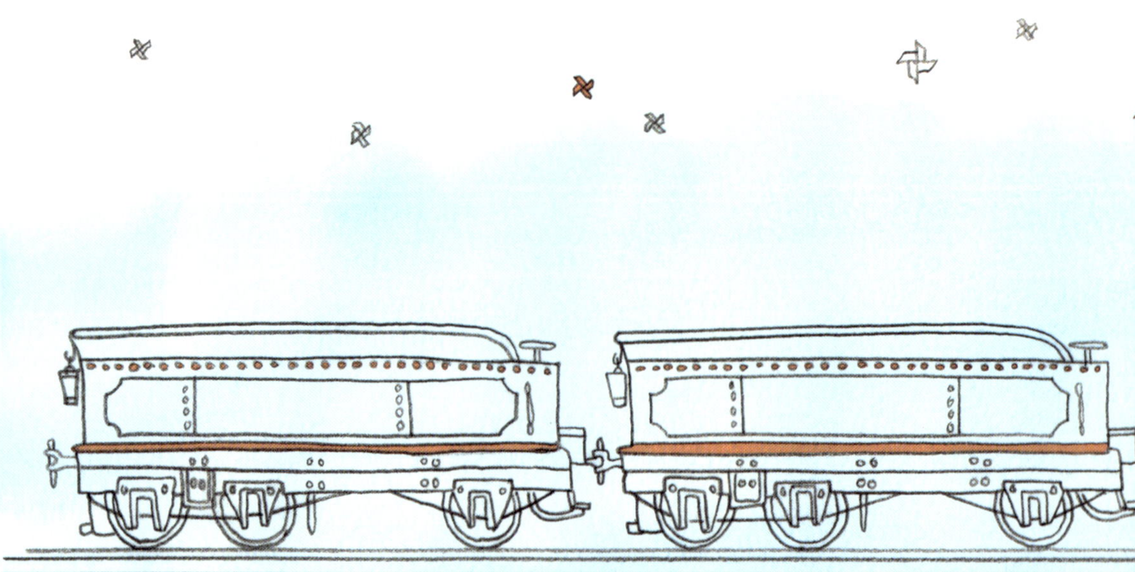

수 있죠. 제가 늘 원했던 대로요. 제 아버지가 지금 이런 걸 보실 수 있다면, 깜짝 놀라서 한동안 말문을 열지 못하실 거예요. 그러시겠죠?"

이미 알고 있듯이 소음은 득이 될 게 없다. 소음은 슬며시 우리 머릿속으로 스며들어, 우리의 주관적 진실과 충돌할 수 있는 생각들을 심어 놓는다. 조금만 시간을 갖고 생각해 보면, 부자로 자랐든 가난하게 자랐든 종교적인 분위기에서 자랐든 자유분방한 분위기에서 자랐든, 실제로 우리의 것이 아닌 가치와 생각에 노출된다는 것을 알 수 있다. 그런 일은 인생의 후반기에 일어날 수도 있고, 직장이나 학교나 가정생활의 문화에서 일어날 수도 있다. 그러므로 우리 자신에 대한 진정한 사실과 사회의 소음을 구별하려면 얼마간의 탐색과 저항이 필요하다.

그린피스 미국 지부의 상임 이상인 **존 파사칸탄도**는 이에 깊이 공감한다. 존이 소음과 자신의 주관적 진실을 구별하기 시작한 것은 어릴 때 존의 부모가 "우리는 네가 최선을 다 하기만 하면, 어떤 일을 해도 상관하지 않아."라고 말함으로써 큰 선물을 주었을 때부터였다. 간단하지만, 그 말에는 놀랄 만한 힘이 있다.

존이 힘주어 말했다. "주위에서 얻은 생각들은 버리세요. 동료들의 조언이라도 버리세요. 그런 건 늘 다른 누군가의 문제죠. 당신에게 도움이 되지 않아요. 절대로 당신의 마음을 울리지도 못할 테고요. 어떤 일이 하기 좋은지 나쁜지는 다른 누군가의

규칙이 아니라 당신 자신의 윤리의식에 근거해서, 또 그 일이 당신에게 어떤 느낌을 주는지를 근거로 해서 판단해야 합니다. 보수 성향의 정치적 일에 열정을 느낀다면, 그쪽 일을 하세요. 지구 환경을 해치는 회사지만, 그래도 거기서 일하고 싶은 마음이 강렬하다면 하세요. 그런 회사를 위해 당신이 할 수 있는 최선의 일을 하세요. 당신 자신의 길을 따를 때, 다른 누군가가 당신을 판단하게 하지 마세요. 다른 사람의 판단은 당신이 진로에서 벗어나게 할 수 있지만, 당신 자신의 마음은 절대로 당신이 길을 잃게 하지 않을 겁니다."

주관적 진실은 말 그대로 주관적이다. 우리는 그것들을 판단할 수도 없고 우리 경험 밖에서 그것들이 뜻하는 바를 이해하는 척 할 수도 없다. 하지만 우리 자신에 관한 주관적 진실을 존중한다면, 본질적으로 만족스러운 방향으로 가게 될 것이다. FBI 한 부서의 과장인 **마이 해리슨**은 어린 시절에 가져보지 못한 것, 즉 안정적인 생활을 원하는 욕구를 따라 정부 기관에서 일하며 가난에서 벗어났다. 마이는 어린 시절을 이렇게 회상했다. "저는 탬파에 있는 저소득층 임대 주택 단지에서 아주 가난하게 살았습니다. 전 어떻게든 그 곳을 벗어나고 싶었죠. 그것이 제 삶의 궁극적인 목표였습니다. 제가 한 모든 것이 그 한 가지 목표를 위한 것이었죠. 제가 자란 것과 같은 환경에서 자라면 그런 욕구를 갖게 됩니다. 어떤 것도 그 길을 막지 못해요."

주관적 진실이 곧 가치 체계이다.

주관적 진실을 존중하면, 가치관과 타협할 필요 없이 원하는 삶을 이끌어갈 수 있다. 중요한 결정을 내려야 할 때 주관적 진실이 독특한 가치 체계가 되기 때문이다. 어떤 사람은 도덕적 청렴을 중요하게 생각하기 때문에 비도덕적인 관행을 따르는 회사에서는 일하려 하지 않을 것이고, 또 어떤 사람은 비도덕적인 면이 있더라도 높은 연봉과 건강 보험 혜택, 그리고 회사에서 주최하는 멋진 파티 때문에 그런 회사에서 일하는 것에 만족할 수도 있을 것이다. 또 회사의 크기를 중요시해서, 당신이 커피에 두유 넣는 걸 싫어한다는 사실을 모두가 다 아는 가족적인 분위기에서 일을 잘하는 사람도 있을 것이며, 집에서 편안한 운동복 차림으로 컴퓨터 작업을 할 때 가장 큰 성과를 내는 사람도 있을 것이다. 또는 로드트립을 시작한 일원이자 로드트립네이션의 공동 설립자로, 의사가 되기 위한 공부를 하고 있었지만 다행히 너무 늦기 전에 병원에 있는 것이 죽기보다 싫다는 걸 깨달은 마이크처럼, 본능적인 뭔가에 이끌려 다른 길을 찾는 사람도 있을 수 있다. 어떠한 경우든 무엇에 가치를 두는가 하는 것은 우리 자신의 결정에 달려 있다. 우리와 뜻을 달리하는 사람이 늘 있게 마련이지만, 무슨 상관이란 말인가. 우리 인생을 살아가야 하는 것은 바로 우리 자신이거늘.

어떤 주관적 진실은 다른 것들보다 더욱 강한 힘을 갖고 있다. 다소 힘든 일을 하며 연봉 10만 달러를 버는 것보다 가족과 함께 많은 시간을 보내는 것이 보다 강한 주관적 진실인 것을 알고 있다면, 그에 맞지 않는 제안이 들어왔을 때, "고맙지만 사양하겠습니다."(주관적 진실에 맞는 제안일 때는 "네, 좋습니다.")라고 말할 수 있을 것이다. 우리가 할 일은 그저 만족감을 주는 가치 체계에 귀를 기울이고, 가장 적합한 일을 신중히 고려해 찾는 것이다. 그러기 위해 여러 가지 주관적 진실들의 균형을 맞출 때 돈이 가장 두드러진 요인이 될 수도 있다. 당신은 얼마나 많은 돈을 필요로 하는가?

우리가 예전에 타고 다니던 낡은 버스 얘기를 잠시 하고 넘어가자. 대부분 TV 프로덕션 회사들의 이동 차량은 페인트로 매끈하게 치장된 것은 물론 최신식 욕조까지 설비되어 있다. 하지만 우리는 크레이그스리스트(역주—미국의 온라인 생활정보 사이트)에서 찾은 중고 버스를 용도에 맞게 고치기로 하고, 세일 중이라 커피 한 잔 값도 안 되는 비용으로 페인트와 핸드 롤러를 사서 버스를 새로 칠했다. 우리가 돈을 아낀 가장 큰 이유는 연료 탱크에 보다 많은 연료를 채우고, 우리가 가치를 두는 대화와 경험을 더 많이 하기 위해서였다. "매끈한 페인트칠보다 가치 있는 경험"을 우선시하는 것은 우리의 주관적 진실 중 하나이다. 그런 것이 MTV에는 안 맞을지 모르지만 우리에게는 잘 맞는다.

우리 모두는 뿌리 깊은 주관적 진실들을 가지고 있다. 물론 그런 진실은 사람에 따라 천차만별일 것이다. 그러한 주관적 진실을 유용하게 만들려면, 먼저 그런 걸 세세히 살펴보고 파악해야 한다. 그래야 어떤 일이 당신에게 "맞는지 안 맞는지" 판단해야 할 때, 당신이 중시하는 가치와 조화를 이루는 길을 선택할 수 있으니까.

사실 우리는 매 순간 우리에게 "맞는 것이나 혹은 안 맞는 것"을 선택하며 살아간다. 우리는 날마다 우리의 가치관에 따라 결정을 내리지만, 그런 것에 대해 자주 생각하지 않을 뿐이다. 하지만 분명하게 "아뇨, ________ 을 하면서 살고 싶지는 않습니다."라거나 "네, 만족스러운 삶을 위해 ________ 을 해야 합니다."라고 말할 수 있는 힘은 실로 대단하다. 그런 힘이 당신을 열린 길로 이끌 것이다.

우리가 만난 수많은 리더들은 주관적 진실을 파악하고 활용하려고 고군분투했다. 리더들이 어떻게 주관적 진실을 바탕으로 하는 가치와 비전에 따라 삶을 이끌어왔는지 알아보자.

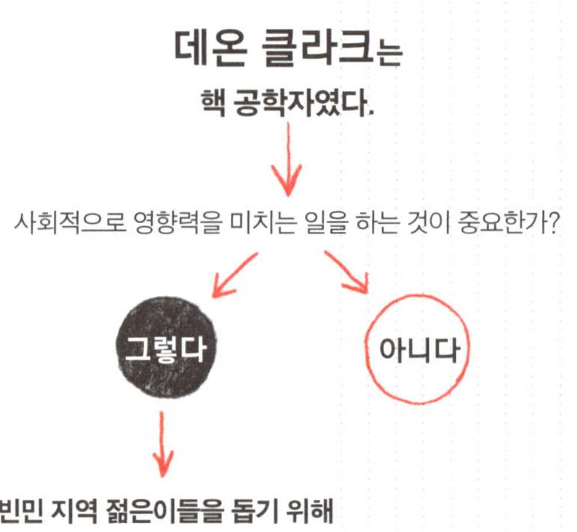

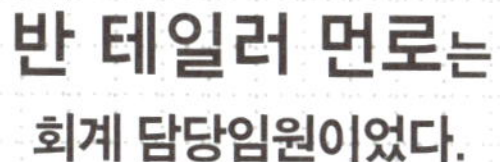

반 테일러 먼로는
회계 담당임원이었다.

많은 돈을 버는 것이 중요한가?

그렇다　　**아니다**

**직장을 그만두고
그림으로 생계를 이어갈 방법을 찾았다.**

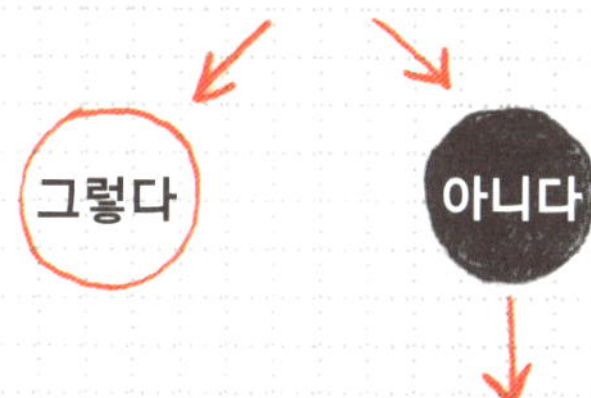

크리스티나 헤이니거는
경영 컨설턴트였다.

자연과 접하는 것이 필요한가?

그렇다　　**아니다**

**모험 관광 컨설팅 회사를
시작했다.**

그레이엄 레이는
공학 교수였다.

종일 티셔츠 차림으로 지내는 걸 좋아하는가?

그렇다　　**아니다**

**티셔츠 차림으로 최첨단 기술을 활용한
서프라인(역주 – 웹사이드)을 운영하고 있다.**

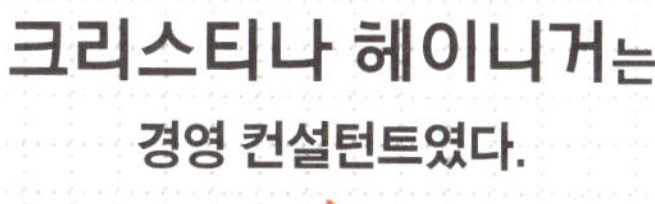

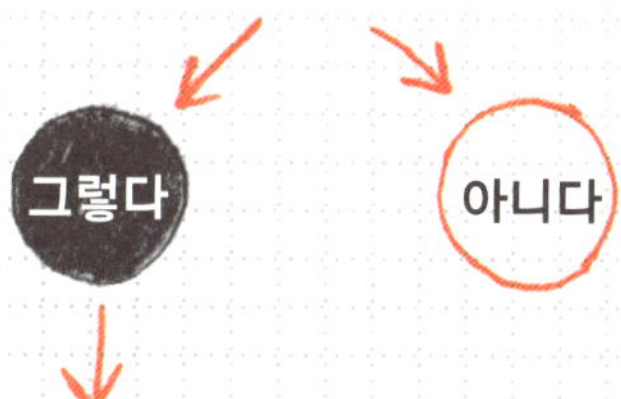

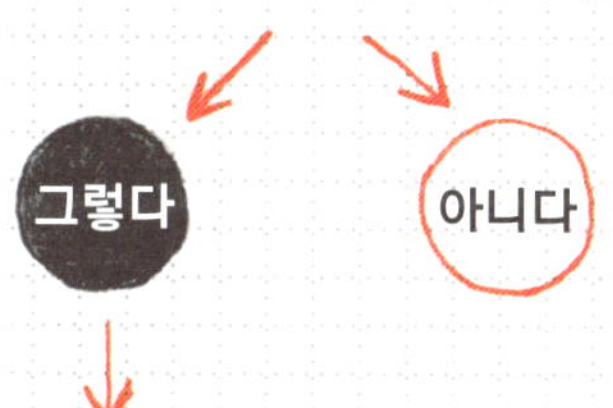

당신의 주관적 진실은 어떤 것들인가?

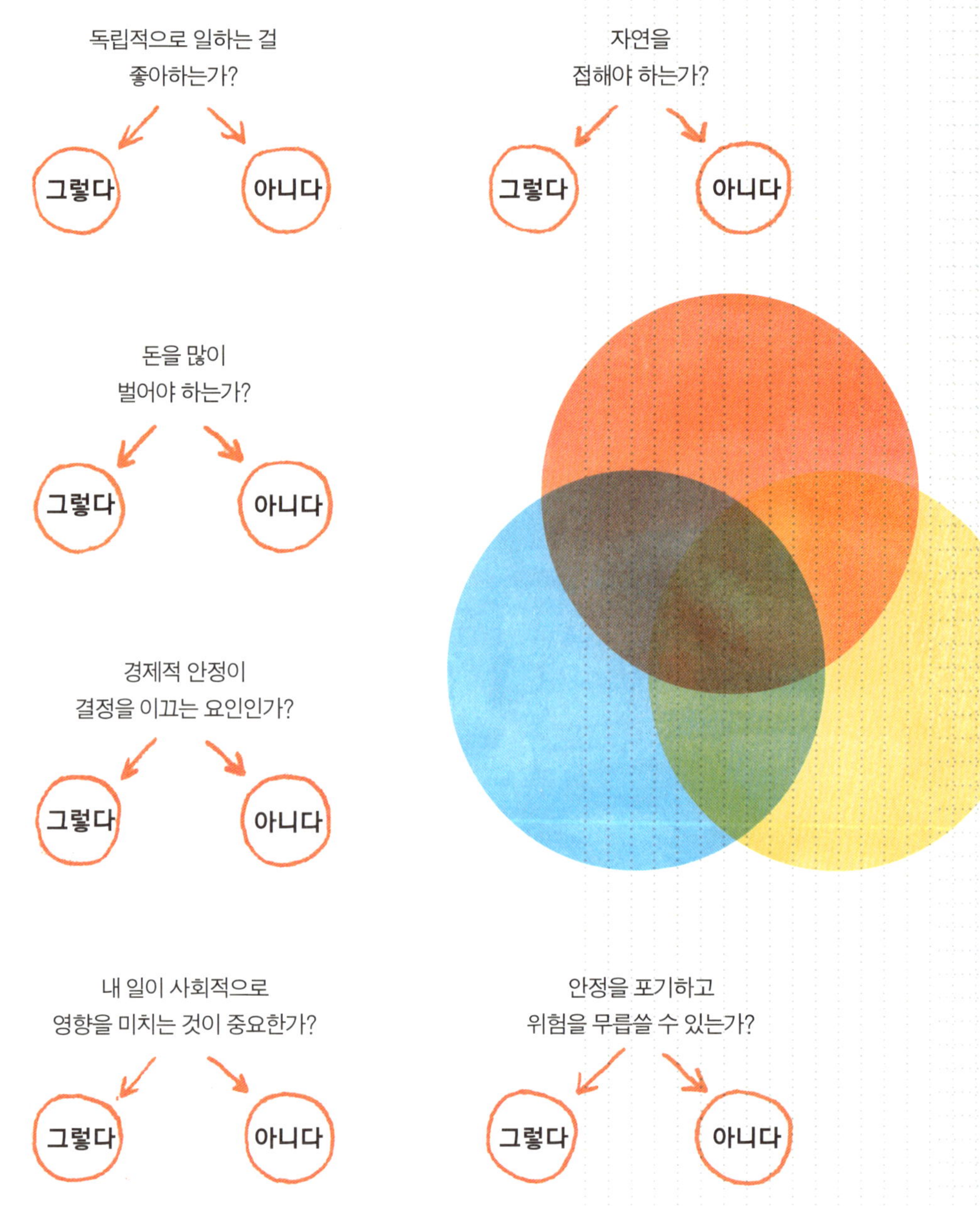

일상복 차림으로 일하는 것이 좋은가?
그렇다
아니다
체계적인 조직이 필요한가?
그렇다
아니다
하는 일이 개인적 신념과 맞아야 하는가?
그렇다
아니다
현재 살고 있는 곳 근처에서 일하고 싶은가?
그렇다
아니다
통근 거리가 멀어도 괜찮은가?
그렇다
아니다
육체적으로 활동적인 일이 필요한가?
그렇다
아니다
가족과 시간을 많이 보낼 수 있는 일을 원하는가?
그렇다
아니다
도시에 사는 것을 좋아하는가?
그렇다
아니다

기술이 보수를 지불한다.

돈이 가득 든 가방을 계속 길에서 줍지 않는 한, 돈을 벌어야 한다는 말의 핵심을 잊지 말자. "네가 갈 길을 찾아내라", "네가 좋아하는 일을 해라" 라고 말하기는 쉽다. 하지만 단순히 흥미를 좇아 이 일 저 일을 기웃거리며 살아갈 수는 없는 노릇이다. 전기료도 내야하고 신용카드 대금도 내야 하니까. 생활필수품을 구하는 데도 일반적으로 돈이 든다. 돈이 없으면 달리 구할 방법이 없다. 이런 냉혹한 현실 때문에 많은 사람들이 조립 라인을 벗어나지 못한다.

생활비를 버는 것이 당연하고 옳은 일이긴 하지만, 좋아하는 일과 해야만 하는 일을 결합시켜 일이 곧 생활인 삶을 이끌어갈 수 있는 방법들이 있다. 경제적 생활력은 자동차의 엔진과 같다. 하지만 엔진일 뿐 자동차는 아니다. 물론 엔진이 없으면 자동차는 어디에도 갈 수 없지만, 그렇다고 엔진 스스로 움직여 앞으로 나갈 수 있는 건 아니다.

굽이굽이 산길을 유유히 달리는 자동차 광고 속의 멋진 차들도 엔진만으로 최고의 차가 되는 건 아니다. 바퀴며 충격흡수장치에서 문손잡이에 이르기까지 모든 부품이 조화를 이뤄야 멋진 자동차가 된다. 우리 삶도 다를 게 없다. 아무런 의미를 찾지 못하면서 엄청난 돈만을 버는 삶은, 에어컨도 없고 차창은 반밖에 내려가지 않는 구식 소형 자동차에 람보르기니 엔진을 장착한 것과 같다. 모든 부품이 조화롭게 균형을 이루지 못하는 그런 차를 타고 신나게 달릴 수는 없다. 반대로, 먹고 살 대책도 없이 "열정만 좇는 것"은 엔진 없는 자동차와 같다. 꿈과 이상만 좇다가 고장이 나서 오도 가도 못할 테니 말이다. 삶이라는 자동차가 편안하게 달리도록 하려면 좋아하는 일에 경제성 있는 엔진을 장착하는 방법을 찾아야 한다.

좋아하는 일을 하며 돈을 벌 수 있다

정말로 좋아하는 일을 생계 수단으로 만드는 것은 결코 만만해 보이는 과정이 아니다. 하물며 조만간 내야 할 임대료가 있는 경우라면, 이제야 그런 일을 시작하는 건 너무 때가 늦은 듯 보일 수도 있다. 하지만 잊어서는 안 될 중요한 사실이 있다. 행운을 잡은 소수의 사람들뿐 아니라 누구든 좋아하는 일이 곧 수입원인 일을 찾을 수 있다는 것이다. "다시 부모님께 손내밀며 살고 싶진 않아요. 그런 생활은 견디기 힘들 거에요."라는 단순한 관점에서 본다면, 이 책의 설득력은 전적으로 이번 장에 달려 있다고 해도 과언이 아니다.

이 장의 요점은 한 개인으로서 당신에게 딱 맞는 직업을 만들어낼 수 있고, 또 그 일을 하면서 돈을 벌 수 있다는 것이다.

하지만 그런 길을 가는 데는 넘어야 할 몇 가지 장애물이 있다. 첫 번째는 어떤 일로 수입을 얻으려면 그 일에 능숙해야 한다는 것이다.

능숙한 기술에 대해 얘기할 때 마법 같은 능력을 말하는 건 아니다. 기본 성향이 우리 몸의 골격이고, 주요 흥미가 움직일 수 있게끔 자극을 전달하는 신경 체계라고 한다면, 기술은 움직임을 일으키는 근육이라고 할 수 있다. 실제 근육처럼 기술도 연습을 통해 개발해야 한다. 기술은 기본 성향과 주요 흥미가 반영된 활동과 도전으로 형성된다. 하지만 기본 성향과 주요 흥미와 기술이 모두 조화를 이루어야 한다. 논리 정연한 사고를 타고 났지만, 자바스크립트나 코딩 작업을 하면서 시간을 보내는 데 전혀 흥미가 없다면, 웹 개발자로서 그 사람의 기술은 헛되이 낭비될 것이다.

자, 첫 번째 부딪치게 되는 장애물에 대한 얘기로 돌아가 보자. 어떻게 하면 어떤 일에 능숙해질 수 있을까? 주요 흥미와 일치하는 기술을 어떻게 발전시켜야 할까? **굉장히 좋아하는 일**부터 시작하면 된다. **굉장히 좋은 일이 뭔지 아직 모른다면 그냥 좋은 일부터 하면 되고. 많은 시간과 노력을 들여 하고 싶을 만큼 흥미를 끄는 일을 시작하기만 하면 된다.** 그러면 타고난 성향의 힘으로 첫 번째 장애물을 넘을 수 있을 것이다. 하지만 이것은 결코 끝이 아니다. 시작일 뿐이다. 어떤 일에 재능이 있는지 알아보려면 우선 시도를 해야 한다.

스카이워커 사운드의 음향 디자이너로 일곱 번이나 오스카상을 수상한 **게리 라이드스트롬**은 음향 디자인에 재능이 있다는 걸 전혀 몰랐다. 일을 해보고 나서야 비로소 깨달았다. 게리는 "어떤 일을 해보기 전까지는 그 일을 얼마나 잘할 수 있는지 모릅니다. 그래서 열정에 따라야 하는 거죠. 어떤 것에 마음이 끌린다면, 그 일에 에너지를 쏟아 부어 잘하게 될 수 있다는 뜻이기도 합니다. 타고날 때부터 어떤 일을 잘하는 건 있을 수 없는 일입니다."라고 말한다.

끊임없이 시도해라

자신의 재능이 뭔지 쉽게 알 수 있을지도 모른다. 하지만 게리의 말에 따르면 무엇에 흥미가 있는지 알아가면서 잘할 수 있는 것을 발견하고 발전시켜 나가는 경우가 더 많은 듯하다. 흥미를 끄는 일이 기술을 발전시키는 상황은 끊임없이 이어진다. 기술을 쌓으면 흥미가 생기는 게 아니다. 흥미 있는 일을 먼저 시작하는 것이 중요하다. 그러면 기술을 쌓을 수 있고, 그 두 가지가 함께 올바른 방향으로 이끌 것이다. 수학에 재능이 있다고 해서 회계 사무소에서 숫자를 주무르는 걸 좋아하는 법을 배워야 하는 건 아니잖은가. 스포츠에 대한 흥미를 시작으로 수학 실력을 쌓고, 그런 걸 바탕으로 레이커스 농구팀을 위해 통계를 내는 일을 하는 것이 더 낫다는 말이다. 흥미 있는 일을 찾아서 기술을 쌓은 다음에 무슨 일이 일어나는지 확인해 보라. 그런 과정을 계속해서 반복하고 또 반복해라. 그러면 갈수록 발전하는 자신의 모습을 발견하게 될 것이다.

그런 과정이 바로 스스로 발전해 가는 '지기 만들기'이다. 《디스 아메리카 라이프》의 진행자, **아이라 글래스***는 "어떤 일에 정말로 재능이 있다고 해도, 반드시 그 일을 당장 잘할 수 있는 건 아닙니다."라고 말한다. 아이라는 공영 라디오 방송의 주요 진행자 중 한 사람이다. 500여개 라디오 방송국에 판매가 되어 온라인 청취자가 수백만

명에 이르는 그녀의 프로그램은 오디오를 통한 스토리텔링의 새로운 지평을 열었다. 물론 그녀는 사람들의 이야기에 귀를 기울이며 인터뷰를 재치 있게 이끌어 가는 뛰어난 이야기꾼이다. 하지만 그녀가 늘 뛰어난 이야기꾼이었을까? 처음 시작했을 때부터 그랬을까? 어딘가에서 해고된 적은 없었을까? 우리가 궁금증을 참지 못하고 묻자 아이라는 잠시 뜸을 들이더니 녹음실 안을 휘 둘러보고 나서 대답했다. "제가 생각하기에 중요한 건, 시작한 일을 끝까지 밀고 나가서 어떻게든 결과물을 내어 놓아야 하는 단계에 이르는 겁니다. 기술은 그런 과정에서 생기게 마련이죠."

아이라가 말한 대로, 기술과 흥미가 서로 돌고 돌며 추는 춤이 결과물을 만들어내는 과정의 가장 힘든 부분이다. 신념이 흔들리기도 하고, 실패하기도 하고, 정말 그 일을 하고 싶은 건지 의문이 생기기도 하고, 자신의 능력에 회의가 생기기도 하기 때문이다. 그녀가 처음 방송을 시작했던 시절에 대해 얘기할 때 옆에서 듣고 있던《디스 아메리칸 라이프》의 동료 연출자가 끼어들었다. "와아, 처음엔 정말 당신한테 재능이 있다는 표시가 눈곱만큼도 없었어. 어떻든 나아질 거란 기미조차 없었지." 하지만 그녀는 다행히 상황의 변화는 단계적으로 일어난다는 사실에서 위안을 찾았다. "전 형편없는 리포터였습니다만 그래도 라디오 방송의 어떤 부분에서는 일을 아주 잘했죠. 특히 편집을 아주 잘했어요. 어떤 면에서 편집이 지금 내 일에 가장 중요한 역할을 했죠." 그녀의 편집 기술은 라디오 스토리텔링을 개척해 보고 싶다는 욕구를 불러일으켰고, 그에 따르는 일을 하면 할수록 그녀는 당연히 편집자로서도 방송인으로서도 더욱 훌륭해졌다.

/// 로드맵 ///

아이라의 얘기와 상반되는 경우는 없을까? 아무리 노력을 쏟아 부어도 잘 할 수 없는 것처럼 보인다면 어떻게 해야 할까? 그녀조차도 헛수고를 그만하고 손을 떼야 하는 때가 있음을 인정한다. 만일 지금 갖고 있는 기술이나 혹은 앞으로 개발하려는 기술이, 아무리 애써도 흥미와 일치하지 않거나 충분한 벌이가 되지 못한다면, 다른 길을 찾아야 할 때가 된 것일 수 있다.

그렇다고 흥미를 아예 포기하라는 말이 아니라 단지 관점을 바꾸어야 한다는 뜻이다. 흥미를 따르는 어느 한 길이 자신에게 맞지 않는다고 해서 그 흥미를 버리라는 게 아니다. 기술을 최대한 활용할 수 있는 방법을 다시 찾아서, 흥미와 맞으면서도 자신에게 더욱 적합한 또 다른 길을 찾으라는 것이다. **배우가 되고 싶다는 꿈을 품은 채 수년 간 커피를 내리면서 근근이 살고 있건만, 배우로서 당신을 찾는 이가 아무도 없다고 가정해 보자.** 그렇다고 아예 연예계에 등을 돌려야 하는 건 아니다. 더 깊게 더 넓게 생각해 보면, 캐스팅, 편집, 제작, 홍보, 영화 개봉을 위한 행사 계획, 네트워크 관련 업무 등의 일 중에 당신에게 더 적합한 분야가 있을지도 모른다. 융통성 있는 눈으로 볼 때, 흥미와 관련된 일은 끝없이 생겨날 것이다.

때로 자신이 갖고 있는 기술과 흥미가 충돌하는 것 같은 생각이 들 때가 있는데, 그럴 때도 그 일을 그만둘 필요는 없다. 액션스포츠 브랜드인 볼콤의 공동창업자 **리처드 울코트***는 흥미와 기술에 대한 유연한 사고를 보여주는 대표적인 예이다.

태어나면서부터 서핑을 하다시피 한 리처드는 프로 선수가 되기 위한 만반의 준비를 해나갔다. 예기치 못한 사고를 당하기 전까지는. "저는 어려서부터 스케이트보드와 서핑을 정말 열심히 했어요. 그러면서 프로 서핑 선수가 되기 위한 경력을 쌓아갔는데, 대학 1학년 때 사고를 당했어요. 프로 데뷔를 위한 경기에 참가하기 직전에 목이 부러졌죠."

리처드는 절망적인 현실에 직면해야 했다. 더는 프로 서핑 선수를 꿈꿀 수 없었다. 서핑에 대한 흥미를 말끔히 없애든지, 아니면 서핑에 대한 흥미를 계속 유지하기 위해 새로운 기술을 개발하고 그에 적응하든지 해야 했다. 리처드는 후자를 선택하고, 대학에 들어가서 경영학을 전공했다. 그리고 퀵실버에 들어가 일하면서 스포츠 역사상 가장 큰 브랜드 중 하나를 설립하는 데 필요한 경영 지식과 경험을 쌓았다. 리처드는 그때를 다음과 같이 회상했다. "모든 것이 변했어요. 전 액션스포츠 산업으로 방향을 돌리고 그것에 집중했죠. 오늘날의 제가 있기까지 제 과거 경력이 아주 큰 역할을 했습니다." 리처드가 원래 목표로 한 것은 유명한 액션스포츠 회사의 CEO가 아니었다. 하지만 리처드는 자신이 가고자 하는 길을 적절히 조정하면서, 자신에게 가장 중요한 것에 충실했고, 그러면서 생계를 유지하는 방법을 찾아냈다.

아직도 흥미를 토대로 하는 삶에 확신이 서지 않는다면, 다양한 기술을 가진 사람들이 어떻게 흥미를 생계유지 수단으로 만들었는지 알아보라. 확신을 얻는 데 도움이 될 것이다. 이미 존재하는 여느 "직업"이 우리의 흥미를 끄느냐 그렇지 못하냐에 상관없이, 그 "직업"을 얻기 위해 기술을 개발하는 것이 만족스러운 삶에 이르는 확실한 방법은 아님을 이제 알았을 것이다. 만족스러운 삶을 이끌어가려면 우리가 정말로 즐겁게 할 수 있는 일이 경제적 엔진이 되도록 해야 한다. 그렇게 할 수 있는 방법을 찾아내기 위해서는 어느 정도의 시간이 필요하리라.

로드트립네이션의 인터뷰 아카이브 www.roadtripnation.com/explore/interest
에 접속하여 음식, 교육, 경영, 스포츠 등 당신의 흥미를 강렬하게 끄는 분야를 선택해라.
그런 다음에 각기 다른 방식으로 주요 흥미와 일치하는 일을 하며 생계를 유지하는 사람
다섯 명을 골라내라. 그 다섯 명을 아래에 적고, 그들의 경제적 엔진을 알아보라.

리더	경제적 엔진

10,

000

시간이 걸릴 것이다.

인간의 잠재력을 다룬 베스트셀러 『아웃라이어』에서 말콤 글래드웰은 전문가가 되기 위해 필요한 조건에 대해 논한다. 말콤이 언급하는 전제 조건 중 하나는 대부분 사람들이 전문가의 경지에 이르려면 10,000시간 정도가 필요하다는 것이다. 무려 10,000 시간이! 연습하고, 깊이 파고들고, 반복하고, 실패하고, 또 반복하면서 배우는 10,000시간이 말이다. 물론 타고난 재능을 가진 사람도 일부 있겠지만, 어떤 한 분야에 대해 제대로 알고 이해하는 진정한 전문가가 되려면 오랜 시간이 필요하다. 아주 오랜 시간이.

그토록 오랜 시간을 들이는 것은 헤아릴 수 없을 만큼 힘겨운 일로 보일 수 있다. 하지만 마라톤 훈련에 빗대어 생각해보자. 처음부터 42.195 킬로미터를 달릴 생각으로 훈련에 나서는 사람은 없잖은가. 전문가가 되는 길은 계속적으로 발전하고 성장하는 과정이다. 그리고 그런 여정 중에 새로운 문이 열리고, 새로운 관계가 형성되며, 우리는 진정으로 만족스러운 방향으로 나가게 된다.

당신은 어떤 일에 그 어마어마한 시간을 기꺼이 쏟아 부을 것인가?

/// 로드맵 ///

10장에서 주요 흥미와 기본 성향의 조합을 찾았던 부분으로 돌아가 보자. 아래 빈 공간을
활용해서, 경제적 엔진을 이끌어 가면서 시간을 쓸 수 있는 방법을 생각해 보라. 어떤 기술을
개발해야 주요 흥미에 따르면서 당신의 가치도 높일 수 있겠는가?

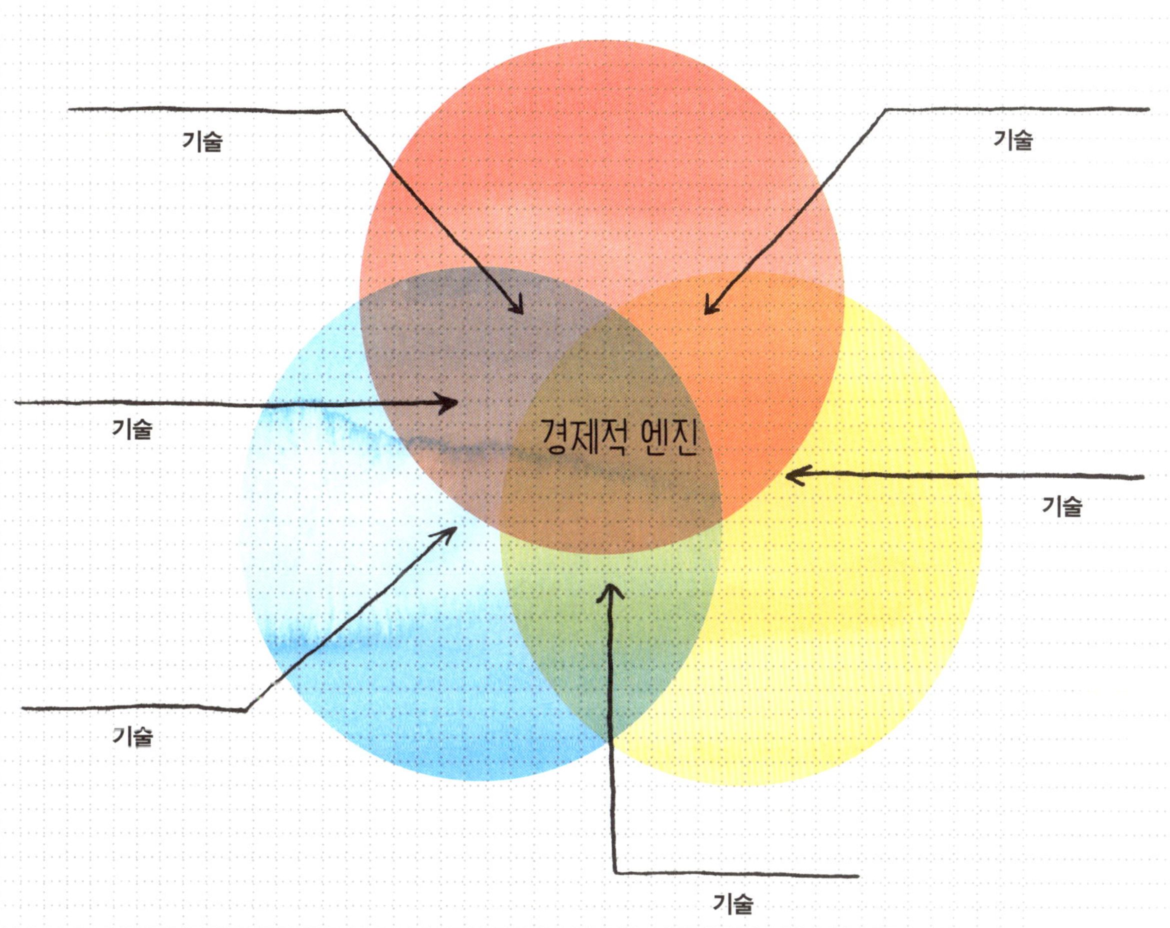

CHAPTER 14

로드맵

"자기 만들기"는 지속적으로 발전해 나가는 과정으로 자신이 어떤 사람인지, 어떤 사람이 되고 싶은지에 대해 끊임없이 스스로에게 묻고 알아가야 한다. 올바른 방향으로 가고 있다는 느낌이 들지 않으면, 스스로에게 심도 있는 질문을 거듭하여 솔직한 답을 찾고 방향을 다시 조정해야 한다. 또 그런 탐색을 통해 당신이 가고자 하는 방향으로 가고 있다는 믿음 또한 가질 수 있어야 한다.

흥미를 중심으로 삶을 이끌어 갈 때, 자신의 결정에 확신이 드는 때도 있을 테고, 의심과 두려움과 걱정 때문에 다시 길을 잃은 것 같은 느낌이 드는 때도 있을 것이다. 좌절감과 혼란 속에서 다음에는 어떤 단계가 이어질지 도통 알 수 없고, 머릿속에서 "대체 뭘 하면서 살아가야 하나?"라는 생각만이 맴도는 암울한 순간에, 의지할 수 있는 유형의 뭔가가 있다면 위안이 될 것이다.

우리에게 그런 유형의 실체는 로드맵이었다. 그래서 우리는 당신 또한 활용할 수 있는 로드맵을 만들었다.

이 로드맵이 일일이 방향을 알려주는 건 아니다. 스스로 삶의 방향을 찾아가면서 필요한 걸 채워 넣고 표시를 해야 하는 틀일 뿐이다. 오로지 당신 자신만이 기본 성향과 주요 흥미 사이의 미묘한 차이를 알고, 오로지 당신만이 당신의 기본 성향과 주요 흥미에 맞는 가치관과 비전을 알지 않는가. 다시 말해 당신이 언제까지나 필요로 할 인생 지도는 당신 자신이 만들어가는 것이다.

10장에서 당신의 기본 성향과 주요 흥미의 조합을 작성했던 부분으로 돌아가 보라(p148-9). 하지만 이번에는 지금까지 논한 기술과 경제적 엔진과 주관적 진실을 고려하면서 기본 성향과 주요 흥미의 조합을 다시 보라. 이러한 새로운 관점에 따르면, 어떤 조합은 더욱 타당해 보일 것이고, 또 어떤 조합은 처음 그 조합을 작성했을 때만큼 연결 짓기가 어려울 수도 있을 것이다. 완전하면서 독특한 동시에 만족스러운 일과 생활을 이끌어 가기에 가장 적합한 조합은 어떤 것인지 찾아보고, 그것을 다음 페이지의 다이어그램 위에 채워 넣어라.

이것이 당신의 로드맵이다. 적어도 오늘 하루치.

작성한 로드맵을 벽에 걸어 두든, 접어서 지갑에 넣고 다니든, 온라인에 올리든 해라. www.roadtripnation.com/roadmap 에 들어가서 당신의 기본 성향과 주요 흥미를 입력하고, 당신의 로드맵과 비슷한 로드맵에 따라 자신만의 직업을 만들어낸 리더들을 찾아보라.

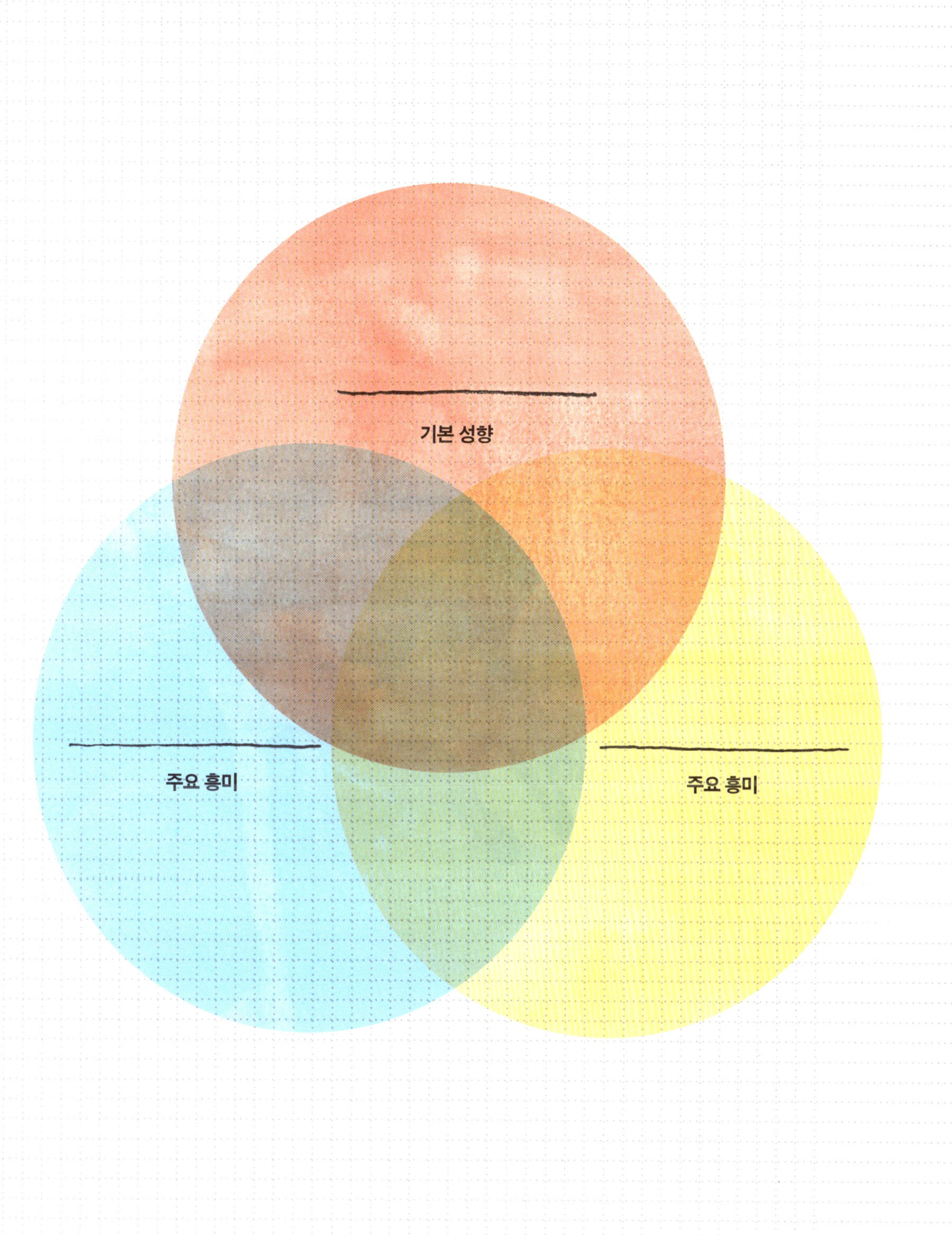

기본 성향
주요 흥미
주요 흥미

　만일 당신이 만든 로드맵이 당신에게 적합하지 않거나 또 다시 길을 잃은 듯한 느낌이 든다면, 다음 페이지를 이용해 또 다른 로드맵을 만들어 보라. 솔직하게 당신의 마음을 들여다보고 세 개의 원이 모두 겹쳐지는 부분에 해당하는 것을 찾아내라. (냅킨 메모지든 다른 어디에든 로드맵을 작성해도 좋다!)

　당신이 만든 로드맵을 지침으로 활용해라. 직장이나 아르바이트를 선택할 때, 직업을 바꿀 때, 구독할 잡지를 선택할 때, 혹은 여가 시간을 어떻게 보낼까 하는 소소한 일을 선택할 때, 로드맵이 올바른 방향으로 갈 수 있도록 이끌어 줄 것이다.

　로드맵이 다음으로 향할 목적지나 다음으로 취해야 할 단계를 정확히 알려주지는 않겠지만, 당신이 향하고 있는 방향이 당신에게 가장 적합한 길이라는 안정감은 줄 것이다. 만일 그렇지 않다면 몇 번이고 계속해서 로드맵을 다시 만들어라.

/// 로드맵 ///

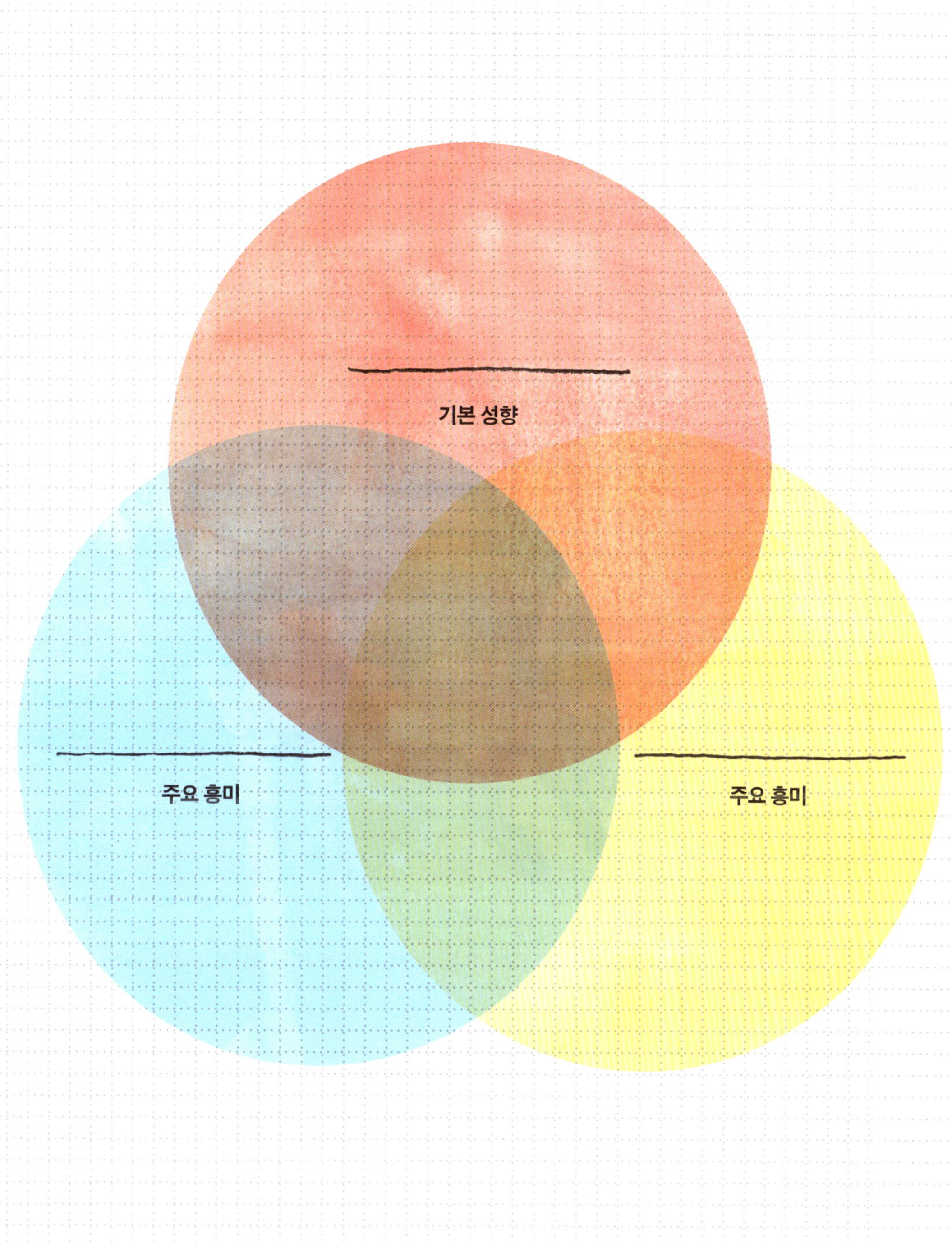

기본 성향
주요 흥미
주요 흥미

되어라

3부

CHAPTER 15

똑, 똑, 콸콸

인생의 로드맵을 세우는 것만으로도 큰 승리이다. 로드맵을 세우고 나면, 알프스의 마터호른 정상에 오른 듯한 기분이 들 것이다. 마침내 방향을 잡았어! 이제 만족스러운 삶을 이끌어갈 수 있어!라는 기분이 말이다. 빈 말이 아니다. 하지만 이내 '이제 뭘 하지?' 하는 생각이 들면서 순식간에 마터호른 산기슭으로 떨어진 느낌이 들 수도 있다. 현재의 자신을 미래에 되고 싶은 사람으로 끌어올리는 만만치 않은 일에 직면하여 몸과 마음이 굳어질지도 모른다.

다다라야 할 목표점이 너무나 멀어 보여 결코 이를 수 없을 것처럼 보일 수도 있고, 어떻게든 첫걸음을 옮기기가 어려울 수도 있다. "적절한" 다음 발걸음을 심사숙고하다가 길을 잃기도 십상이고. 하지만 이러지도 저러지도 못하고 서서 망설이느니 그냥 발걸음을 옮기는 것이 어떻겠는가?

비디오 게임 디자이너인 **비키 스미스**가 그런 상황에 대해 간단명료한 답을 주었다. "제가 대학에 다니며 방황할 때, 한 신부님이 '꿈쩍 않고 서 있는 자전거로는 앞으로 나갈 수 없다'고 말씀해 주셨어요. 그냥 이것저것 해보세요. 그렇게 나가다 보면 길을 찾게 될 거예요. 당신의 마음속 본성이 가야 할 길을 알아낼 테니까요. **살다 보면 뭘 하면서 살아가야 할까 하는 고민을 그만두고 그냥 나가서 뭔가를 해야 할 때가 있어요.**"

로드맵을 따라 가다 보면, 결정하기 위해 고려해야 하는 세부사항들이 결정을 내리는 자체만큼 중요하지 않을 때가 있다. 오늘 결정한 작은 선택들이, 첫걸음을 떼기 시작했을 때보다 당신의 흥미와 가치관에 더욱더 잘 맞는 새로운 관계와 기회를 가져다줄 것이다. 홀쩍 뛰어올라라. 그게 힘들면 폴짝 뛰어오르거나 깡충 뛰기라도 해라. 그것마저 힘들다면 천천히 걷든지 느릿느릿 기어가기라도 해라. 그런 행동을 출

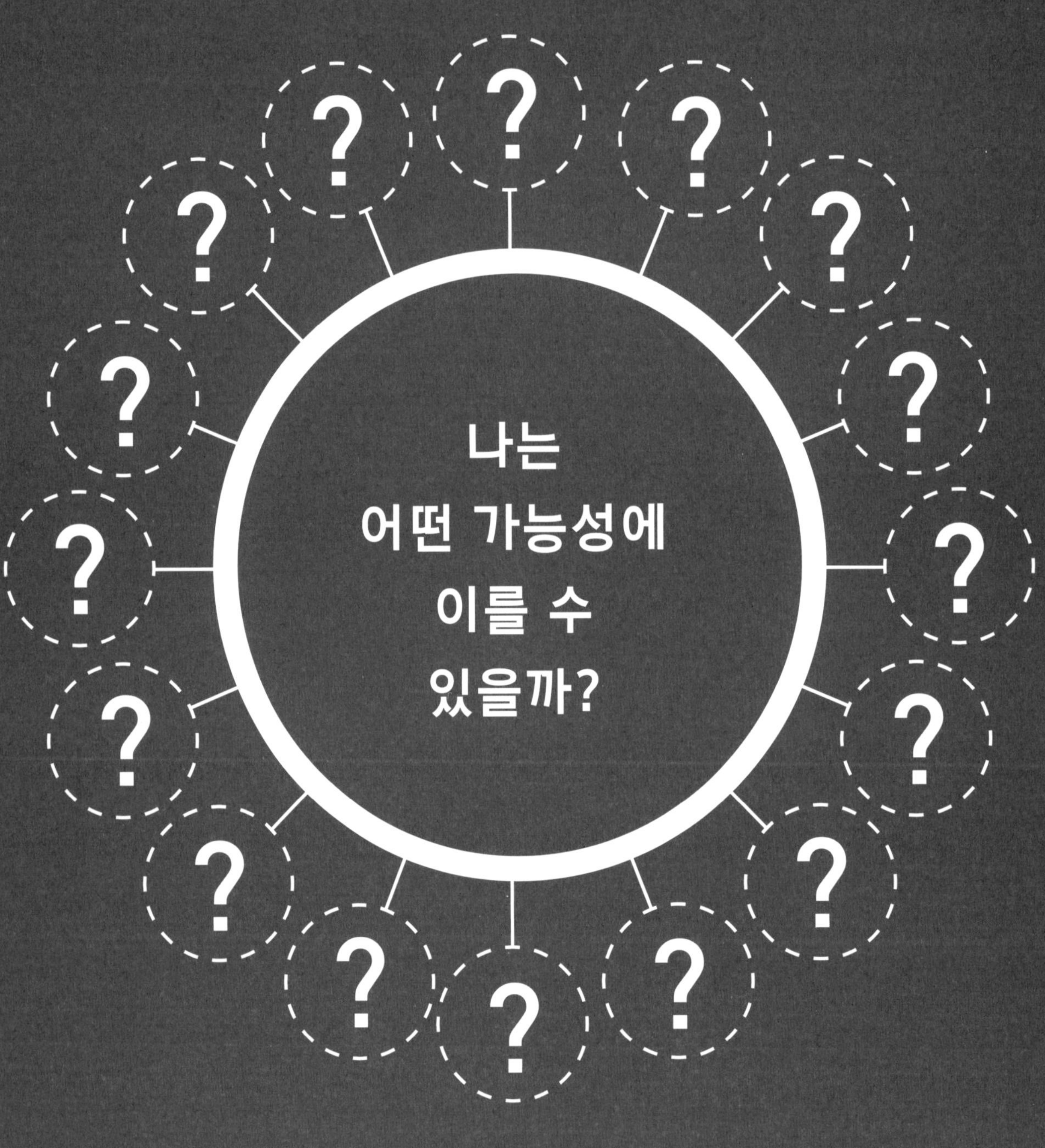
나는
어떤 가능성에
이를 수
있을까?

발점으로 삼아 그저 움직이며 계속해서 나아가라. 작은 개울이든 드넓은 대양이든, 모든 물줄기는 한 방울의 물로 시작되어 점차 늘어나는 것이다.

우리가 〈라디오랩〉의 진행자 **자드 아붐라드**를 만났을 때, 자드는 진화 연구에서 나온 인접 가능성이라는 개념을 소개했다. "원시 수프(역주―지구상에 생명을 발생시킨 유기물의 혼합 용액)를 상상해보세요. 원시 수프에는 온갖 화학물질이 들어있었습니다. 이를테면 비소도 들어있고, 각종 아미노산도 둥둥 떠있었죠. 그런 것들이 갑자기 서로 결합해서 인간이 짠! 하고 만들어진 건 아닙니다. 하물며 꽃 한 송이도 그런 식으로 만들어질리는 없죠."

그렇다면 생명체에 적합하지 않은 화학물질로 된 원시수프에서 어떻게 꽃이며 인간이 나오게 된 것일까?

자드가 설명을 이어갔다. "아미노산과 지방 세포를 하나씩 택해서, 그 둘을 딱 부딪치게 하면, 어느 순간 갑자기 [새로운] 세포가 생깁니다. 그 세포는 다른 것으로 진화할 가능성이 더욱 많죠. 2세포 생물이 될 수도 있고, 종내는 아메바가 될 수도 있습니다." 그런 식으로 인접 가능성의 궤도를 따라가다 보면, 고층빌딩을 짓고, 게놈을 해독하고, TV 드라마의 대본을 쓰는 사람들에게까지 이르게 된다.

자드가 말을 이었다. "스스로에게 자신의 인접가능성은 무엇인지 물어보아야 합니다. **어떤 면에서 당신은 바로 지금 자신만의 꿈의 원시 수프에 잠겨 있는지도 모르니까요.** 또한 자신의 인접 가능성에 대해서 가장 포괄적인 [형태]로도 생각해 보고, 또 가장 제한적인 [형태]로도 생각해보아야 합니다. '뭐, 난 마이클 조던이 될 수는 없어. 하지만 재미삼아 농구 게임을 한 판 할 수도 있고, 점프슛을 연습할 수도 있지. 그런 식으로 농구를 할 수는 있어.'처럼요. 지금 나의 한계 바로 밖에 인접해 있는 가능성이 무엇인지 스스로에게 물어보아야 합니다."

벤자민 플랭클린은 겸손이라는 덕목을 기르려면 "예수와 소크라테스를 흉내 내야 한다."고 말했다. 그의 생각에 동의를 하든 않든, 그 말에서 중요한 건 "흉내 낸다"는 말이다. 뭔가를 잘 하려면 무엇보다 그 일을 할 수 있는 것처럼 흉내 내기부터 시작하고, 그 다음에 점차 그 일을 하는 법을 터득해야 한다는 점을 파악한 것이었다. 그는 18세기에 이미 '성공할 때까지 성공한 척하라'는 접근법을 옹호했다. 실제 원하는 사람이 될 때까지 되고자 하는 사람인 척해라. 자신의 기본 성향을 알아내고 주요 흥미를 찾아낸다면, 대략적으로나마 자신이 원하는 길을 알 수 있을 것이다. 그 다음에 그것을 향해 첫걸음을 떼어라.

될 때까지 된 척을 하다 보면 어떻게든 물건을 팔려고 하는 장사꾼이 된 듯한 느낌이 들 수도 있다. 하지만 꼭 되고 싶다는 마음으로 원하는 것을 추구하다 보면 마침내 자신의 로드맵을 따르는 길을 걷게 될 것이다. 야외 체험 교육에 선도적으로 앞장서는 트렉스 앤 트랙스의 공동 창업자인 **제이콥 래그너**[*]의 사례를 살펴보자. 오스트리아에서 미국으로 이민한 그는 콜 센터에서 일한 적이 있는데, 업무가 이루 말할 수 없이 따분했다. 그래서 휴식 시간마다 자신이 꿈꾸는 회사의 홈페이지를 만들기 시작했다.

그는 그 홈페이지에 아직 세우지도 않은 회사에서 할 일을 열거했고, 스키, 암벽 등반, 뉴질랜드 여행을 비롯하여 친구들과 함께 했던 여행 이야기도 올렸다. 그리고 베이 에어리어 키드 펀이라는 커뮤니티 웹사이트에 등록했다. 그 이후 그의 여행에 동행하고 싶다는 사람들이 생기기 시작했다. 제이콥은 처음에는 "어이쿠! 보험도 안 들고, 사업 허가도 안 받았는데. 그냥 홈페이지를 만든 것뿐인데."라고 생각했지만, 그 일을 계기로 캠핑 경험이 풍부한 친구를 끌어들여 사업을 시작하게 되었다. 그로부터 몇 년이 지난 현재, 그는 트렉스 앤 트랙스(Treks and Tracks)를 통해 야외 체험 여행과 암벽 등반 모험을 이끄는 일을 하고 있다. 있는 척 꾸몄던 "가짜" 회사에서 제시했던 바로 그 일을.

 **www.roadtripnation.com/leader/jakob-laggner**

천만 번의 작은 걸음으로 화성에 도달하는 법

NASA의 화성 탐사선 큐리오시티의 화성 착륙을 지휘한 기계설계 팀장인 **애덤 스텔츠너***는 그 자신이 고등학교를 졸업한 건지 아닌지 아리송하다고 했다. 졸업장을 받으려면 반드시 들어야 하는, 이름마저 오래 전에 잊힌 과목을 낙제라도 했던 걸까? 그는 그런 사실을 돌이켜본 적도 확인해본 적도 없었다. 당시 그에게 성적은 대수롭지 않았으므로. 하지만 그가 걸어온 길을 되짚어 보면, 작은 행동들이 예기치 못한 흥미진진한 방식으로 삶을 변화시킨 인접가능성의 강력한 증거를 볼 수 있다.

고등학교를 졸업한 뒤 애덤의 삶을 돌아볼 때, 그가 목표로 한 것의 목록에 NASA가 있을 가능성은 전혀 없어 보였다. 그는 건강식품 판매점에서 계산원으로 일하기도 했고, 록밴드를 옮겨다니며 기타를 치기도 했다. 우리들 대다수가 로드맵의 길에서 벗어나면 그렇듯, 애덤도 목표 없이 이 일 저 일을 전전했다. 하지만 어느 늦은 밤, 공연을 마치고 집으로 돌아가던 그는 하늘을 올려다보며 새로운 사실을 깨달았다.

"공연을 마치고 밤늦게 집에 돌아가면서, 하늘에 떠있는 별들의 위치가 달라진 걸 알게 됐습니다. 그걸 보고 '와, 별들이 움직이네. 왜 움직이지?' 하는 생각이 들었죠. 고등학교 다닐 때는 그런 것에 전혀 관심이 없었습니다. 어쨌든 그래서 지역의 열린 대학을 찾아 천문학 강의를 듣고 별들이 움직이는 이유에 대해 배웠습니다."

지역의 열린 대학에 가서 강의를 들은 것, 그것은 단순한 작은 한 걸음이었다.

똑

"그러고 나서 '알기 쉬운 물리학'이란 강의를 들었습니다.
그건 수학이 들어있지 않은 물리학이었죠." 애덤이 기억을 더듬었다.

+

똑

애덤은 물리학에 깊은 흥미를 갖게 되었다.

=

콸콸

오늘날 애덤 스텔츠너는 수백만 킬로미터의 거리에 있는 행성들에 우주선을 착륙시키는 일을 지휘하고 있다. 행성 계에 대해 기본적인 상식조차 없던 20대의 애덤을 생각하면 상상하기도 힘든 일이다. 물이 한 방울 한 방울 모여 바다가 될 수 있다는 얘기만큼이나.

작은 발걸음을 꾸준히 한 걸음 한 걸음 옮기다 보면 어느새 큰 걸음으로 성큼 나아갈 수 있는 준비가 된다. 게다가 작은 걸음으로 나아갈 때는 두려움과 좌절을 딛고 일어서기가 한결 쉽다. 그런 식으로 작은 걸음을 계속 옮기다 보면, 보다 큰 두려움이나 좌절을 견디어낼 수 있는 힘이 생기게 된다. 애덤은 탐사선 큐리오시티가 붉은 행성 화성에 무사히 착륙할 수 있을지 확신할 수 없다는 사실을 알면서도 멈추지 않았다. "화성 표면에 연기가 피어오르는 구멍이나 하나 냈다면, 빼도 박도 못할 실패였겠죠. 하지만 저는 아예 시도조차 안 하느니 화성 표면에 구멍이라도 하나 내는 게 낫다고 생각합니다."

"저는 어떤 행동의 결과나 성공 가능성보다는 행동
그 자체에 몸을 맡겼습니다. 목표보다 과정에
집중하도록 하세요."

– 애덤 스텔츠너, NASA 기계 공학자

당신의 로드맵을 다시 보고, 기본 성향과 주요 흥미에 맞는 작은 첫걸음이 무엇인지 생각해 보라. 블로그 읽기, 잡지 구독하기, 당신의 주요 흥미와 일치하는 일을 하는 사람의 트위터를 팔로우하기 등 10분 이내에 할 수 있는 일들을 적어 보라. 그런 다음에 좀 더 시간이 걸리는 활동으로 목록을 늘려라. 박물관 관람하기, 동호회에 나가기, 강좌 신청하기, 지식 공유 서비스에 참가하기 등등. 첫 단계의 작은 걸음 목록이 한 페이지를 가득 채울 때까지 목록을 계속 늘려가라.

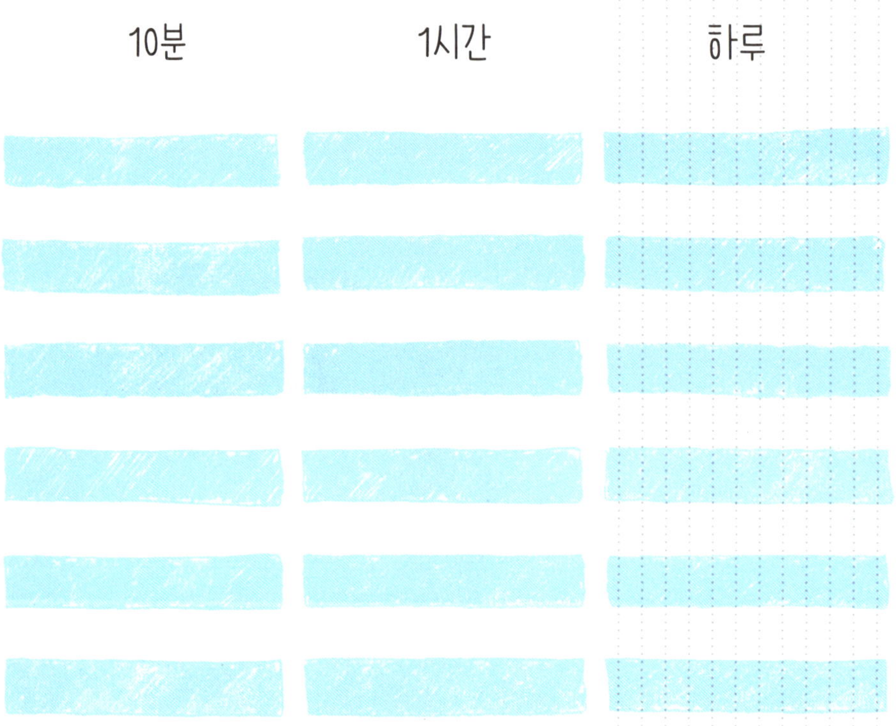

이 책의 뒷부분에 있는 "프로젝트들" 또한 도움이 될 것이다. 어떤 일을 시작하는 데 들여야 하는 시간에 대해서 뿐 아니라 각각의 프로젝트에 대해 보편적인 틀을 제시하고 있다.

당신의 길을 찾아갈 때,

작은 행동들이 쌓여

큰 힘이 된다.

뭔가를 해라.

그러고 나서 다른 뭔가를 해라.

그러고 나서 또 다른 뭔가를 해라.

그러면 물방울이 커져 콸콸 쏟아지는 물줄기가 된다.

10분 정도 이 책을 내려놓고, 방금 생각해낸 활동들 중 한 가지를 행동으로 옮겨 보라.
그렇게 첫걸음을 떼라. 작은 물방울에 불과해 보이겠지만, 그래도 괜찮다!

CHAPTER 16

당신의 결정이 당신을 만든다

초자연적인 설명과 과학적인 설명 중 어느 쪽을 원하는가? 다행히 두 가지를 모두 충족시키는 예가 있다. '사람은 무엇을 느끼고 무엇을 말하느냐가 아니라, 무엇을 하느냐에 따라 형성된다.'는 말이다. 힌두교 경전 바가바드기타에서 성서에 이르기까지, 또 말만 앞세우는 동기부여 강사에서 장-폴 샤르트르에 이르기까지, 우리 사회는 전반적으로 한 사람의 실체가 형성되는 데 있어서 행동이 중요하다는 것을 강조한다. 과학에서조차 신경가소성과 같은 개념을 통해 일상적인 결정이 어떻게 뇌의 신경 경로를 다시 조직하는지를 보여준다. 그런 것을 어떻게 분석하든, 결론은 지극히 간단하다. 당신은 당신이 취한 행동의 총합체라는 것이다.

월요일 아침에 일어나 출근해서 온종일 하기 싫은 일을 하고, 집에 돌아와서 밤늦도록 TV를 본다면, 직장 일을 싫어하고 밤늦도록 TV를 보는 사람이 바로 당신의 모습이다. 반면에 직장 일을 싫어하는 것은 비슷하지만, 언젠가 일과 생활이 통합된 삶에 이르기 위해 야간 강좌를 듣고 매주 친구들과 산악자전거 여행을 하는 데 시간을 쓴다면, 당신은 단연코 다른 사람이 될 것이다. 아무리 작은 행동일지라도, 당신이 취한 행동에 힘입어 당신 자신이 만들어지기 때문이다.

TV를 구입해서 전원을 연결한 뒤에, TV를 켜고 어떤 채널이든 나오는 대로 놓아둔 채 마냥 앉아서 TV를 시청한다고 상상해 보자. 그런 것은 아무런 의지도 목적도 없이 조립 라인을 따르는 삶이다. 우리 앞에 놓인 삶을 그저 살아간다면, "방송되는 것"을 그저 보면서 채널을 결코 바꾸지 않는다면, 우리는 아무런 쓸모도 없는 것들에 지배를 받게 되고, 지루하고 따분하며 만족스럽지 못한 삶을 이어가게 될 것이다. 무엇보다 최악의 일은 "볼" 수 있는 다른 채널들을 전혀 모를 수 있다는 것이다.

어쩌면 우리는 TV 앞의 소파에 철퍼덕 앉아서 "내일", "다음 주에", "다음 달에", "다음 학기에"라는 말을 되뇌고 있을지도 모른다. '포토샵 사용법은 내일 배우고, 오늘 밤에는 넷플릭스(역주—미국의 온라인 동영상 스트리밍 서비스 회사)에서 갱단 좀비들에 대해 새로 나온 시리즈를 전부 봐야지. 다음 학기에는 지난 6년 동안 벼르고 벼른 생태학 강의를 꼭 신청해야지. 다음 주말에는 판다들이 재채기 하는 유튜브 영상을 보는 대신 블로그에 글을 꼭 올려야지.' 하는 식으로 말이다. 우리는 일을 미루는 것에 너무나 익숙하다. 하지만 명심해라. 하고자 하는 일을 계속 미루기만 한다면 당신이 원하는 모습의 "당신"은 될 수 없다는 것을. **오늘 당신이 하는 일이 당신을 만든다.**

"선택"과 "결정"이 무엇보다 중요하다. 우리의 하루는 이런 저런 행동으로 채워지고, 그런 행동들을 통해 우리가 어떤 사람이 되고자 하는지를 우리 자신과 세상에 알리게 된다. 그러므로 매일매일의 선택과 결정의 힘을 중시하는 게 마땅하건만, 우리는 일상의 결정을 대수롭지 않게 여기는 경향이 있다.

어떤 사람과 어울려야 할까? 여가 시간에는 뭘 할까? 매일 머릿속을 스치는 수천 가지 질문에 대한 답은 각각 다 다르다. 하지만 그 모든 답들이 결국 무엇이 될까? 나, 당신, 우리가 된다. 우리는 우리가 내린 결정의 결과이다. 우리의 삶은 우리가 하기로 했거나 혹은 하지 않기로 한 모든 선택이 쌓여 이루어진다.

여기서 중요한 것은 목적성이다.

누구의 삶에든 기념비적이라고 할 만한 순간들이 있기 마련이다. 우리가 어떤 사람인지 밝히는 데 도움이 되는 사건이나 공적, 이를 테면 모두들 부러워하는 직장에 들어가거나 학위를 취득하거나 삶을 뒤바꾼 여행을 하거나 하는 일들이 있다. 크든 작든 그런 기념비적인 순간에는 우리가 배움을 얻을 수 있는 비밀이 담겨 있다.

간단히 말해서, 그런 비밀이 바로 기념비적 순간들의 역사이다. 어떠한 결정들이 쌓여 기념비적인 순간을 가져오는 걸까? **소니아 소토마요르**를 뉴욕 북부의 브롱크스에서 프린스턴으로, 그리고 대법원장의 자리로 이끈 것은 무엇이었을까? 어떠한 단순한 일들이 확산되어, 런던에서 대단할 것 없는 교육을 받은 스티븐 호킹이 옥스퍼드와 케임브리지에 가게 되고 또 『시간의 역사』라는 책을 저술하게 된 걸까? 우리가 이룬 것들은 극히 작은 행동을 하는 순간에서 비롯된다.

당신이 내린 결정들을 되돌아볼 때, 기념비적인 큰 사건에 이르도록 한 작은 결정들은 어떤 것들인가? 당신이 이룬 큰 성과를 한 가지 골라서, 그런 결과로 이끈 행동들을 적어 보라.

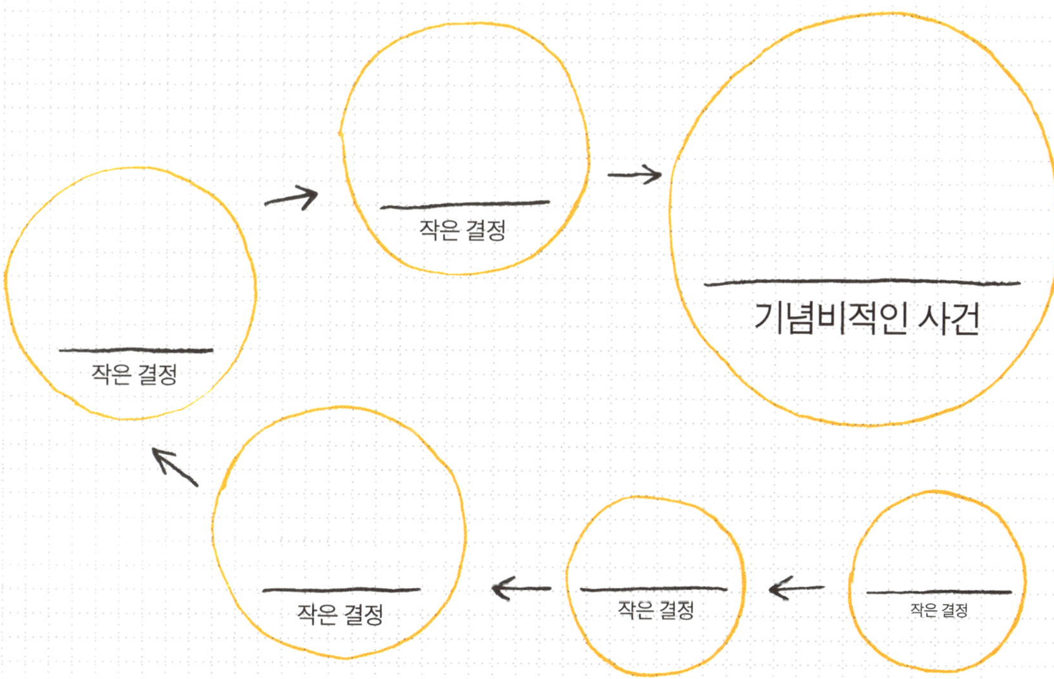

과거에 내린 작은 결정들에 대해 생각해 보았으면, 이제 현재를 고려해 보라. 어떤 기념비적 사건들이 일어날 것 같은가? 어떤 작은 결정들이 당신을 보다 나은 모습으로 이끌 수 있겠는가? **결정을 내려야 하는데 그러지 못하고 있는 것은 무엇인가?**

결정

미결정

결정을
내리지 못하는

조립 라인에
자신을 내맡기는

앞 페이지의 그래픽이 바로 15장의 핵심이다. 물론 어떠한 행동이든 가만히 있는 것보다는 낫지만, 목표를 향한 의지를 추진력으로 하는 행동의 결과는 훨씬 더 좋다. 이십대 중후반을 거치면서 "대체 뭘 하며 살아야 하나?"라는 고민에 빠져들 때면 흔히 떠오르는 일이 있다. 주변의 지인들이 느닷없이 MBA나 법학 학위, 또는 교사 자격증을 얻기 위해 다시 학교로 돌아가는 것처럼 보이는 일이다. 당신 또한 그런 사람들 중 한 명이 될 수 있다. 학교로 돌아가는 사람들 중에는 그런 단계가 왜 자신에게 중요한지 분명히 알고 있는 경우도 있겠지만, 대부분 그런 선택은 원하는 삶을 향한 발걸음이라기보다 현재 자신의 모습에 만족하지 못하는 반응에 불과하다.

목적 없이 무턱대고 하는 행동은 흔히 더 큰 불만을 초래한다. 달라지기 위해 행동하고, 힘겨운 노력과 더불어 돈까지 쏟아 붓고도, 겨우 조금 바뀐 듯한 조립 라인에서 여전히 길을 잃은 채 방황할 수도 있다.

뉴욕에서 요가 스튜디오를 운영하는 **리즈 만다라노***도 그런 일을 경험한 적이 있다. 그녀는 대학을 졸업한 뒤 조립 라인을 따랐다. "저는 많은 사람들이 하는 일을 했어요. 대학원에 가기로 한 거죠. 이것저것 깊이 생각하지 않고 로스쿨에 들어갔어요. 학자금 대출의 결과에 대해서도, 내가 정말 변호사가 되고 싶은가에 대해서도 생각하지 않았죠. 변호사로 사는 삶이 어떠할지에 대해서도 생각하지 않았고요. 1년 뒤에 로스쿨을 그만둘까 생각도 했지만, 제가 쉽게 포기하지 않는 편인 데다 자존심 때문에 그만두지 못했어요. 그러다보니 빚만 계속 늘어났죠."

그녀는 7년 동안 변호사로 일했지만 행복하지 않았다. 요컨대 그녀가 내린 모든 결정들이 그녀를 만족스러운 모습으로 이끌지 못한 것이었다. 그래서 그녀는 작고도 단순한 행동을 취했다. 감탄스러울 만큼 안팎으로 평온해 보이는 동료의 권유에 따라 요가 강습을 받기 시작한 것이었다.

그 한 번의 결정으로 그녀 앞에 새로운 길이 펼쳐졌다. 처음에 일주일에 한 번씩 요가를 했던 그녀는 6개월 후에는 일주일에 두 번씩 했고, 이후 다시 일주일에 세 번씩 하다가 네 번으로 횟수를 늘리면서 진정한 평온함을 얻었다. 그러면서 더욱 요가에 빠져들게 된 그녀는 만족스럽지 않은 일을 계속할 필요는 없다는 것을 깨달았다. 요가를 하며 일과 생활이 균형 잡힌 삶에 이르렀지만, 리즈가 진정코 원한 것은 일이 곧 생활인 삶이었다. "친구 둘하고 저녁을 먹으면서 일이 곧 생활인 삶을 살고 싶다고 했더니, 친구 한 명이 저를 물끄러미 보면서 '그럼 요가 스튜디오를 열어야겠네.' 했어요. 그때가 2005년 5월이었고, 이 요가 스튜디오를 연 것이 2005년 9월이었죠. 그 친구 말을 듣는 순간 꼭 해야 할 것 같았어요."

이런 즉각적인 변화가 항상 뒤따르는 것은 아니다. 하룻밤 사이에 결과를 기대해서는 안 된다. 하지만 궁지에 몰렸을 때, 혼란스러울 때, 의욕이 없을 때, 당신이 어떤 선택을 하고 어떤 선택을 하지 않는지 스스로에게 물어보라. 페이스북에서 어떻게 보일지를 염두에 두고 행동하거나 명절날 식탁에서 부모의 자랑거리가 되기 위해 행동하고 있지는 않은가? 리즈가 그랬던 것처럼 별다른 목적 없이 무심코 한 선택 때문에 좋아하지도 않는 길을 무작정 가고 있는 것은 아닌가? 언제든지 목적에 맞는 새로운 선택을 할 수 있는 여지가 있어야 한다. 설렁설렁 타성에 젖은 선택을 해서는 안 된다.

앞에서 얘기한, 운동화에 그림을 그리는 반 테일러 먼로를 다시 떠올려 보자. 그림을 그리며 생계를 이을 수 있게 되기까지, 그는 보다 나은 자신을 만들어 가기 위한 결정을 미루지 않았고, 날마다 그림을 그렸다. 그런 행동을 통해 그는 좋아하지두 않는 회계 관련 일에 머물지 않고, 좋아하는 일을 하는 예술가가 되었다. 좋아하는 일이기 때문에 밤늦게까지 그림을 그리기로 선택했고, 그렇게 그린 운동화가 현재 반의 생활방식을 결정짓게 된 것이다. **그 역시 끊임없는 선택을 통해 일과 생활이 균형 잡힌 삶에서 일과 생활이 하나로 통합된 삶을 찾았다.**

반이 우리에게 말했다. "제 주변 사람들은 아마 다들 이렇게 생각했을 겁니다. '그래, 내가 볼 때마다 반은 운동화에 그림을 그리든 뭔가를 그리고 있어. 반은 그림을 그리는 일을 하게 될 거야.'라고 말입니다. 당신의 꿈이 무엇이든, 제가 일주일 정도만 당신을 따라다닌다면 따로 듣지 않고도 당신의 꿈이 무엇인지 알 수 있어야 합니다."

눈에 보이지 않는 촬영 팀이 지난 주 내내 당신을 따라다녔다고 상상해보자. 7일 동안의 촬영 화면을 본다면, 누구나 당신이 무슨 일을 하고 싶어 하는지 알 수 있을까? 당신의 행동 경향은 로드맵에서 비롯된 것인가, 아니면 조립 라인의 결과인가?

결정을 내리는 순간에 우리를 가로막는, 자동반사 같은 것이 있다. **보다 나은 모습의 자신에 이르려면 그러한 반응에 저항해야 한다.**

아리엘 헬와니는 대학 때부터 종합격투기 기자를 꿈꾸었다. 그런데 문제가 두 가지 있었다. 기자 경험이 전혀 없다는 것과 낯가림이 너무 심하다는 것이었다. 그가 옛이야기를 들려주었다. "1학년 때는 기숙사 방에 마냥 앉아 있다가 새벽 2시 30분쯤 다들 잠이 들었을 무렵에 방 밖으로 나가서 양치질을 하고 후다닥 돌아왔죠."

지독하게 내성적인 성격은 방송을 하는 데 걸림돌이 될 것이 분명했다. 하지만 종합 격투기에 대한 욕구가 끝내 불안감을 밀어냈고, 그는 하고 싶은 일에 뛰어들었다. 아리엘이 처음 시작한 일은 '메인 이벤트'라는 종합격투기 프로그램과 레슬링에 대한 라디오 프로그램을 진행하는 것이었다. 그는 소심하게 고개를 숙인 채 방송실로 향하곤 했지만, 일단 방송실 안에 들어가면 활기를 띠었다.

그는 그런 첫 걸음을 기반으로 활동을 넓혀갔다. 매일 프로 격투기 선수들과 접하면서 전문적인 소견으로 수많은 인터뷰를 해냈고, 인기 있는 블로그를 꾸려나갔으며, 종합 격투기를 다루는 웹사이트에서 일을 얻기도 했다. 또한 AOL(역주―인터넷 서비스 사업을 하는 미국의 기업)의 제의로 무보수로 하던 일에서 보수도 받게 되었다. 그가 말했다. "꿈을 좇으며 사세요. 누구든 좋아해 마지않는 일을 하지 못할 이유가 없습니다."

 www.roadtripnation.com/leader/ariel-helwani

미주리 주의 캔자스시티에서 활동하는 활판 인쇄 예술가, **미셸 드레허**는 적당한 때를 기다리며 행동을 미루는 위험에 대해 강조했다. "제가 창업하기로 했을 때, 앞으로 일이 어떻게 될지 예측할 수 없었습니다. 하지만 적당한 때를 기다리느니 시작부터 하는 게 낫다고 생각했죠... 시간은 참으로 빠릅니다. 우두커니 앉아서 '내가 뭘 하고 싶은 거지?'라고 생각만 하다 보면 5년이 훌쩍 지나가 버립니다."

은행 예금액이 적정한 수준에 이르거나 원하는 자리에 오를 만큼 경험을 쌓는 등 만반의 준비가 갖추어질 때를 기다리는 것이 보통이다. 하지만 그런 삶은 미뤄진 인생 계획의 단면이라고 할 수 있다. **어떤 일이든 아무런 불안 없이 시작할 수 있는 일은 결코 없다. 적당한 때를 기다리며 미루지 마라.**

화술과 개인의 역량 강화를 돕는, 시카고의 '커뮤니케이션 카운츠'의 대표이자 변호사이기도 한 **마션 에반스**는 "어떤 경우라도 망설여지는 마음이 들게 마련입니다. 한 가지 선택에 너무 큰 무게를 둔 나머지, 자기 마음의 소리를 듣지 못하면 안 됩니다."라고 말했다.

지나친 분석으로 인한 무기력 상태를
벗어나는 방법은 … 저지르는 것이다.

선택을 앞에 두고 마비된 듯 멍해진다면, 로드맵을 다시 보라. 당신이 하고자 하는 선택이 로드맵의 중심으로 좀 더 가까이 다가서는 것이라면, 올바른 방향으로 가고 있는 것이다.

그런데 잘못된 선택을 한다면? 그게 뭐 그리 큰일이겠는가. 실수가 아니라 시행착오일 뿐이라고 생각해라. 잘못된 선택일지라도 어떤 길이 내가 가야 할 길이고, 어떤 길이 가서는 안 될 길인지 깨닫게 해줄 테고, 그래서 좀 더 나은 내가 될 수 있는 길을 가도록 해줄 테니까.

눈에 보이지 않는 촬영 팀이 일주일 동안 당신을 몰래 촬영한다고 다시 가정해 보자. 그 촬영물의 영상이, 스스로 생각하는 현재의 모습은 물론 당신이 예상하는 미래의 모습과 자연스럽게 연결되어 보이는가? 당신이 지금 로드맵을 따르고 있음을 보여주는가? 당신의 행동에 자부심을 느낄 수 있는가?

앞에서 평균적으로 평생 일하는 시간이 9만 시간 정도 된다는 분석을 한 적이 있다. 매일 24시간 중에서 여덟 시간 정도는 먹고, 출퇴근하고, 옷을 차려 입고, 샤워하고, 이런저런 잡다한 일을 하는 데 들어간다(물론 순서는 다를 수 있다). 그리고 남는 시간은 자신에게 투자해야 한다. 당신은 그 시간을 어떻게 활용하는가?

잠시 간단한 산수 풀이를 해보자.

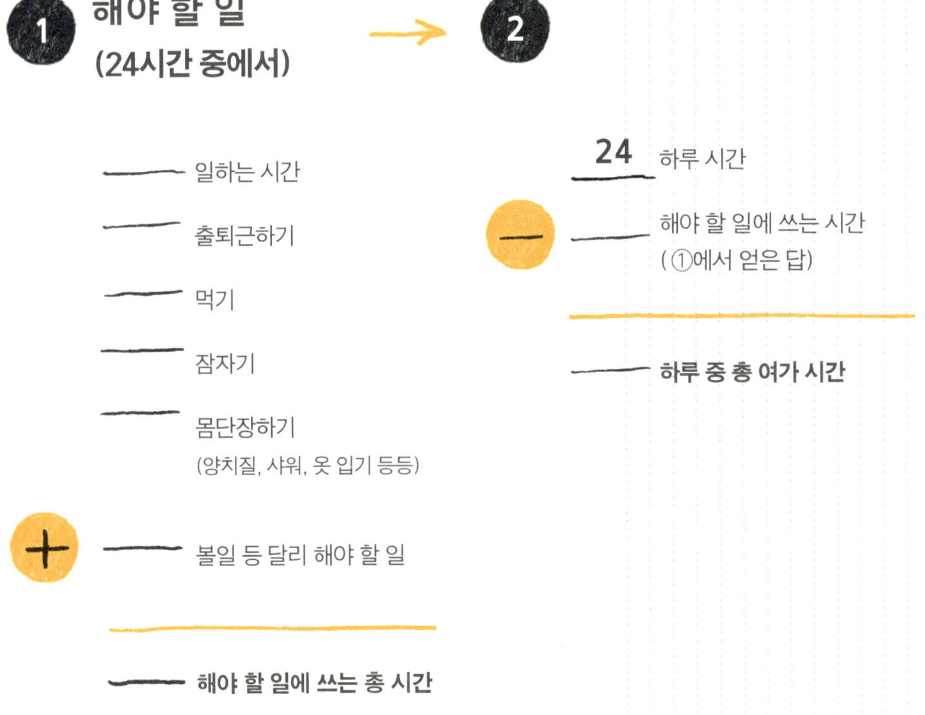

평균적으로 하루에 해야 할 일을 하는 시간과 여가 시간을 계산했으면, 이제 지난주에 여가 시간을 어떻게 썼는지 생각해 보라.

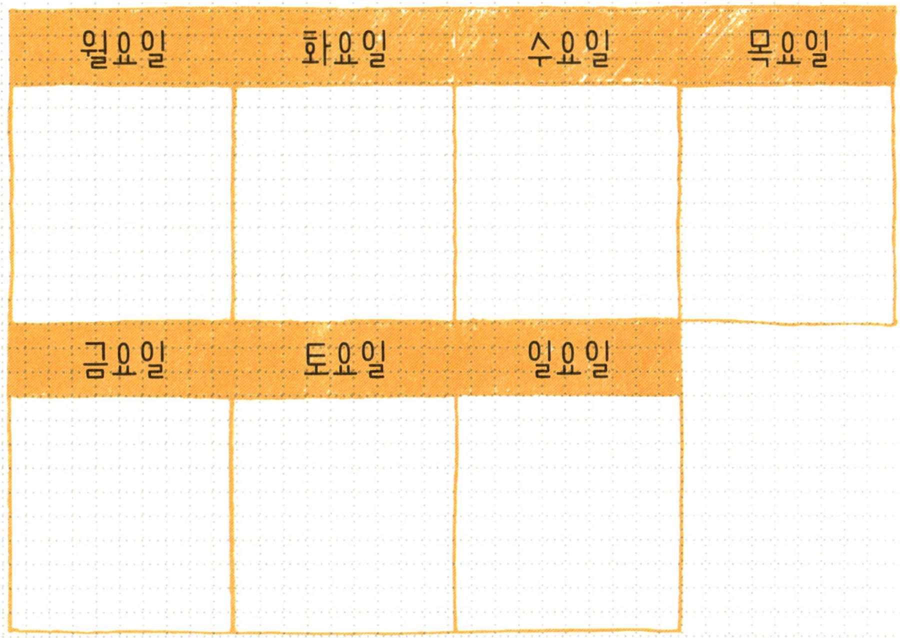

일주일 동안 어떻게 여가시간을 보냈는지 적은 것을 보고 어떤 기분이 드는가?

목적성을 갖고 시간을 쓰고 있는가? 보다 나은 자신이 되기 위해 작은 결정이라도 내리고 있는가? 로드맵의 중심으로, 다시 말해 당신의 주요 흥미와 기본 성향이 통합되는 곳으로 다가서고 있는가? (좋은 소식 : 이 책을 읽으면서 보낸 시간은 로드맵에 좀 더 가까이 간 시간으로 계산해도 좋다. ^^)

자, 내일 여가 시간에는 무엇을 할 것인가?
그리고 다음 날에는?
그리고 또 다음 날에는?

편안함이 과대평가 되고 있다

그렇다. 편안함이 과대평가되고 있다. 요즘 세상에서 너무 대담한 말일지 모르지만, 우리는 진심으로 그렇게 생각한다. 스트레스, 실패, 고난에 직면하면 우리는 자연적인 충동에 따라 편안하고 안전한 보호막을 열망한다. 하지만 편안함이 목적 지향적 삶을 가로막는 장벽으로 작용하면 오히려 후회, 권태, 환멸로 빠져드는 문이 될 수 있다.

우리와 함께 로드트립에 나섰던 **자카리아 코완**은 그 자신의 길을 찾고자 할 때 편안함의 유혹과 씨름해야 했다. 자카리아가 로드트립 중에 우리에게 말했다. "제가 좋아하는 문구 중에 '변화의 가장 큰 적은 무엇이 되고 싶은가와 어떻게 느끼고 싶은가 사이의 갈등이다.'라는 말이 있는데, 저는 늘 편하고 안전하게 느끼고 싶어 합니다. 그런 마음이 제가 커나가는 데 방해가 됐죠. 제 인생의 발목을 잡고, 제가 이루려고 하는 모든 것을 가로 막았어요."

지금 당장 편해지고 싶은 마음이나, 긴장되는 불확실한 현실 앞에서 사탕이나 핥아먹고 싶은 원초적 욕구에 굴복하면, 아무런 효과도 없는 반창고만 덕지덕지 붙인 것과 같이 된다.

이는 "숙제 먼저, 또는 할 일 먼저 하는" 기본적인 개념과 연결된다. 힘든 일을 먼저 해라. 그러면 일시적인 달콤함이 아니라, 로드맵을 따르는 중에 취할 수 있는 즐거운 휴식이 뒤따른다. 힘든 일을 피하지 마라.

일례로 TV 제작물로 성공을 거두고 싶어 하는 사람이라면, 무엇을 해야 할까? '아쿠아배츠'의 리드싱어이자 굉장한 인기를 끈 어린이 TV 프로그램 〈요 가바 가바〉의 공동 제작자인 **크리스티안 제이콥스***는 사서 고생을 하라고 조언했다. 언제나 활기차게, 마냥 신나는 놀이와 장난감에 묻혀 사는 듯한 사람이(그의 사무실은 온갖 로봇과 괴물 인형들로 가득 차 있다) 그런 말을 한 것이 다소 의아하지만. 그에게 놀이와 일은 하나이며 같은 것이다.

  www.roadtripnation.com/leader/christian-jacobs

놀이와 일을 온전하게 하나로 통합한 크리스티안이 덧붙였다. "태도가 그 사람의 위치를 좌우합니다. 성공한 사람들은 모두 긍정적인 태도를 갖고 있죠. '난 어려움을 이겨내고 성공할 거야. 실패한다고 해도 다시 시도할 거야.'라는 태도를 말입니다."

그는 "프라이팬에 몸을 던져야 합니다."라고 재차 강조했다. 큰 팬에 들어가서 굳건히 꿈을 좇아라. 수고를 아끼지 마라.

"성공적인 TV 제작물을 만들려면 제작사에 들어가서 차근차근 일을 배우세요. 야망을 품고서요. **퇴근 후에 집에 가서 TV 드라마나 시청하지 말고, 밤늦도록 대본도 써보고요.**"

결정을 내리는 것은 어렵고도 두려운 일이다. 신음 소리가 절로 나오는 힘겨운 '자기 만들기' 과정이다. 우리는 결정을 통해서 스스로를 만들어 간다. 우리의 행동은 우리 모습을 만들어가는 조각칼이다. 그러니 스스로에게 '나는 어떤 사람인가?'라고 물어 보라. 아니, 이렇게 묻는 것이 더 좋겠다. '나는 어떤 사람이 되고 싶은가?'

CHAPTER 17

밀고 나가기

삶의 길을 찾아가는 방법은 여러 갈래가 있다. 이는 "고양이 가죽을 벗기는 방법은 여러 가지다"라는 말을 떠오르게 한다. (물론 상상만 해도 끔찍하기 그지없고, 동물 보호 단체에서 들고 일어날 말이다. 우리 또한 그런 행위를 결코 지지하지 않는다… 우리 얘기를 끝까지 들어보면 왜 이런 비유를 했는지 알게 될 것이다.) 위의 말이 암시하는 것처럼, 이 문단의 요점은 자기 자신의 길을 찾아가려면 창의력과 결단력이 있어야 하고, 그 길을 찾아가는 방법은 수없이 다양하다는 것이다. 하지만 어떤 길을 택하든 힘들기만 하고 보상도 없는 일을 쓴웃음을 삼키며 묵묵히 해내야 할 때가 있다. 어떤 일을 하든, 몸을 낮추고 궂은일을 감당해야 할 때가 있다는 말이다. 창의력을 발휘하여 힘든 노고를 아끼지 않는 것을 이른바 '밀고 나가기'라고 한다.

밀고 나가기는 발전하기 위해 필요한 역량과 경험을 끈질기게 추구하는 것을 말한다. 중도에 포기하지 않는 것을 뜻하고, 원하는 곳에 들어가기 위해 돈을 받지 않고서라도 일하는 것이며, 대수롭지 않은 일이라도 일단 맡으면 잘 해내는 것을 말한다. 〈쇼생크 탈출〉에서처럼 빠져나갈 수 있는 탈출구가 생길 때까지 벽을 쪼아내고 벽 바깥쪽에 당신의 존재를 알리는 것이며, 실패와 좌절에 굴하지 않고 결승선에 이르는 것이고, 당신이 하려는 일이 싸워서 얻을 가치가 있는 것이라고 믿는 것이다.

베스트셀러 저자이자 나이키의 브랜드 전문가인 **케빈 캐롤***이 말한 대로, 밀고 나가기는 "꿈을 거리에 내놓는 것"이다.

  www.roadtripnation.com/leader/kevin-carroll

"당신의 꿈을 기꺼이
거리에 내놓아야 합니다."
– 케빈 캐롤, 나이키의 창의력 촉매자

케빈이 자신의 밀고 나가기는 농구장에서 시작되었다면서 농구공을 손에 들고 말했다. "이 공이 제 삶의 여정을 이끌 줄은 정말 몰랐습니다. 이 공은 제게 용기를 주었고, 실망을 딛고 일어서는 법을 가르쳐 주었으며, 제 삶 너머에 있는 것들을 헤쳐 나가는 법을 가르쳐 줬습니다." 케빈은 무릎을 다치면서 프로 선수의 꿈을 접어야 했다. 하지만 그런 부상 때문에 밀고 나가기를 멈추지는 않았다.

케빈은 로드맵을 다시 조정하고 스포츠 의학을 공부했다. 그리고 고등학교 팀과 대학 팀의 트레이너가 되었고, 그 뒤로 나이키에서 창의적 변화를 주도한 "창의력 촉매자"로서 7년 동안 일했다. 그러면서 『빨간 고무공의 법칙』(Rules of the Red Rubber Ball)이라는 대단한 책을 쓰기도 했다.

케빈이 지난 시절 이야기를 들려주었다. "사람들이 제게 그런 공이나 튕기다가는 죽도 밥도 아닌 삶을 살 게 될 거라고 했습니다. 그런 말을 했던 사람들이 제가 필라델피아 세븐티식서즈의 수석 트레이너로 일할 때 티켓을 구해달라고 부탁하곤 했죠." 케빈은 목적 있는 선택을 했고, 힘겨운 노력을 게을리 하지 않았다. 그럴 수 있었던 것은 선택한 일이 그가 좋아하는 일이었고, 재미있게 할 수 있는 일이기 때문이었다. 그런 즐거움이 계속 밀고 나가기를 할 수 있는 원동력이 되었다. "밖에 나가서 놀 때, 우리는 우리 자신을 실제보다 더 대단하게 상상하기 시작합니다. 전 항상 제 꿈을 거리에 내놓고, 제 꿈이 행동으로 옮겨지는 걸 보면서 뜻한 일을 해냈습니다."

기적 같은 일을 일어나게 하는 것이 바로 밀고 나가기이다.

꿈

나가기

열린 길

당신이 원하는 삶을 시작하기 위해 초대장을 기다리지 마라. 전통적인 계층적 사다리 위로 밀고 나갈 수도 있겠지만, 요즘은 자신만의 사다리를 만들어냄으로써 밀고 나갈 수 있는 기회가 얼마든지 있다. 상황에 반응하기 보다는 그런 기회들을 만들어라. 설사 그러는 것이 바보스럽게 보이거나 불가능해 보일지라도.

거의 모든 신세대는 권리만 앞세운다는 비난을 받곤 한다. 오늘날 신세대 인턴들은 한 손에는 아이스커피를 들고 다른 한 손으로는 문자메시지를 주고받으면서 느지감치 출근하고, 퇴근은 일찍 하면서도 뻔뻔하게 승진하기를 기대한다고 비난받는다. 실제로 그런지 아닌지는 알 수 없지만, 확실히 말할 수 있는 게 한 가지 있다. 일과 생활이 통합된 삶은 거저 뚝 떨어지는 선물이 아니라 노력해서 얻어야 한다는 것이다. 특히나 그런 삶을 유지하려면 더욱더 노력해야 한다. 성공은 노력의 대가이다. 그러므로 노력하는 것에 익숙해져야 하고, 그러려면 노력을 즐기는 방법을 찾아내야 한다.

4장 "인생은 백미러로 볼 때만 직선이다"에서 소개한 비디오 게임 디자이너 비키 스미스는 "노력을 즐기는 건 스포츠 선수가 경기에 참여해 뛰고 싶어 할 때와 비슷합니다. 체력을 키우지 않으면 경기를 뛸 수 없죠."라고 말했다. 비키의 경우, 수학과 과학을 좀 더 깊이 공부하여 실력을 쌓은 뒤에 비로소 게임 디자인을 할 수 있었다. 어떤 일을 하고자 하든, 그 일을 할 수 있는 능력을 얻으려면 견뎌어내야만 하는 단련 과정이 있게 마련이다. 그런 과정은 쉽지도 않거니와 쉽기를 바라서도 안 된다. 단련 과정의 대수롭지 않은 일을 즐기거나 적어도 그런 일에 긍정적이고 적극적인 태도를 갖는 것이, 그렇지 않거나 그럴 수 없는 사람들, 혹은 건성건성하는 사람들보다 더 높이 오르게 하는 두드러진 자질이다. 그리고 그런 과정을 통해 지구력과 문제해결 능력도 향상될 것이다.

"자신이 처한 상황이 삼각대와 같다고 생각해 보세요. 그 삼각대의 다리는 각각 '운', '재능', '노력'이라는 이름을 갖고 있죠. 셋 중 하나로 인해 어떤 상황에 처하게 된다 해도, 되도록 빨리 또 다른 다리가 땅에 닿도록 해야 합니다. 이 세상에는 재능은 있는데 운이 따르지 않거나 노력을 하지 않아서 밀려나는 사람들이 넘쳐납니다. 삼각대의 세 다리가 당신을 어떤 상황에든 처하게 할 수 있다는 것을 잊지 마세요. 그럴 때는 되도록 빨리 다른 두 다리를 연결시키고, 끝내는 세 다리를 모두 연결시킬 날을 바라야 합니다."

– **월터 머치,** 아포칼립스 나우의 편집자/사운드 디자이너

대수롭지 않아 보이는 일을 하고 있는 중이라면, 당연히 그런 일이 시답잖게 느껴질 것이다. 하지만 그런 일이 로드맵을 따르는 데 도움이 된다면, 조립 라인에 휩쓸리는 삶보다 백만 배는 더 낫다. 그러므로 5분마다 종이가 걸리는 프린터로 300쪽 짜리 보고서를 출력해야 하는 짜증나는 일에 치일 때는, 그런 일이 밀고 나가기의 중요한 부분이며, 자기 만들기 과정의 목적 있는 행동임을 떠올려라. 그리고 '난 이런 일을 할 사람이 아닌데.'라는 생각을 머릿속에서 잠재워라.

교만하지 말고 희생해라

지금은 성공한 방송인으로 TV와 라디오를 넘나들며 활약하는 **웬디 윌리엄스***는 한때 워싱턴 DC에서 직장생활을 하면서, 주말마다 뉴욕으로 가서 라디오 방송국 일을 했다. 라디오 방송에 입문한 초보자로 쥐꼬리 만한 보수를 받으며 일하던 당시를 웬디는 다음처럼 회상했다. "뉴저지 고속도로를 달리다 휴게소에 멈춰 차 안에서 잠을 자곤 했어요. 이불, 알람시계, 목 베개를 늘 싣고 다녔거든요. 좌석을 뒤로 젖히고 잠을 자고 일어나서는 휴게소 화장실에서 세수를 한 뒤에 라디오 방송국에 가서 일했어요. 그렇게 라디오 일을 시작했죠."

더 큰 목표를 좇기 위해 밀고 나가기를 하면서 위신이 떨어지는 듯 보이는 일까지 하게 될 수도 있다. 미국 정부의 로비스트인 **모리스 리드***도 그랬다. 빌 클린턴 전 대통령의 선거운동을 도운 경력이 있던 그는, 힐러리 클린턴의 사무실에서 연락을 받았을 때, 곧장 짐을 싸들고 버스에 뛰어올랐다. 하지만 힐러리 클린턴의 사무실에 도착한 그는 동료에게 자신의 실제 목표는 **론 브라운** 상무장관을 위해 일하는 것임을 털어놓았다. 이후 그는 목표를 향해 꿋꿋하게 밀고 나갔고, 주변의 신뢰를 얻은 덕에 마침내 론 브라운의 보좌관으로부터 부름을 받게 되었다.

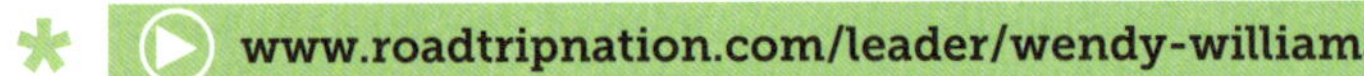

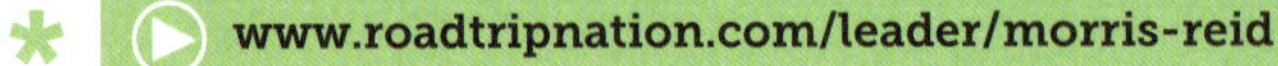

"성공에 이르는 데는 백만 가지 길이
있습니다. 저에게 성공의 길은 제가 어떤
사람을 아느냐가 아니라 밀고 나가는
끈기였습니다."

        – 웬디 윌리엄스, 방송인

모리스가 말을 이었다. "연락을 받고 갔더니 보좌관이 '당신이 해줬으면 하는 일이 있습니다. 론 브라운 장관의 어머님과 장모님을 모시는 일입니다.'하더군요. 그렇게 저는 두 노부인의 가방을 들어드리는 일을 하게 됐습니다!" 그는 아이를 돌보는 것과도 같아 보일 수 있는 일을 기꺼이 받아들여 두 노부인이 가는 곳마다 따라다니며 알뜰히 살폈다. 두 노부인은 성실한 그를 마음에 쏙 들어 했고, 입에 침이 마르도록 칭찬했다. 힘든 일을 마다하지 않고 긍정적인 열정으로 헌신한 후에, 그는 오매불망 원하던 대로 브라운 장관의 정치 문하생이 되었다. 성실하게 두 노부인을 모셨고, 또 두 노부인이 브라운 장관에게 모리스의 칭찬을 아끼지 않은 덕이었다.

할 수 있다고 말해라

요리계의 오스카상이라 불리는 제임스 비어드 상을 수상한 제빵사이자 푸드네트워크의 진행자인 **게일 갠드**는 전문 제빵사의 길로 들어설 수 있는 기회를 잡게 된 이야기를 들려주었다. 제빵사의 길로 들어선지 얼마 안 되었을 때, 게일은 이전 직장 상사로부터 패스트리 제빵사를 구한다는 전화를 받았다. 당시 게일은 주방에서 두어 가지 일을 해봤을 뿐 패스트리를 능숙하게 만들지는 못했다.

"저는 제 자신에게 물었습니다. 제가 '그럼요, 할 수 있죠.'라고 말하는 사람인지, 아니면 힘든 일은 미련 없이 포기하며 '아, 전 아직 준비가 안 됐습니다.'라고 말하는 사람인지를요." 게일은 할 수 있다고 답했고, 패스트리 제빵사가 되었다. 새로운 분야를 배울 기회가 왔을 때, 게일은 다음과 같이 해야 한다고 조언했다. "할 수 있다고 거짓말을 할 필요도 있습니다. 그런 뒤에 그 자리로 가서 해내면 되는 거죠. 어느 날 주방장이 지나가다가 '크로와상 만들 줄 아나?'하고 물으면, 당신이 해야 할 대답은 '네, 주방장님.'입니다. 그러고 나서 어떻게 하냐고요? 일이 끝난 뒤에, 요리책을 일곱 권쯤 펼쳐 놓고 일곱 가지 크로와상을 다 구워 봐야죠. 밤늦도록 스스로 만드는

 www.roadtripnation.com/leader/gale-gand

법을 터득하는 겁니다. 그러면 다음날 주방장이 같은 질문을 할 때 더는 거짓말을 할 필요가 없어지죠." 게일이 한 이야기의 요점은 그냥 할 줄 안다고 말하라는 것이다.

게일은 꿋꿋하게 밀고 나가 전설적인 요리사가 된 **줄리아 차일드**에게서 또 다른 중요한 깨우침을 얻었다. 자기 자신을 광고하는 법을 배우라는 것이다. 게일이 요리 학교에 다니지 않고 독학했다는 사실을 밝혔을 때 줄리아가 소리쳤다. "어머나, 절대로 혼자 배웠다고 하지 말아요. 항상 현장에서 배웠다고 말해요!"

언제나 또 다른 길이 있기 마련이다

때로 집에 들어가기 위해 다른 방편을 찾아야 할 때가 있다. 맨 처음 로드트립을 계획할 때, 우리는 무시무시한 기관에 들어가기 위해 사실을 약간 조작했다. 얼마나 무시무시한 기관이었냐 하면, 음... 미국 대법원이었다.

우리는 미 연방 대법관인 **산드라 데이 오코너**를 인터뷰하고 싶었다. 현대사에서 가장 중요한 사건들의 판결을 내렸던 법관이자 당찬 여성의 면모를 지닌 미국 최초의 여성 대법관 오코너 판사의 이야기를 꼭 듣고 싶었다.

로드트립 원년 멤버인 네이선이 오코너 대법관에게 연락을 취하려 애썼던 이야기를 자세히 들려주었다. "대법원으로 연결되는 전화번호를 샅샅이 찾아봤는데, 알아낸 번호는 대법원 홈페이지에 나오는 대법원 견학 예약을 위한 번호뿐이었어요. 전 거기로 전화를 해서 다짜고짜 산드라를 찾았죠. 전화를 받은 남자가 '오코너 대법관님 말씀인가요?' 하고 호칭을 정정해 주더군요. 그래서 '아, 네. 산드라 데이 오코너 대법관님 좀 바꿔주세요.'라고 대답했어요."

견학 예약을 접수하는 남자는 네이선에게 오코너 대법관과 직접 통화하는 것은 불가능하다고 했다. "원하시면 견학을 하실 수는 있습니다. 오코너 대법관님께 편지를 쓰셔도 되고요." 네이선은 편지를 썼고, 몇 주를 기다리다 다시 전화를 했다.

같은 남자가 전화를 받았다. 네이선은 오코너 대법관에게 답장을 받지 못했다고 하소연했다. 남자는 꿈쩍도 않고 같은 말만 되풀이했다. "무슨 말씀을 드려야할지 모르겠군요. 원하시면 견학을 오든 편지를 한 번 더 써보든 하세요."

네이선은 몇 달 동안 계속해서 편지도 쓰고 전화도 걸었다. 하지만 돌아오는 것은 늘 같은 대답뿐이었다. 결국 네이선은 과감한 시도를 했다. "그때는 발신 번호 서비스가 되기 전이었어요. 전 마지막으로 견학 예약 번호로 전화를 걸고 사업가인 양 굵고 깊은 목소리로 화가 난 듯 말했어요. '이보시오! 방금 오코너 대법관하고 통화 중이었는데, 전화가 여기로 돌려졌소. 당장 다시 연결 좀 해주시오!' 그때 어머니가 아래층에서 점심을 준비하고 계셨는데, 금방이라도 안보국 요원들이 문을 부수고 들이닥칠 것만 같아서 셔츠가 흥건히 젖을 정도로 땀이 났어요. 하지만 기발한 제 꾀가 효과가 있었죠. 견학 예약 담당자가 더듬거리며 사과를 하고는 오코너 대법관의 사무실로 전화를 연결해 줬거든요."

오코너 대법관의 보좌관은 녹색 버스와 로드트립네이선이 추구하는 목적에 대한 네이선의 두서없는 얘기에 정중히 귀를 기울였다. 그리고 한 달 후에 네이선에게 전화를 걸어서 오코너 대법관이 로드트립 멤버들을 만나기로 했다는 소식을 알렸다.

대법관이든 누구에게든 거짓말을 해도 된다는 뜻으로 이런 이야기를 하는 게 아니다. 말인즉, 창의적으로 접근하라는 것이다. 흔히들 하는 말 중에, 계속 같은 행동을 하면서 다른 결과를 바라는 것은 미친 사람이나 다름없다는 말이 있다. 지금 쓰고 있는 방법이 효과가 없다면, 새로운 방법을 시도해 보라. 또 다른 방법은 언제나 있기 마련이니까.

가까운 곳에 있을 것

새로운 일을 시작할 때, 로드맵을 따르기 위한 모든 결정의 목표는 자신이 원하는 것에 쉽게 이를 수 있는 거리 안으로 들어가는 것이어야 한다. 〈새터데이 나이트 라이브〉와 〈30록〉의 연출자이며, MTV 뮤직비디오 상을 여덟 번이나 수상한 **베스 맥카시-밀러***는 처음부터 SNL의 연출을 한 것은 아니라고 말했다. 사실 그는 CNN 워싱턴 지국의 인턴사원으로 방송계에 첫발을 들였고, 거기서 온갖 일을 다 했다. 프롬터(역주―뉴스나 프로그램 진행 시 진행자가 원고를 보고 읽을 수 있도록 하는 장치)를 작동시키고, 촬영을 하고, 케이블을 설치하는 일까지.

CNN에서 여러 가지 기술을 쌓은 그는 MTV로 옮겨 원하는 목표에 좀 더 가까이 다가갔다. 하지만 CNN에서보다 높은 직위로 이직한 것은 아니었다. 그는 MTV에서도 보수가 낮은 인턴으로 일했고, 식당이며 옷가게에서 아르바이트를 하며 근근히 생활을 유지했다. 그가 말했다. "오랜 동안 저는 정말 열심히 일했어요. 그러면서도 돈은 거의 못 벌었죠. 모든 경험을 할 때마다 '와아, 이 일을 하게 돼서 정말 기뻐.'라고 생각하게 되지는 않아요. 하지만 경험은 다른 어딘가로 들어가는 문을 열어줄 수 있어요." MTV에서 하는 일이 보잘 것 없는 일일지언정 그는 개의치 않고 자신이 하고 싶은 분야의 경험을 얻었고 기술을 쌓아 갔다.

241

* ▶ www.roadtripnation.com/leader/beth-mccarthy-miller

더 열심히

밀고 나가기란 한마디로 다음과 같은 것이다. 힙합 그룹 '더 루츠'에서 드럼을 치는 **아미르 "퀘스트러브" 톰슨**은 그가 개인적으로 얼마나 노력하는지를 털어놓았다. "저는 보통 하루에 열여덟 시간에서 스무 시간을 연습합니다. 앞서기 위해 부단히 노력하는 것이 제 사명이죠."

CNN의 앵커 **솔대드 오브라이언**은 "정말 좋은 뉴스 기사는 위성 중계차가 20대쯤 자리 잡고 있는 곳에서 나오는 게 아닙니다. 거기서 좀 더 들어가서 좀 더 많이 질문하고 좀 더 날카롭게 파고들어야 좋은 기사가 나옵니다."라고 말했다. 저널리즘에 대한 이러한 견해는 솔대드가 얼마나 힘겨운 노력을 해왔는지를 여실히 보여준다. "저는 노력을 통해 한 단계 한 단계 올라갔습니다. 제작 보조로 시작해서 수습기자가 되고, NBC로 옮기고, 다시 샌프란시스코에 있는 NBC 계열사로 옮겨 다른 사람들이 버는 수입의 3분의 1정도를 벌면서 계속 일했죠. 저는 형편없는 기자였습니다. 경험도 없었고요. 하지만 다른 사람들보다 더 열심히 노력할 각오가 되어 있었습니다. 제게 주어진 일에 대해서 아는 건 별로 없지만, 다른 누구보다 늦게까지 남아서 열심히 일을 배워나갈 자신이 있었습니다."

이번 장에서 소개한 모든 이야기는 노력에는 두 가지가 있다는 사실을 강조한다. 하나는 햄스터 식으로 맹렬하게 플라스틱 쳇바퀴를 돌리지만 어디에도 이르지 못하는 경우이고 다른 하나는 비버 식으로 자신의 욕구를 충족시키기 위해 강둑을 막는 것, 즉 가치 있는 목적을 향해 한 걸음 한 걸음 나아가는 것이다.

로드맵과 무관한 밀고 나가기는 쓸데없이 분주하기만 할 뿐이다. 하지만 당신의 진정한 주요 흥미와 기본 성향을 바탕으로 하는 로드맵을 따를 때의 밀고 나가기는 강력한 힘이 될 수 있다. 로드맵에 따라 밀고 나갈 때 비로소 당신의 꿈이 거리로 나오게 된다.

/// 로드맵 ///

당신의 밀고 나가기는 어떠한가?

할 수 있다고 말해야 하는 건 무엇인가?

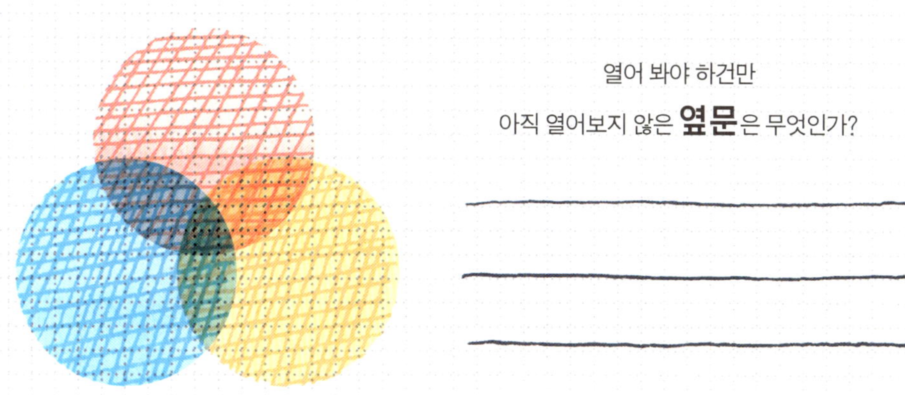

열어 봐야 하건만

아직 열어보지 않은 **옆문**은 무엇인가?

내가 **닿을 수 있는 범위** 안에 있는 것은 무엇인가?

무엇을 **희생**해야 하는가?

원하는 곳에 이르기 위해

어떤 **보잘것없는 일**을 해야 하는가?

나는 어떤 **기초적 자원**을 썩히고 있는가?

CHAPTER 18

모험을 할 것인가,
후회를 할 것인가?

모험을 하면 **위험**이 따른다. 모험을 하면 **보상**이 따른다.

둘 다 맞는 말이다. 로드맵의 중심부로 나아갈 때는 이 둘 사이의 균형을 유지할 필요가 있다. 계획적으로 모험에 접근하고, 고려 중인 모험적 결정의 핵심에 있는 것이 무엇인지 판단해야 한다. 특별한 모험을 하지 않을 때, 장기적으로 어떤 결과가 생길까? 단기적인 위험으로는 어떤 것들이 있을까? 무엇을 얻고 무엇을 잃을 수 있을까?

처음에는 이런 생각을 파고드는 것이 그저 혼란스럽기만 할 수도 있다. 모험을 한다는 것 자체가 앞으로 어떻게 될지 모르는 것이므로. 그래서 모험이 위험해 보이는 것인지도 모른다. (각설하고, 이 책을 읽는 이는 모두 성인일 테니 "모험"이 뜻하는 바를 따로 짚고 넘어갈 필요는 없으리라 본다. 우리가 말하는 모험은 터무니없는 결정을 뜻하는 게 아니다. 확실한 결과를 예측할 수는 없지만, 좋든 나쁘든 예상치 못한 방식으로 삶의 길을 만들어가는 데 영향을 줄 수 있는 결정들을 말한다.)

모험에 직면하는 데 있어서, 우리는 우리가 내린 모든 결정의 총합체라는 것을 떠올릴 필요가 있다. 모험에 실패해서 예상치 못한 결과를 얻게 된다 할지라도, 그 모험이 계속 로드맵을 따르게끔 하는 것인지 생각해 보아야 한다. 모험을 하지 않는다면, 복리로 쌓이는 대출금의 연체이자처럼 후회가 쌓여 몇 년이 지난 뒤에 "만일 이랬더라면" 하는 회한에 사로잡히게 될지도 모른다.

"맨 처음에 뛰어내릴 때, 몹시 두려웠습니다. 일만 천 번쯤 뛰어내린 지금도 여전히 두렵습니다. 하지만 이제 두렵기는 해도, 그 두려움을 감당할 수 있게 됐죠. 모험의 대가를 잘 판단해야 합니다. 제가 두려움에 질려 스카이다이빙을 하지 못한다면, 5,000 피트 상공에서 시속 200 킬로미터에 육박하는 속도로 떨어지며 세상을 내려다보는 짜릿한 경험은 결코 할 수 없을 겁니다. 그러면 두려움에 지고 마는 거죠. 제가 스카이다이빙을 시도함으로써 어떤 보상을 얻게 되는지 생각해 보세요. 용기란 두려움이 없는 것이 아니라 두려움에 맞서 행동하는 겁니다. 두렵더라도 과감하게 맞서 행동하세요. 그에 따르는 보상이 어마어마하니까요."

– **워드 헤시그,** 스카이다이빙 강사

앞에서 얘기했듯이, 조립 라인의 다른 한쪽에서 우리를 기다리고 있는 것이 바로 켜켜이 쌓인 "만일 이랬더라면"이다. 모험 없이 안전하고 "적당한" 선택을 하는 편안함은 우리를 역습하여 조립 라인으로 끌어내리는 경향이 있다. 9장의 "기본 성향을 찾아내라"에서 언급한 미술가 셰릴 포스터는 부동산 감정사로 일하며 20년을 안전한 영역에서 보냈지만, 갈수록 회한과 불만이 쌓여 갔다. 만족감이라곤 없던 20년을 되돌아보면서 그녀는 안전한 길만을 택했던 것을 후회했다.

그러던 차에 그녀의 어머니가 30년 가까이 몸담은 교직에서 은퇴할 준비를 하던 중에 말기 암 판정을 받았다. 그녀의 어머니는 뒤로 미룬 인생 계획 앞에서 속절없이 무릎을 꿇었다. 그녀는 그때 어머니의 모습을 우리에게 이야기해 주었다. "제가 모르핀을 투여해드리고 있는데, 어머니께서 열기구를 타고 하늘을 날아서 바하마에 가고 싶다고 횡설수설 말씀하셨어요. 왜 멀쩡할 때 시간을 내서 그런 여행을 하지 않았을까 하시면서요." 그 순간 셰릴은 자신의 미래를 어렴풋이 내다보았다. 죽음을 앞에 두고 누워서 '조금도 좋아한 적이 없는 부동산 일에 시간을 몽땅 낭비하지 말고 다른 일을 했더라면' 하고 후회하는 한 맺힌 자신의 목소리가 들리는 듯했다. 셰릴은 어머니를 보면서 '죽으면 끝인데 난 왜 한 번도 다른 일을 해볼 엄두를 내지 않았을까?'하고 생각했다.

우리와 마주앉아 이야기를 나눌 때, 그녀는 길을 바꾸어 무대 예술가로 변해 있었다. 존 에프 케네디 센터의 수석 상주 예술가로 일하며 멀티미디어 아티스트로서 좋아하는 일을 즐기고 있었다. 그녀는 어머니의 죽음을 보면서 모험에 대한 생각을 크게 바꾸었다면서 덧붙였다. "안전한 길을 택하고 싶은가요? 그 길엔 즐거움이 눈곱만큼도 없어요. 전 안전망을 원하지 않아요. 저 밖으로 나가서 모험을 하고 싶죠. 제가 느끼는 행복은 다른 사람들의 행복과는 좀 다르거든요."

그녀가 말하는 요점은, 자기 자신에게 행복이란 무엇인가를 생각할 때, 그 행복은 대개 사회가 제시하는 일반적인 행복 모델과는 다르게 보인다는 것이다. 그리고 자신이 원하는 행복을 추구하기 위해서는 기꺼이 모험을 해야 한다는 것이다. 모험 그 너머에 가치 있는 삶이 펼쳐져 있으니까.

모험을 하지 않으면 주어지는 보상이 결코 없다.
그건 두말할 필요도 없는 명백한 사실이다.

록밴드 〈너바나〉와 인디록밴드 〈신즈〉를 배출한 서브 팝 레코즈의 공동창업자 **조나단 폰맨***은 모험과 보상의 의미를 재정의함으로써 모험과 보상의 비율을 이야기했다.

"인생의 모든 일이 위험하냐 안전하냐로 규정된다면, 인간의 본능은 안전한 일을 선택할 겁니다. 하지만 필요한 것이냐 불필요한 것이냐처럼 전적으로 다른 기준을 적용하여 삶을 평가한다면, 행복감과 사랑은 필요한 것입니다. 제 경우에는 그런 기준이 제 삶을 평가하는 방식이 되었죠. 삶에 대한 평가에서 안전에 대한 생각을 아예 빼버렸습니다."

이러한 철학을 생사가 걸린 상황으로 확대해 보자. 먼 옛날 가족을 먹여 살리려고 애쓰던 가상의 동굴인을 상상해보자. 가족 모두 굶주리고 있건만, 견과류나 과일 열매 같은 것들은 눈을 씻고 봐도 없다. 그래서 그는 창을 들고 나가 코끼리 비슷한 마스토돈을 찾아다닌다. 마스토돈에 짓밟히거나 들이받혀 죽임을 당하지 않는 한, 가족의 배를 든든히 채워줄 수 있을 테니까. 이때 창을 들고 나선 그에게 먹을 것은 뿔에 받혀 죽을지도 모르는 위험보다 더 크고 대단한 것이다.

  **www.roadtripnation.com/leader/jonathan-poneman**

좋아하는 일을 하며 의미를 찾는 것이 꼭 필요한 행동이라고 생각한다면, 전통적 의미에서 모험은 문제가 되지 않는다. 조나단처럼 자신의 결정을 판단할 새로운 기준을 만들어내면 된다.

했어야 했는데 하지 못했던 모험들을 생각해 보라. 다음과 같은 새로운 기준을 활용하여 "모험적인 결정"이 행복한 삶에 필요한 것인지 불필요한 것인지 가늠해 보라.

모험	필요	불필요

로드트립 초창기에 우리는 여정 중에 얻은 이야기를 나눌 수 있는 소통의 통로를 찾았다. 우리의 목표는 되도록 많은 사람들에게 우리가 들은 이야기를 들려주는 것이었는데, TV가 그럴 수 있는 최선의 매체로 보였다. 부지런히 발품을 판 덕에 우리는 운 좋게도 능력 있는 에이전시를 만나 우리 뜻을 펼쳐나갈 수 있게 되었고, 이후 MTV 사장을 비롯하여 주요 방송사의 편성 책임자들을 만났다. 방송에 대한 흥미도 일었고 그동안 진 빚을 갚을 수 있는 데다, 로드트립네이션을 대외적으로 알릴 수 있다는 생각에 우리는 마음이 혹했다.

그런데 모두들 로드트립네이션을 할리우드식 오락물로 변형시키려고 하는 것이 문제였다. "투표를 해서 한 사람씩 녹색 버스에서 내리게 하면 어떨까요?"라든가 "마지막에 녹색 버스를 벼랑 아래로 떨어뜨리는 건 어떨까요?" 하는 요구를 끊임없이 제기했다. 우리가 그런 요구에 응했다면, 거액의 계약금을 받았을 것이다. 하지만 그 대가로 우리에게 진정으로 중요한 것들을 포기해야 했을 것이다.

그런데도 여전히 마음이 흔들렸다. 당시 우리가 진 빚이 4만 달러에 달했기 때문이었다. 대여섯 장의 신용카드를 돌려쓰면서 늘어나는 이자에서 벗어나고 싶은 마음이 간절했지만, 그래도 로드트립네이션을 시작한 우리의 이상과 포부를 싸구려로 전락시킬 수는 없었다.

우리는 발전한다는 것은 일확천금을 얻는 것이 아니라 점진적으로 성장하는 움직임이라고 판단했고, 큰 모험을 감행했다. 할리우드 관계자들에게 고맙지만 안 되겠다고 말하고, 공영 텔레비전 방송으로 방향을 틀었다. 혹시 모르는 사람들을 위해 짚고 넘어가자면 공영 방송은 광고주의 재정 지원을 받지 않는, 문화와 교육 중심의 방송을 말한다. 우리는 처음부터 제작비를 전혀 지원받지 못한다는 것을 알았다. 하지만 우리 뜻에 충실한 프로그램을 만들 수 있다는 점, 대부분 프로그램이 오래도록 방송된다는 점, 프로그램 내용의 소유권이 제작자에 있다는 점에 끌렸다. 시간이 지나면서 우리는 프로그램 방송권을 재계약하는 방법을 찾았고, 우리를 믿고 지원하는 투자자들을 얻게 되었으며, 로드트립네이션 운동을 활성화하기 위한 혁신적인 여러 방법을 터득하게 되었다.

로드트립네이션의 발자취에 큰 전환점이 된 그때를 돌이켜볼 때, 당시 좀 더 쉬워 보이는 길을 택했더라면 지금의 우리가 있을까 하는 의문이 든다. 조나단 폰맨처럼 우리만의 생각대로 밀고 나가는 것은 "위험할" 수도 있지만, 그럼에도 불구하고 우리는 그런 밀고 나가기가 절대적으로 필요하다고 판단했다.

뭔가를 하지 않은 대가, 두려움 때문에 모험을 하지 않은 대가가 바로 후회이다. 실패가 두렵고, 미지의 것이 두렵고, 또 무엇이 두려운가? 많은 리더들이 우리에게 단순한 질문 한 가지를 던졌다. 우리도 같은 질문을 던지고자 한다. 당신이 모험을 피해 뒷걸음치고 있다는 생각이 들 때 스스로에게 물어보라. 모험을 할 때 일어날 수 있는 최악의 일은 무엇인가?

인지된 위험과 실제 위험을 검토해 보자

우리가 새뮤얼 애덤스의 창업자 **짐 코크**를 맥주 양조장에서 만났을 때, 짐이 말했다. "등반가들이 하는 말이 있죠. 인지된 위험과 실제 위험 사이에는 차이가 있다는 겁니다." 짐이 보스턴컨설팅그룹(역주—미국에 본사를 둔 세계적인 경영 컨설팅 회사)의 높은 직위를 박차고 나와서 소량 생산을 고집하는 맥주 양조업을 시작했을 때, 짐에게 인지된 위험은 엄청났다. 어떻게 33층에 있는 멋진 사무실과 고액의 연봉을 내던질 수 있느냐며 못미더운 시선으로 짐을 주시하는 사람들도 있었다.

"정말로 큰 모험은 성취감이 없는 일을 하며 인생을
낭비하는 겁니다. 그런 삶이 위험한 거죠. 정말로
좋아하는 일, 하고 싶은 일을 하기 위해 그런 일을
그만두는 것은 모험이 아닙니다."

– **짐 코크**, 새뮤얼 애덤스 설립자 겸 양조기술자

경제학자들은 금융시장에서 위험을 수량화하는 방법을 찾아내기 위해 고심에 고심을 거듭하고 있다. 경제학자들이 활용하는 주요 방법 중 하나가 기회비용 방정식으로, 이는 여러 가지 다른 결정들로 인한 손실과 이득을 평가한다.

선택안의 비용
- 차선책의 비용

= 기회비용

현금이 오가는 세상에서는 기회비용을 계산하는 일이 어려울 게 없다. 하지만 로드맵을 따르는 여러 선택 안들을 견주어 볼 때는 좀 더 미묘한 차이가 있다. 의사 결정 "비용"이 개인적 필요와 가치관에 근거하기 때문이다. 여러 의무로부터 자유로운 젊은 나이에는 여기저기 떠돌아다니며 라면만 먹고 살아갈 수도 있다. 기회비용이 낮기 때문이다. 그런 단계에서는 꿈을 좇으면서 큰돈 없이 살아가기가 비교적 쉽다. 하지만 연로한 부모님이나 가족을 부양해야 하거나 갚아야 할 대출금이 있다면, 기회비용이 높아지고 균형점이 변할 수 있다. 또한 모험보다 안전함을 선택한다면 먼 훗날 자신의 삶을 돌이켜보며 뼈아픈 후회에 젖게 되지 않을까 우려하는 정서적 기회비용도 무시할 수 없다.

기회비용이 너무 커 보일 때 위험을 줄이는 처선의 방책은 15장 "똑, 똑, 콸콸"에서 나온 인접가능성 이론에 따르는 것이다. 오늘 당장 직장을 그만두고 하고 싶은 일을 시작하기는 어렵다. 하지만 현재 할 수 있는 것의 영역 바로 바깥에 있는 것이 무엇인지는 얼마든지 생각해 볼 수 있다. 기회비용이 유리한 방향으로 균형이 잡히는 지점에 이르려면 어떤 단계를 취해야 할까?

살아가면서 모험과 안전한 길 중에서 선택을 해야 할 때, 모험을 하지 않는 것이 가장 위험할 수도 있다는 것을 잊지 말자. 후회를 막는 선제 조치가 바로 모험이다.

셰릴이 그랬던 것처럼, 잠시 죽음을 눈앞에 둔, 먼 미래의 자신을 상상해 보라. 그리고 스스로에게 물어보라.

안 하면 후회하게 될

모험은 어떤걸까?

너무 많이 생각하지 말자.

브루스 하디

채신없는 행동이라고 할지 모르겠지만, 나는 녹색 버스 창밖으로 손을 내밀고 손 사이를 가르는 시원한 바람을 느꼈다. 오스트레일리아 남쪽 해안을 따라 그레이트 오션 길을 달리다 보니, 무겁게 나를 짓누르던 압박감과 덫에 갇힌 듯했던 기분이 사라지는 것 같았다. 아니, 홀연히 사라졌다. 바닷길을 따라 높이 솟아 있는 절벽 아래를 지나면서 소금기 짙은 바람이 내 얼굴을 때렸고, 내 손은 마치 물살을 가르고 헤엄쳐가듯 바람을 갈랐다. 문득 무엇이든 할 수 있을 것 같다는 생각이 들면서 마음이 평온해지는 느낌이 들었다. 드넓은 태평양 위로 펼쳐져 있는 빅토리아의 광활한 하늘을 보면서는, 수평선 끝자락 너머로 태즈메이니아 섬이 보이는 것 같은 착각에 빠지기도 했다. 우리 왼쪽으로 펼쳐진 바다 위에는 파란 하늘을 배경으로 먹구름이 점점이 흩어져 있었다. 마치 우리가 오스트레일리아 땅 끝자락에 매달려 있는 것 같은 기분이 들었다.

내륙으로 방향을 바꾸기 직전에 우리는 길가에 버스를 세우고 내렸다. 그리고 금방이라도 무너져 내릴 것만 같은 절벽 꼭대기의 전망대로 올라갔다.

아래로는 넘실대는 파도가 바다 밑에서 솟구쳐 올라온 거대한 태곳적 암벽을 쉼없이 철썩철썩 쳐대고, 위로는 먹구름이 시야가 이르는 곳의 온 하늘을 뒤덮어가고 있

아프리카에서 태어난 **브루스 하디**는 가족과 함께 전쟁으로 피폐해진 짐바브웨를 떠나 오스트레일리아로 이주했다. 지성과 에너지가 넘치는 브루스는 연기에 대한 열정과 가족에 대한 책임감 사이에서 균형을 유지하고자 안간힘을 썼다. 가족이 원하는 길은 법학 학위를 받는 것이란 걸 알았지만, 브루스는 연극에 대한 흥미 또한 떨쳐낼 수 없었다. 그래서 브루스는 세상을 보는 새로운 눈과 모험에 도전하는 용기를 찾기 위해 두 친구와 함께 오스트레일리아를 횡단하는 로드트립에 합류했다.

었다. 왠지 모르게 편안한 느낌이 사라지는 것 같았다. 파도가 밀려오듯 현실에 대한 생각이 다시 밀려들었다. 하긴 자유로움을 느끼는 순간 숨 막힐 듯 답답한 마음이 밀려오는 건 내게 일상적으로 있는 일이다. 내가 내려야 하는 모든 결정에 따르는 중압감과 기대치가 나를 짓누르고, 그러면 온 몸이 굳는다. 말 그대로 정말 굳는 건 아니지만, 거의… 얼어붙는다. 그리고 내 삶의 덫에 빠져 어떤 선택도 할 수 없게 된다.

몇 주 전 그런 상태에 빠져 있던 나는 분연히 일어나 이 로드트립에 참가했다. 길에서는 내가 원하든 원하지 않든 상황이 달라졌다. 하지만 여행이 끝나면, 그때는 어떨까? 엔진을 계속 가동시키는 것은 전적으로 나에게 달려있을 텐데. 무엇을 하며 살아야 할지에 대해 느끼는 중압감을 해결하는 건 전적으로 내 의지에 달려 있을 텐데. 이번 여행을 통해 나는 이미 눈을 떴고, 내 주위에서 소용돌이치는 다른 사람들의 기대에 갇혀서는 안 된다는 걸 깨달았다. 내 인생의 방향은 내가 정할 수 있다는 걸 깨달은 것이다. 하지만 내가 어디로 향해야 하는진 아직 모르겠다. 이렇게 갈팡질팡하다 한 걸음도 내딛지 못하는 건 아닌가 걱정이 된다.

잠시 멈춰 경치를 구경한 뒤에 우리는 다시 녹색버스를 타고 사우스오스트레일리아 주의 북적거리는 주도, 애들레이드 시에 있는 한 극장으로 향했다. 배우이자 감독인 조 터너를 만나기 위해서였다. 조는 어릴 때부터 배우가 되고 싶었지만 주위의 소음이 주는 부담 때문에 방향을 바꿔 경영학을 공부했다면서, 내가 고심하고 있는 것과 같은 문제들로 갈등했던 이야기를 들려주었다.

"난 멜버른 대학교를 5년 만에 졸업했지. 인문학하고 경영학을 전공했거든. 경영학을 공부한 이유는 부모님이 원해서였어. 하지만 난 경영학에 전혀 흥미가 없었고, 사실 학위도 겨우 겨우 땄어. 그래도 그 기간 동안에는 계속 연극을 할 수 있었지. 그러면서 오스트레일리아를 떠나 외국으로 나가서 배우가 되기 위한 공부를 계속 해야겠다는 결정도 하게 됐고. 그 길이 내가 갈 길이라고 생각했어."

나는 조가 연극에서 방향을 바꾸고 다른 걸 하며 보낸 시간을 생각하면 한탄스럽지 않은지 궁금했다. 하지만 조는 그런 것을 실수로 생각하지 않는 듯했다. 이 로드트립을 하면서 만난 다른 리더들처럼 조 역시 그런 과정을 실패로 보지 않고, 오히려 지금 위치로 자신을 이끈 여러 결정들 중 하나로 보았다. 사실 조는 멜버른을 연기 활동에 영향을 주는 교훈들을 얻게 해준 곳으로 생각한다면서 말을 이었다. "선택을 두려워하지 말게. 선택을 통해 명확한 생각을 얻을 수 있으니까. 내가 얻은 교훈 중 하나는, 결정을 내리는 것이 최선이라는 거지. 실제로 자네가 할 수 있는 유일한 것이 결정을 하는 걸 거야. 자꾸 망설이고 결정을 못하면, 아무것도 명확해지지 않아. 배우가 되려면 항상 그 점을 명심해야 해. 자네의 직관을 믿도록 해봐."

인터뷰를 시작한 지 얼마 되지 않아서, 조는 우리에게 일어나서 즉흥 연기를 해보라고 했다. 로드트립 멤버들과 내가 한 사람인 것처럼 연기해 보라고. 내가 한 단어를 말하고 난 뒤에, 같이 로드트립을 하고 있는 케이와 브린이 또 다른 단어로 말을 잇고, 그런 식으로 단어를 이어가면서 자연스럽게 한 문장을 만들어 보라고 했다.

"내게 한 통의 편지를 읽어준다고 생각하고들 해봐." 조의 말에 우리는 상상의 편지를 읽듯 시선을 떨구고 즉흥 연기를 시작했다.

"밤에게 – 요즘 – 너는 – 어쩜 – 그렇게 – 재미있고 – 용감하니? – 난 – 좋아 – 너의…"

침묵.

나는 얼어붙었다.

"자네는 어떤 단어를 생각하고 있었나?" 조가 내게 물었다.

침묵. 난 여전히 얼어붙은 채였다! 대답할 수가 없었다. 조가 말했다. "자네는 무슨 단어인가를 말하려다 말았어. 그건 머릿속으로 그보다 좀 더 괜찮은 단어를 생각해내려고 했기 때문일 거야. 하지만 결과적으로 자넨 아무 말도 못했어. 즉흥극은 선택을 해야 하는 거야. 생각을 하는 게 아니라. 생각할 겨를 없이 그냥 뭔가를 하는 거지. 그냥 행동으로 표현하고 또 표현하고 그러는 거야."

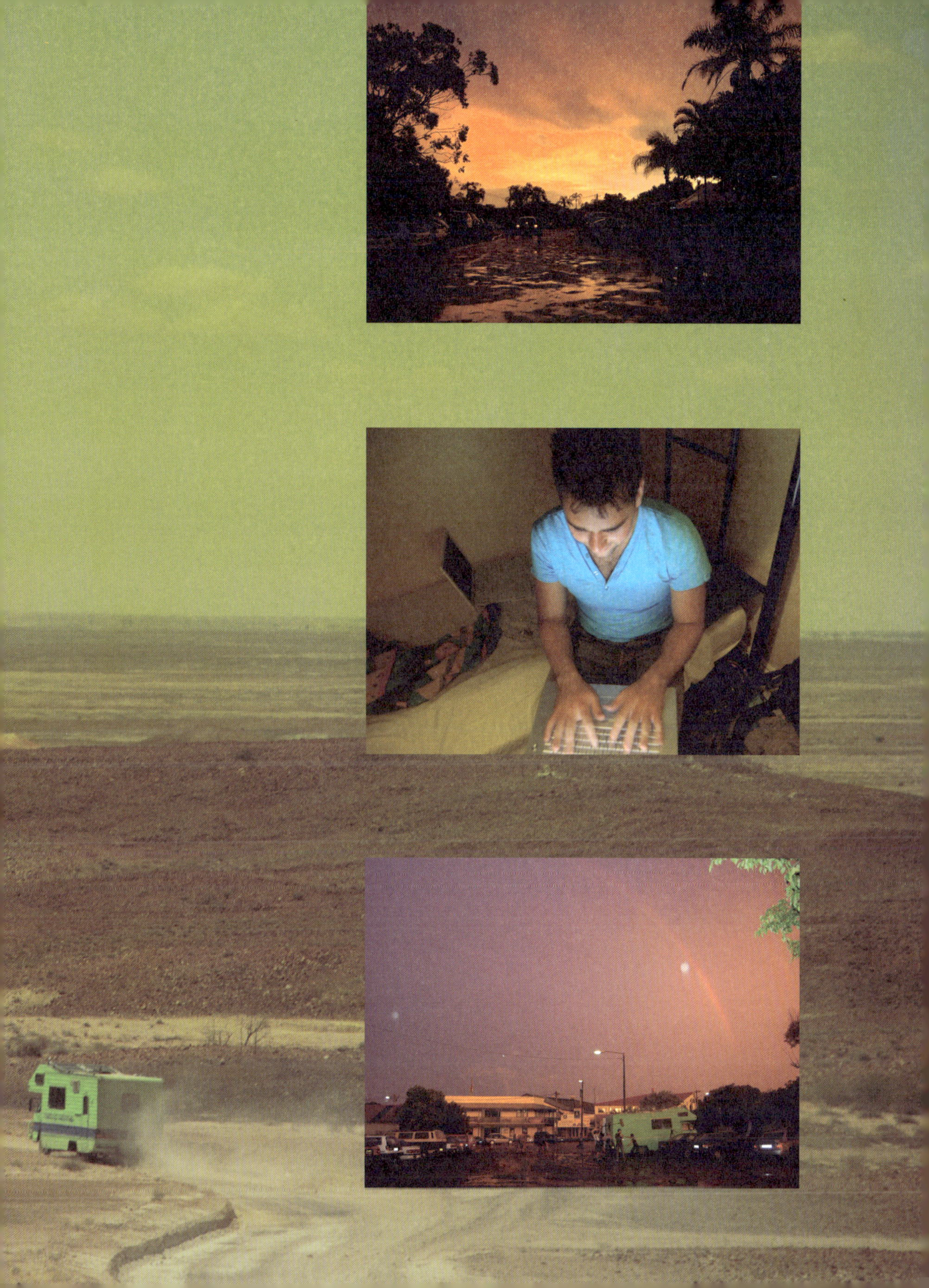

나중에 조는 연극학교에서 겪었던 일을 들려주었다. "일학년 때 잊지 못할 일이 있었지. 즉흥연기 수업 시간이었는데, 그 수업을 이끌어간 사람은 슬로베니아 출신의 정말 환상적인 여자였어. 동화책에 나오는 전형적인 나쁜 마녀 같은 여자였지. 오금이 저릴 정도로 무서웠어. 그 연극학교에서는 아무리 이상한 걸 시켜도 다 해야 했어. 나무가 되어 보라는 둥 온갖 이상한 걸 다 시켰지. 난 호수가 됐던 적도 있었어. 처음에 그 학교에 들어가서 몇 달 동안은 그냥 다른 사람들을 지켜보고, 이 사람 저 사람의 연기를 따라 하기만 했어. 그러면 연기를 잘하게 될 테고, 좋은 성적을 받게 될 거라고 생각했거든. 그런데 마녀의 수업 시간에 또 호수를 하게 된 거야. 난 기억을 떠올려서 거리낌 없이 호수 역할을 했지. 그리고 뿌듯한 마음으로 뒤로 가서 앉으려고 하는데 마녀 선생이 나를 막으면서 비아냥거렸어. '그래, 잘했어. 끝내주게 잘했어. 만일 내 수업 시간에 다시 한 번 더 그렇게 빌어먹도록 잘하면 쫓겨날 줄 알아! 네가 한 호수는 너무 지루해. 따분하기 그지없다고.'

그러고 나서 덧붙이더군. '끝내주는 모험을 하란 말이야! 네가 여기 다니는 이유가 뭐야? 모험을 해! 남들이 연기하는 걸 지켜보고, 똑같이 하려고 애쓰면 잘하게 될 것 같아? 연기하면서 저지를 수 있는 가장 큰 죄가 뭔지 알아? 적당히 잘하려는 거야. 놀랍도록 뛰어나게 하든지 형편없이 망가져 봐. 적당히 잘하려고 하지 말고.'"

나는 그 말을 듣고 떠오르는 생각을 조에게 털어놓았다. "제가 생각하는 가장 끔찍한 악몽은 40년쯤 지나서 제가 살아온 길을 뒤돌아볼 때, 돋보이는 게 아무것도 없는 거예요."

조가 대답했다. "그 말은 자네가 돋보일 만한 선택을 해야 한다는 말이 되겠군. 돋보이는 삶은 돋보일 만한 선택을 통해 만들어지는 거니까. 안전한 선택을 해서 되는 게 아니지. 지금으로선 그렇게 밖에 말할 수 없군. 모험을 하지 않으면, 결코 성장하지 못해. 그러니까 늘 성장할 수 있는 모험을 해야 하지. 그렇지 않으면 항상 안전한 길만 찾게 될 테고, 그런 건 시간 낭비일 뿐 아무런 의미가 없어."

조는 얘기를 끝내고 우리의 녹색 버스 천장에 서명을 하기 위해 일어나서, 운전석 바로 위 천장에 다음과 같은 말을 적었다.

"나는 이 자리를 선택했다. 이런 선택을 위해
오랫동안 생각할 수도 있었겠지만 난 그러지 않았다.

– 조 터너

우리의 녹색버스가 오스트레일리아 오지 한복판으로 향하는 동안, 나는 등을 대고 누워 조가 쓴 글을 보았다.

그 순간 바로 그 자리에서 즉흥 연기를 하듯 내 삶에 대해 생각하기로 마음먹었다. 억제하려는 마음을 없애기로. 모든 걸 완벽하게 하려는 노력을 그만두기로. 내게 필요한 건 순간순간 일어나는 일을 받아들이고, 직관에 귀를 기울이는 것이었다. 선택을 하면 상황이 보다 명확해진다고 하지 않았던가. 불확실성의 모호함을 확실하게 만드는 것이 바로 행동이다.

실패를 두려워하는가?

"F"보다 나쁜 뜻을 연상시키는 글자는 없을 것이다. F는 실패(failure), 가짜(fake), 두려움(fear), 사기(fraud)를 떠오르게 한다. 그중 실패를 뜻하는 F에 대해 이야기해보자. 실패를 뜻하는 F는 끔찍한 성적 F와 함께 시작된다. F 성적을 받는 것은 제대로 해내지 못했음을 뜻한다. 다시 말해 실패한 것이고, 그런 성적을 받은 사람의 이름에 먹칠을 한다. 그걸 통해 배우는 것도 없고, 다음번에 더 잘 할 수 있는 여지도 없다. 그러므로 실패에 대해 그토록 뿌리 깊은 두려움이 생기는 건 당연한 일이다.

하지만 실패를 두려워함에도 불구하고, 참으로 이상하게 실패는 우리에게 일상적인 일이다. 실패란 실수를 통해 좀 더 나아지는 일상적인 과정으로, 어떤 일을 끝내 해내는 데 불가피한 요소이다. 그런데도 우리는 여전히 실패를 수치스러운 결과로 받아들이는 구시대적 생각에 빠져 있다.

생물 자체가 수백만 년에 걸친 시행착오의 산물이다. 한데 우리 삶이 그런 전례를 따라서는 안 될 이유가 뭐 있겠는가? 실패 없이는 개선할 수도, 변경할 수도, 앞으로 나아갈 수도 없다. 실패는 보다 나은 모습의 나를 만들어가기 위한 추진력을 제공한다. 즉 로드맵의 방향을 조정할 수 있게하는 것이다. 궁극적으로 실패는 우리에게 도움이 된다. 첫 로드트립을 시작하기 전에 우리는 성공한 사람들은 실패라는 것을 모를 거라고 생각했다. 하지만 우리가 도처에서 만난 성공한 사람들 모두 실패한 경험에 대해 털어놓았고, 실패를 통해 변할 수 있었고 또 나아질 수 있었다고 이야기했다.

GAME OVER

- **데이비드 닐먼** : 제트블루를 설립한 데이비드는 사우스웨스트 항공의 부사장 직에서 해고되었다. 사우스웨스트에서의 성공과 실패를 발판으로 데이비드는 제트블루를 설립했다.
- **완다 사이키스** : 각광 받는 코미디언이자 여배우이며 에미상 수상 작가이기도 한 완다는 무대에서 크나큰 실패를 한 뒤에 명성을 얻었다.
- **하워드 슐츠** : 스타벅스 회장인 하워드는 유럽풍 커피숍을 시작할 요량으로 240명의 잠재적 투자자들을 만났다. 그중 99퍼센트가 투자를 거부했다.
- **제시 제이콥스** : 샌프란시스코에 있는 '사모바 티 라운지' 체인 소유주인 제시는 자금을 마련하기까지 71개 은행에서 사업자금 대출을 거부당했다.
- **벤 젠더** : 보스턴 필하모닉의 지휘자인 벤은 일찍이 실패를 경험했다. 벤의 어머니가 벤의 곡을 음악제에 출품했지만 탈락한 것이다. 수상작을 발표할 때, 심사위원이 벤의 작품을 치켜들고 "이 곡들은 너무 형편없습니다. 이 젊은이가 다시 작곡을 한다고 하면 말려야 합니다."라고 말했다.

비디오 게임 디자이너들은, 게임을 하는 사람들이 가장 재미있어 하는 순간은 실패하고 다시 시도하려 할 때라는 연구결과를 종종 언급한다. 테트리스 블록이 맨 위까지 쌓이거나 마리오가 마지막 목숨까지 다 잃는 순간, 열이 받쳐 "재시도"를 누를 때 느낌을 알 것이다. 실패는 했지만 그 레벨에 대해 더 많은 것을 알게 되었으므로, 이제 그 레벨을 깰 수 있을 것 같은 느낌을 말이다. "재시도"를 누르는 뇌는 게임이 끝났다는 표시를 포기해야 하는 이유로 보지 않는다. 오히려 흥미진진한 도전으로 여기고, 손가락이 쥐가 날 때까지 계속해서 게임을 하게 한다.

우리는 시행착오를 통해서, 그리고 문제를 해결하고 장애를 극복하는 것을 통해서 발전한다. 아마도 극복하기 어려워 보이는 문제나 실패를 이겨내는 것보다 더 만족스러운 보상은 없을 것이다. 실패는 계속 시도하게끔 하고, 그래서 더 잘 할 수 있는 기회를 제공한다.

장애인 올림픽 메달리스트이자 여섯 차례나 세계 챔피언에 오른 휠체어 레이서 **제프 아담스**[*]는 실패를 자기성찰과 더욱더 적극적인 행동을 위한 도구로 활용한 좋은 본보기이다. 아홉 살에 암 치료를 받으면서 몸이 마비된 제프의 이야기는 "장애를 극복한 사나이"로 인간극장에 나올 만큼 극적이다. 하지만 제프 이야기의 진정한 힘은 그런 면에 있지 않다. 제프의 신체장애는 스포츠에 대한 열정을 조금도 꺾지 못했다. 그러한 확고한 투지와 열정이 장애인 올림픽의 메달리스트로 성공을 거두는 데 큰 요인이 된 것은 두말할 필요도 없다. 하지만 제프가 지혜를 얻고 발전한 것은 실패를 통해서였다.

> **"밖에 나가서 학생들과 이야기를 나눌 때, 저는 패했던 경기들에 대해 말합니다. 패한 뒤에 배운 것이 더 많았으니까요. 저는 실패 후에 더욱 성장했습니다."**
>
> **–제프 아담스,** 국제 장애인 올림픽 메달리스트

제프는 바르셀로나 장애인 하계 올림픽에서도 결정적인 실패를 했다. "저는 다른 두 선수와 함께 마지막 구간으로 진입했습니다. 그때 머릿속에 이런 생각이 들었죠. '오늘 내 인생이 바뀔 거야. 지금 나와 같이 마지막 구간을 달리는 선수는 두 명뿐이고, 주최 측에서 주는 메달은 세 개야. 수학적으로 메달을 받는 건 확실해!' 하지만 저는 장비를 충분히 점검하지 않는 실수를 저지르고 말았습니다."

마지막 구간에서 휠체어가 고장 나면서 제프는 육상경기장 비닥으로 엎어졌다.

"저는 메달권에서 밀려났고, 제 인생 최고의 날은커녕 최악의 날을 맞았습니다. 우리 마음속에는 항상 이기는 것에 대한 생각이 뿌리 깊이 박혀 있습니다. 진정으로 중요한 것은 패배의 아픔을 이겨내고 새로 시작할 용기를 내는 것인데, 그런 것에는 이기는 것만큼 큰 가치를 두지 않죠. 저는 시드니에서 우승을 했고, 그날은 정말 좋았습니다. 하지만 제가 뭘 배웠을까요? 좋은 날은 즐겁다는 걸 배웠을까요? 참으로 묘하게도 우리는 상황이 여의치 않거나 만족스럽지 않을 때 훨씬 더 많은 것을 배우게 됩니다."

'실패는 결과에 지나지 않는다. 그 결과는 내가 바란 것이 아닐 수 있지만 어쨌든 바꿀 수 없는 사실이다.'라고 생각해보자. 우리는 그런 사실을 감출 수도, 맞서 싸울 수도 없다. 실패를 경험하는 것은 정보를 내려 받는 것과 같다. 실패는 새로운 사실을 드러낸다. 실패 후에 우리는 전에는 몰랐던 것을 알게 된다. 바람직하든 그렇지 않든, 실패의 결과는 새로운 행동으로, 더 많은 정보에 입각한 행동으로, 보다 계획적인 모험으로 이끈다. 우리는 그런 모든 것을 통해 로드맵의 중심으로 좀 더 가까이 다가가게 된다.

"F"가 실패(failure)를 뜻하는 말임을 받아들이되 사회에서 통용되는 실패의 정의를 바꾸도록 하자.

현재든 과거든, 실패라고 단정지은 사례들에 대해 생각해 보라. 새로운 정의를 이용하여
그러한 실패사례들을 아래 빈칸에 적어라. 그리고 한 단계 더 깊이 들어가서 각각의
실패로부터 배운 교훈이 무엇인지 알아 보라.

실패   교훈

    실패한 사례들을 떠올리면 여전히 움츠러들지 모르지만, 괜찮다. 실패를 통해 배운 것과, 실패 경험에서 벗어났다는 것에 집중해라. 실패 이후로 어떻게 발전했는가? 당신의 삶이 어떻게 좋은 쪽으로 변했는가? 실패 전후의 상황 대처법이 어떻게 달라졌는가? 다시 시도하기 위해서 어떻게 자신감을 되찾아 가고 있는가?

    실패 자체는 나쁘지 않다. 처음에 제대로 하지 못했던 상황에서 배우지 못하고 발전하지 못하는 것이 나쁜 것이다. 그것이 진짜 실패다.

〈허슬 앤 플로우〉, 〈블랙 스네이크 모운〉 같은 히트작으로 유명한 감독, **크레이그 브루어***는 우리의 인터뷰에 응하면서 배움과 발전을 얻을 수 있는 실패는 얼마든지 해보라고 말했다. 영화감독으로 입문한 초기에 크레이그는 몇몇 친구들과 가족과 함께 의기투합하여 걸작을 만들어내기로 했다. 그들은 꿈을 이루기 위해 본업과 여러 책무를 뒤로 한 채, 십시일반으로 제작비를 마련하여 훌륭한 미국 영화를 만들기 위한 첫발을 내딛었다. 그 영화는 어떻게 되었을까? 크레이그가 애석한 표정으로 대답했다. "참패였습니다. 3만 달러어치의 필름을 현상도 하지 못했는데, 아마 영원히 현상되지 못할 겁니다." 그 영화는 크레이그의 마지막 실패작이 아니었다. 크레이그가 한 수많은 실패 중 첫 번째에 지나지 않았다.

크레이그처럼 우리 모두 실패를 한다. 셀수없이 많은 실패를.

실패가 불러일으키는 두려움의 망령이 우리 모두 안에 깊이 박혀 있다. 크레이그의 해결책은 그런 망령에 정면으로 대응하는 것이었다. 실패는 생활의 일부분이다. 고통스럽고, 괴롭고, 불쾌하지만 결코 피할 수 없는 부분이다. 그러니 실패를 기꺼이 받아들여라.

로드트립 멤버들이 크레이그를 만났을 때, 마이클이라는 멤버가 실패에 대한 두려움 때문에 영화계로 들어서기가 망설여진다고 털어놓았다.

그러자 크레이그가 물었다. "당신이 실패할 거라는 사실을 확신하나요? 정말 그렇게 생각해요? 당신은 실패를 거듭하리란 걸 알고 겁을 내고 있어요. 하지만 실패를 해야만 잘하게 될 수 있습니다. 그러니 실패하세요. 실패를 통해 배우는 과정을 겪으세요. 그런 과정을 뒤로 미루지 말고요. 나이가 들수록 그런 과정을 견디기가 더 힘들 테니까요. 실패의 아픔을 피하려고 도전하고 싶은 일을 미루다가 결혼을 하게 되고 아이를 낳게 되면, 자신이 원하던 길을 가지 못한 것을 가족과 환경 탓으로 돌리죠... **성공하고 싶다면 부지런히 실패하세요.**"

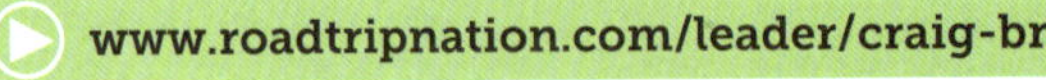

나사 제트 추진 연구소의 시스템 엔지니어인 **랜디 웨센**은 우주 비행사 프로그램에 연이어 열다섯 번 정도를 지원했지만 계속 떨어졌다. 랜디의 서류철에는 대학원, 인턴직, 항공기 제조업체 등에서 받은 불합격 통지서들이 보관되어 있다. 심지어 현재 그가 근무하고 있는 곳에서 받았던 불합격 통지서도 있다. 랜디는 역경에 어떻게 대응하느냐를 보고 역량을 가늠할 수 있다고 말한다. "형편없는 성적을 받으면 어떻게 하나요? 대학 시험에서 낙방하면 어떻게 하죠? 누군가 당신과의 관계를 끊으면 어떻게 합니까? 역경을 딛고 일어서면 더욱더 강해집니다. 그런 자세가 한 사람으로서 당신의 역량을 말해주는 겁니다." 랜디는 우리가 마음속에 깊이 새겨야 할 말을 덧붙였다. **"실패를 감수하는 사람은 성공하고, 실패를 피하려는 사람은 실패하게 됩니다."**

실패는 이야기의 끝이 아니다. 크고 작은 실수나 실패는 우리가 삶의 길을 닦아가는 데 유용한 도구가 된다. 모험을 해라. 실패를 해라! 일이 생각한 대로 되지 않는다면, 혹은 앞으로 나가다 엎어진다면, 방법을 바꾸고 다시 시도하면 된다. 실패는 하나의 결과에 지나지 않는다. 실패는 더 나은 당신이 될 수 있도록 일깨움을 주는 교훈이다.

I'M NOT
SMART
ENOUGH

CHAPTER 20

의심과 싸워라

요즘 세대는 외부의 검증을 받으려 하는 나쁜 습관에 빠져 있다. 인스타그램의 '좋아요'로 성급하게 자신의 가치를 판단하고, 일상사에 해시태그를 붙여 공개하고는 가상의 친구들로부터 인정받기를 끊임없이 갈망한다. 다른 한편, 우리는 무엇보다 자아 존중을 강조하는 세상에서 자라왔다. 모든 사람이 나름의 장점을 가지고 있고, 모든 사람이 특별한 존재라고 말하는 세상에서 말이다. 그런데 왜 자기의심과의 싸움이 끊이지 않고 계속되는 걸까? 자기의심을 피할 수는 없는 걸까?

왜 우리는 계속 우리가 원하는 것들이 가치가 없다고 느끼는 걸까?

의심은 새로운 것이 아니다. 세대별 문제도 아니다. 햄릿에서 홀덴 콜필드(역주―『호밀밭의 파수꾼』의 주인공)에 이르기까지 의심과의 싸움은 오랜 전쟁이다. 그런 싸움은 어린 시절 학교의 복도에서, 운동장에서, 그리고 집에서 일찌감치 시작된다. 부모님이 내 선택에 흡족해 하실까? 내가 괜찮아 보일까? 내가 적합해 보일까? 내가 지금 착한 아이답게 행동하고 있는 걸까? 이런 의심 속에서 우리의 자신감은 청소년기 조립 라인의 톱니바퀴 속에 끼여 뭉그러진다.

7장의 "빈 도화지"에서 소개한 모험 여행 컨설턴트, 크리스티나 헤이니거는 자신이 갖고 있던 최악의 습관은 자기 자신에 대해 잎질러 생각하고 자신을 믿지 못한 것이었다고 말했다. "지는 누군가가 세가 하는 일을 인성해주기를 바랐어요. 고등학교 때는 정말 지독한 괴짜 얼간이였죠. 유명해지고 싶어 안달이 났었거든요. 대학에 가서도 마찬가지였어요. 유명한 여학생 클럽의 일원이 되기를 원했고, 대단한 사람들이 저를 좋아해주기를 바랐죠... 누군가로부터 '넌 참 대단해!'라는 말을 듣지 못하면 기분이 좋지 않았어요. 제 자신의 생각은 신경도 쓰지 않았죠. 그저 다른 사람들이 좋게 생각하는지를 확인하려고만 했어요."

고등학교 때는 또래와 비슷하게 행동하려 하고, 십대를 벗어나면 주변에 휩쓸리는 불안정한 태도를 어느 정도 떨쳐내지만, 그래도 여전히 남들과 비슷해지려는 성향을 지니고 있다고 한다. 우리는 외부의 힘이 인정하는 가치에 따라 우리 자신의 가치를 생각하는 덫에 빠지기 쉽다. 미디어는 우리가 스스로에 대해 흡족하게 느끼도록 만드는 이미지와 개념들을 마구 쏟아낸다. 하지만 그런 것 중 진정한 우리 자신과 관계 있는 것은 없다.

의심과 싸운다는 것은 우리를 속박하는 소음이나 사회계층에 의해 좌우되는 개념에서 벗어나 자기 자신의 개인적인 가치를 믿는 것이다. 하지만 그러기는 쉽지 않다. 때로는 불가능할 수도 있다. 자신의 생각을 못미더워하면서 자기의심과의 싸움에서 이길 수는 없다. 그럴 때 로드맵이 도움이 된다. 로드맵에 따르는 목적 지향적 행동은 변화를 이끌고, 그런 변화가 성취감과 더불어 기량의 발달과 만족감을 가져다준다. **자기의심은 자기 자신에 대해 명확하게 알 때 사그라진다.**

작은 발걸음으로 자신감을 쌓아간다

'자기만들기'의 다른 측면들과 마찬가지로 자기의심과의 싸움도 작은 것부터 시작하는 것이 좋다. 로드트립네이션 시즌 10에 참여한 메건이 맨 처음 녹색 버스의 운전대 앞에 앉았을 때, 메건은 걷잡을 수 없는 불안감을 토로했다. 왜소한 체형의 뉴욕 토박이 메건은 12미터에 이르는 큼지막한 버스를 보고는 "대체 내가 어떻게 이런 버스를 운전한담?" 하고 소리쳤다. 하지만 메건은 용기를 내어 시동을 걸었고, 텅 빈 주차장을 몇 바퀴 돌고 나서 로스앤젤레스의 혼잡한 거리로 나갔다. 그리고 며칠 후에는 미국에서 가장 위험한 도로 구간 중 하나로 악명 높은 캘리포니아의 태평양 해안 도로로 녹색버스를 이끌었다. 그 여행이 끝날 무렵, 메건은 자신 있는 표정으로 뉴욕시의 혼잡하고 비좁은 거리를 거침없이 달리게 되었다.

때로 자신감을 느끼는 것이 어떤 기분인지 익혀야 할 필요가 있다. 그러면 작은 성취감을 얻는 것이 습관처럼 될 것이다. 돼지 저금통에 동전을 하나씩 넣을 때마다 뿌듯한 보람을 얻는 것처럼 말이다. 크리스티나 헤이니거는 피땀 어린 노력으로 자신감을 쌓았다고 말했다. "저는 체육관에서 제가 하는 것에 대한 자신감을 쌓기 시작했어요. 매일 아침 5시에 일어나 운동을 하면서 자랑스럽게 여길 수 있는 면을 갖게 됐죠. 그런 모든 것들이 작은 승리예요." 크든 작든 어떤 일을 성취하는 것은 성취감에 대한 근육기억효과(역주─반복 행동을 통해 생각하지 않고도 저절로 하게 되는 효과)가 쌓이도록 한다.

크리스티나가 말을 이었다. "일단 뭔가를 하기 위해서 노력하다 보면, 그 일을 할 수 있다는 걸 깨닫게 되고 자신감을 얻게 돼요. 그러면서 계속 성취감을 쌓아가게 되고요. 하지만 그보다 먼저 자기 자신에게 말하는 방식을 바꿔야 합니다."

의심을 이겨내기 위해 반드시 필요한 요소가 있다. 자신만의 내적 만트라(역주─자신의 몸과 정신을 보호하고, 깨달음의 지혜를 얻기 위해 외우는 주문과 같은 말)를 만들어서, 소음이 주는 유해한 메시지를 자율적이고 긍정적인 메시지로 바꾸는 것이다. 자기 자신을 믿는 데는 연습이 필요한데, 그런 과정에서 만트라가 도움이 된다.

무가치한 생각을 없애는 것으로 시작해보자. 스스로에게 어떻게 말하는지 확인해보라. 마음속으로 스스로를 의심하고 있음을 나타내는 어떤 말을 하는가? 어떤 소음의 속삭임에 귀를 기울이는가? "나는 타당한 의견을 낼 만큼 충분한 경험이 없어.", "다른 사람들이 훨씬 더 똑똑해.", "난 여기에 맞지 않아."라는 말들을 속으로 되뇌고 있지는 않은가?

273

로드트립네이션에서 우리가 자기의심에 맞서 싸우는 방법은, 내적 소음을 리더들이 들려준 목소리로 바꾸는 것이다. 사람들은 우리에게 정신이 나간 듯한 젊은이들의 로드트립을 어떻게 지금의 로드트립네이션으로 탈바꿈시켰느냐는 질문을 자주한다. 그 답은 놀랍도록 간단하다. 우리가 만난 리더들의 이야기가 우리로 하여금 포기하지 않고 앞으로 나가도록 했다.

머릿속의 내적 소음을... 아래 공간에 쏟아내라. 마음속의 수많은 자기의심을 그림 속 공간에 적어보라. 그런 다음 당신이 적어 놓은 자기의심들을 큰 소리로 읽어보면, 그 말들이 얼마나 터무니없는지 깨닫게 될 것이다. 머릿속의 자기의심을 밖으로 밀어내면, 진정한 사실에 바탕을 두고 앞으로 나갈 수 있게 된다.

　우리가 자기의심이라는 음울한 순간에서 헤어날 수 있게끔 도움을 준 이야기를 몇 가지 소개한다.

"머릿속에서 또 마음속에서 들려오는 작은 속삭임이나 목소리를 따르는 것이 정말 중요합니다. '아니야, 난 그걸 무시할 거야.'라고 말하고 싶겠지만 그러지 마세요."

－ **워렌 브라운,** 제빵사 & '케이크러브 사' 소유주

"당신 앞에 당신의 인생이 쫙 펼쳐져 있습니다. 그런데 대체 뭘 걱정하십니까? 자기 자신을 믿으세요. 당신은 자신이 어떤 사람인지 알잖습니까. 야망을 품었으면, 그 어떤 일에 부딪혀도 야망을 꺾지 마세요. 아시겠죠? 사람들을 아프게 할 필요도 없고, 기분 나빠 할 필요도 없어요. 큰 소리로 떠들 필요도 없고요. 하지만 늘 악착 같아야 합니다. 초심을 지키면서 절대로 야망을 포기하지 마세요. 그러면 마침내 누군가 그것을 알아줄 겁니다."

－ **말콤 맥도웰,** 배우

"갈등을 겪지 않는 사람은 아무도 없습니다. 스트레스나 힘든 상황이 전혀 없다면, 그 사람은 반쪽짜리 인생을 사는 겁니다. 어떤 일을 겪든 당신 자신을 만들어 가는 과정이란 걸 잊지 마세요. 그렇게 생각하면, '어떤 일이 일어날 때마다 자신이 더욱 완전해지고 강해지고 있다는 느낌이 들고, 나중에 정말로 완전한 사람이 될 수 있습니다. 반쪽짜리 삶을 살지 마세요. 다른 사람들이 하라는 대로 움직이거나 말하는 사람이 되지 마세요."

－ **일레인 권,** 피아니스트

머릿속에 떠도는 의심을 억누르기 위해 긍정적인 만트라를 만들어서, 무익하기만한 자기의심에 빠질 때마다 조용히 만트라를 되뇌어라. 자기의심의 감정이 솟구친다할지라도 스스로 선택한 만트라로 대응하며 의심의 감정에 맞서라. 조금이라도 더일찍 소음을 차단하기 위해서.

자아 : "난 충분히 똑똑하지 못해." **대응** : "난 얼마든지 이 일을 할 수 있어."
자아 : "난 똑똑하지 못해..." **대응** : "난 얼마든지 이 일을 할 수 있어."
자아 : "난 똑똑하지 못..." **대응** : "난 얼마든지 이 일을 할 수 있어."
자아 : "난..." **대응** : "... 얼마든지 이 일을 할 수 있어"

자기의심에 대응하는 법을 배우는 것이 근육을 키우는 것과 비슷하다고 한다면, 그 말은 반복을 해야 한다는 뜻이다. 계속해서 반복적으로 서서히 자기 자신을 믿는 능력을 쌓아가라. 변호사인 샬린 깁슨은 살아오면서 몇 차례 과감한 도약을 했다. 가족과 함께 자메이카에서 캐나다로 이민을 했고, 가족의 반대를 무릅쓰고 혼자 미국에서 대학에 다녔으며, 만족감을 얻지 못하다는 이유로 맨해튼의 대형 로펌을 그만두고, 과감히 뉴올리언스에서 자신의 로펌을 열었다. 그러한 어떤 단계에서도 샬린은 자신이 결국 어디에 이르게 될 것인가에 대한 큰 그림이나 확실한 비전이 없었다. 하지만 한 걸음 한 걸음 위험을 감수하면서 계속한 모험 덕에 샬린은 서서히 보다 나은 다음 단계로 나아갈 수 있었다.

샬린이 말했다. "제가 6학년 때 찍은 사진이 제 사무실에 있어요. 자메이카에서 토론토로 이주한 해에 찍은 사진이죠. 그 사진을 보면, 제가 낭떠러지에서 뛰어내려 땅바닥에 두 발을 딛는 경험을 얼마나 많이 했는지 생각하게 돼요." 두려운 상황을 피하지 않고 기꺼이 달려들어 그 상황을 이겨낼 수 있다는 것을 시험하면 할수록, 그 다음 과정을 견디어 낼 수 있는 자신감이 더 커지게 된다. 그런 과정을 충분히 겪은 뒤에는 고양이의 특성을 갖게 되리라. 즉, 어떤 상황에 처하든지 자기 자신을 믿기 때문에 두 발로 땅에 설 수 있게 될 것이다.

자기의심은 누구에게나 있다

작은 낭떠러지들이 너무 많다고 해도, 머릿속의 자기의심이 한계 상황에 이르렀다고 해도, 당신 혼자만 그런 것이 아님을 잊지 마라. 모든 사람이 날마다 다양한 형태의 자기의심과 싸운다. **데이브 뱅크스***는 널리 호평 받는 사진기자인 동시에 에미상 후보에 열네 번이나 오른(그중 한 번 수상) 영화제작자이다. 하지만 데이브는 자라면서 난독증으로 어려움을 겪었고, 그로 인해 자신의 능력에 대해 지속적으로 깊은 의심을 품게 되었다. 데이브는 "전 끊임없이 바보라는 말을 들었어요."라고 말했다.

데이브는 자신이 겪고 있는 일을 이해하고, 그 자신의 창작 과정에 대해 품고 있는 온갖 의심을 극복할 수 있는 길을 찾기 위한 방편으로 예술가들의 친목단체에 가입했다. 그 효과에 대해 데이브는 다음과 같이 말했다. "저는 '사람들이 좋아할까?'라고 생각하는 걸 멈춰야 했어요. 늘 자기 비판적이고 스스로에게 타격을 입힐 수 있기 때문에 새로운 인식이 필요했죠. 전 그런 걸 극복해야 했습니다. 한데 그 친목단체를 통해서 다른 예술가들도 저와 비슷한 감정을 갖고 있다는 걸 알게 됐어요. 다들 비슷하게 자신을 못 믿고 불안해했죠.

자신을 믿고 그냥 시작하세요. 모험을 하면 할수록 자신감이 더 강해지니까요."

13장, "기술이 보수를 지불한다."에서 소개한 〈디스 아메리칸 라이프〉의 진행자이자 제작 책임자인 아이라 글래스는 항상 자기의심을 극복할 수 있는 것은 아니지만 감당할 수는 있다면서, 자신감의 힘에 대해 가슴에 와 닿는 지혜를 나누어 주었다. "매일 아침 눈을 뜨면서부터 상쾌한 기분으로 자신감을 느끼는 사람들도 있고, 걱정과 의심으로 하루를 시작하는 사람들도 있습니다... 자신이 어떤 부류의 사람인지 일찌감치 인정하고, 그런 면에 적응하는 것이 좋습니다. 저는 무슨 일을 하든 날이면 날마다 눈을 뜨면서부터 걱정에 사로잡히는 편입니다." 아이라의 말이 주는 교훈은 머릿속을 괴롭히는 자기의심 때문에 살면서 해보고 싶은 것을 포기해서는 안 된다는 것이다.

그냥 자기 자신답게 행동할 것

자기의심을 완전히 떨쳐낼 수는 결코 없겠지만, 신중하게 판단하고 마음속 주문을 바꿈으로써 맞서 싸울 수는 있다. 자기 자신을 믿는 것은 자신답게 행동한 결과이다.

체형 관리를 시작한 사람들에게 체중 감량 과정을 명확히 설명하면서, 요즘 사회의 미적 기준에 따르지 말고 스스로를 인정하라고 주장하는 비만 해소 전문가이자 메이크업 아티스트인 **줄리아 달튼－브러시***는 "그저 당신이 되어라"라는 철학을 강조했다. 자신감이 반드시 필요한 것은 아니다. 꼭 필요한 것은 자기 자신의 개인적 가치관과 일치하는 행동이다. 그런 행동 속에 자신감을 키우는 씨앗이 담겨 있다.

"저는 자신감에 대해 생각조차 안 합니다. 그냥 제가 좋아하는 일을 하고, 그런 느낌을 주는 일이 제가 해야 하는 일이라고 생각하죠. 우리는 있는 그대로의 모습을 보여줄 수도 있고, 허세를 부릴 수도 있습니다. 사람들은 그 차이를 느낄 수 있죠. 자기 자신에게 충실할 때는 행동하는 게 다릅니다." 줄리아가 말했다.

CHAPTER 21

중요한 것은 행동하는 것

늦은 감이 있지만 고백할 게 한 가지 있다. 우리가 로드트립네이션 전에 이미 로드트립을 한 적이 있다는 것이다. 현재 여자 친구가 있는데 전에 만났던 여자 친구들을 떠올리는 것 같은 기분이 들기도 하지만, 정말로 다른 로드트립을 한 적이 있다. 그것도 여러 차례.

자아 발견을 위한 첫 모험 여행을 시작하기 몇 해 전에, 우리는 미국 곳곳을 누비며 자동차 여행을 했다. 태평양 연안의 해안도로를 달려 산타크루스로 가서 친구를 만나고, 유타 주와 아이다호 주를 거쳐 와이오밍 주에서 겨울을 맞았으며, 로스앤젤레스에서 시애틀로 갔다가 다시 와이오밍 주로 가서 그랜드티튼 국립공원을 여행하고 캘리포니아 남부로 돌아왔다. 그 여행에서 몇몇 사람을 인터뷰하기까지 했다.

축구 코치나 수영 코치, 혹은 육상 코치들은 "연습을 하면 완벽해진다"고 말할지 모른다. 연습이 도움이 되는 건 부인할 수 없는 사실이다. 하지만 우리가 경험한 바에 따르면 완벽해지도록 하는 건 연습이 아니라 행동으로 옮기는 것이다. 즉 경험을 통해서 완벽해진다. 솔직히 연습은 완벽함에 이르기 위한 출발점이라고 하기에도 마땅하지 않다. 그렇다면 우리가 로드트립네이션을 시작하기 전에 했던 로드트립은 무엇으로 봐야 할까? 얼핏 연습한 것이라고 생각할 수도 있겠지만, 그렇다고 마음속에 품고 있던 미래 계획을 연습한 것은 아니었다. 우리는 그저 행동한 것이었다.

만일 로드트립네이션을 위해 연습할 요량이었다면, 대형버스 운전 연수를 받고, 엔진 정비에 대한 기본적인 사실을 배우고, "인터뷰 요령" 강좌를 수강하고, "비즈니스 캐주얼(역주—캐주얼한 옷을 차분한 분위기로 맵시있게 입는 것)"이란 복장 문화가 무엇을 뜻하는지 알아보고, 클리프바(역주—단백질바)와 그레이프 너츠(역주—씨리얼)가 주를 이루는 엄격한 식단 아래 비좁은 공간에서 살아보는 연습을 했을 것이다. 그

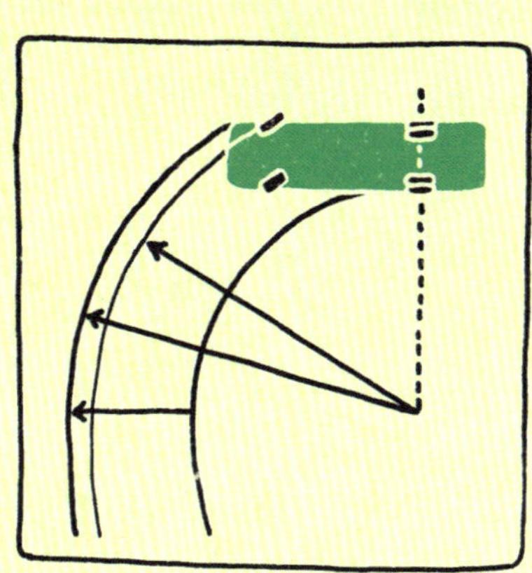

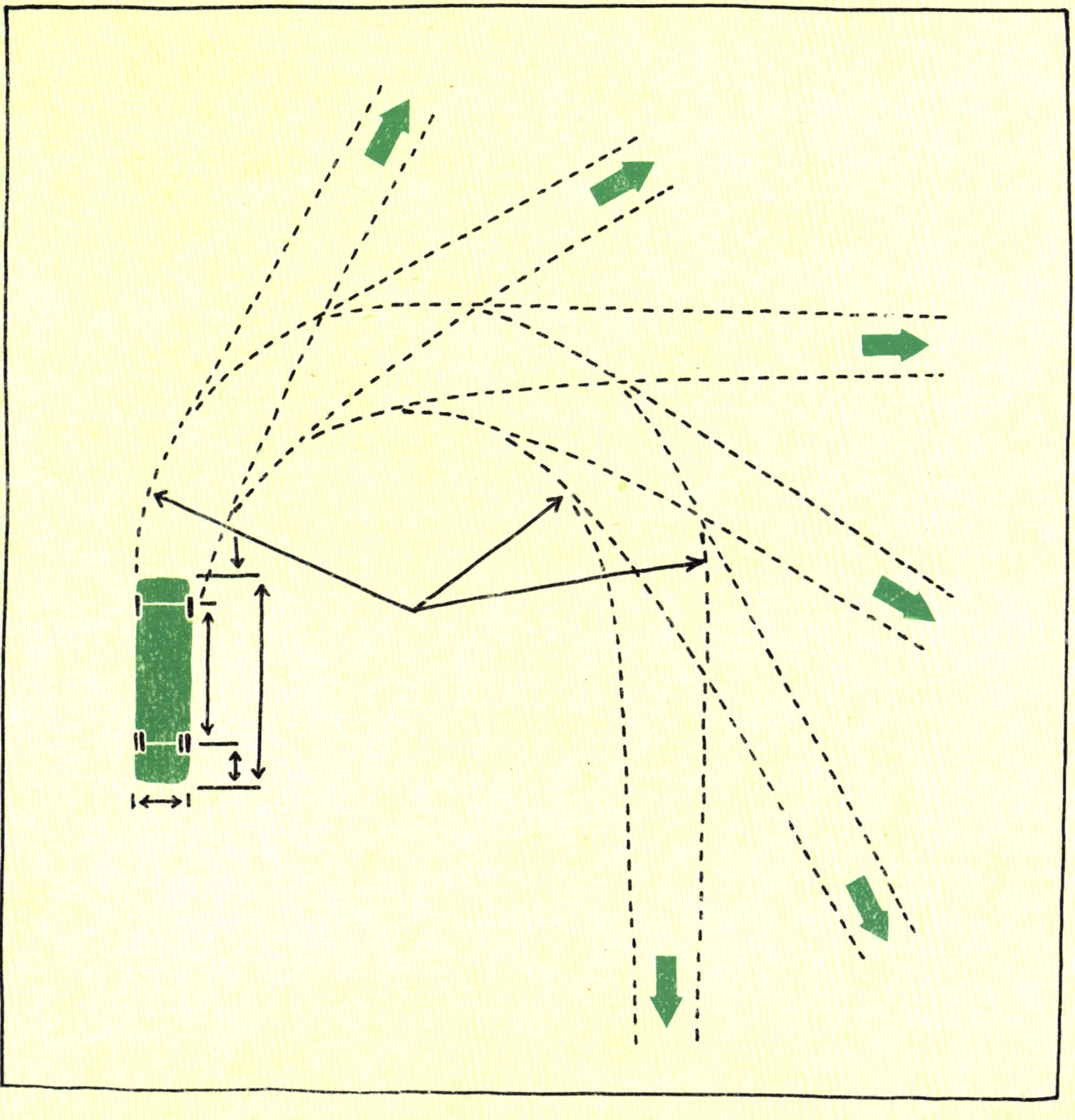

러한 것들을 꼼꼼하게 배우고 연습했더라면 자동차 여행에 관한 유용한 지식을 쌓았으리라. 하지만 우리가 자동차 여행에 뛰어들어 직접 경험하면서 얻은 풍부한 지식은 얻지 못했을 것이다. 이론을 공부하는 것만으로 얻을 수 있는 지식은 한계가 있으니까. 로드트립을 처음 시작한 멤버이자 로드트립네이션의 공동 창립자인 **브라이언 매칼리스터**는 "아는 것은 별로 없지만 행동에 나서는 것이, 배우기만 하고 행동하지 않는 것보다 낫다."고 했다.

그렇다면 연습 없이 행동에 뛰어든 결과는 어땠을까? 뭐, 사전 경험 없이 대형버스를 운전하다 보니 처음엔 좀 위험하기도 했다. 우리 옷차림이 때와 장소에 적합하지 않다고 느낀 적도 여러 번 있었고. (보스턴 필하모니 공연에 참석하기 위해 두 사람이 정장한 벌을 나눠 입은 적도 있었다.) 또한 우리는 대형버스 엔진을 정비하는 법을 전혀 몰랐다. 뿐만 아니라 우리가 처음 한 인터뷰는 서투르기 그지없었다. 하지만 그런 모든 것을 연습하고 배웠다고 해도, 우리가 직접 행하면서 배운 것만큼 만족할 만한 결과를 얻지는 못했을 것이다.

베로니카 벨몬트는 경험의 힘이 얼마나 큰지를 잘 보여준다. 그녀는 IT 기기와 게임을 중점적으로 소개하는 인터넷 방송 진행자이다. 그녀가 하는 프로젝트는 레비전3(역주―인터넷 TV)에서 매주 첨단기기를 소개하는 텍질라(역주―화요일마다 방송되는 미국의 비디오 팟캐스트)부터 BBC 아메리카 쇼 기즈모도(역주―흥미로운 기술 관련 단신을 소개하는 IT 전문 매체)에 이르기까지 다양하다. 그녀는 정말 대단한 괴짜 전문가이다. 우리가 마지막으로 확인했을 때 트위터 팔로어가 1천7백만 명에 이르렀다.

그녀는 그런 인기가 저절로 찾아온 것이 아니라 수년 간 힘겹게 노력한 결과라고 했다. "저는 고등학교, 대학교를 다닐 때 사회 불안증이 심각했어요. 사교적인 모임에 참석하는 건 꿈도 꾸지 못했죠. 잘 모르는 사람들하곤 얘기를 못했거든요. 극도의 불안감 때문에 기숙사 방이나 집에서 나갈 수가 없었어요."

 www.roadtripnation.com/leader/veronica-belmont

하지만 카메라 앞에서 농담을 하며 게임업계에 대해 자신 있게 논평하는 베로니카를 보면, '대체 무슨 일이 있었던 거지? 어떻게 저렇게 변했지?'라는 의문을 갖지 않을 수 없다.

그녀의 변화는 서서히 의도적으로 이루어졌다. 베로니카는 컴퓨터만 아는 괴짜인 자신을 그대로 드러낼 수 있는 비슷한 사람들의 모임을 찾았다. 그녀는 아직까지도 사람들과의 만남이 편치만은 않지만, 이제 대외 활동을 피하지는 않는다고 털어놓았다. "행사 같은 걸 진행할 때, 무대 위에서는 별 문제가 없어요. 한데 행사에 참석한 사람들하고 이야기를 나눠야 하는 순간이 되면, 전 어색한 표정의 꿀 먹은 벙어리가 되죠. 하지만 대부분 사람들이 그럴 거라고 생각해요. 그렇게 생각하면서 한 걸음 더 나아갈 용기를 내죠."

가능한 한 긍정적으로 생각하고 열정에 따라 행동하는 그녀의 철학은 우리 모두가 따를 수 있는 것이다.

그녀가 덧붙였다. "어떤 주제에 대해 진정으로 열정이 있다면, 그리고 그 분야에서 일하고 싶다면, 이미 동영상을 만들어서 유투브 같은 온라인 채널에 올리고 있어야 합니다. 블로그에 올리든지요. 그런 식으로 어떤 일에 몰두하기 시작하면, 사람들에게 보여줄 만한 노력의 결과물을 얻게 되죠. 그러니까 주저하지 말고 행동으로 옮기세요."

그녀는 "연습을 해야 한다."고 말하지 않았다. "마음속에 꿈을 품어라. 그러면 언젠가 꿈이 이루어질 것이다."라고 말하지도 않았고, "행동을 시작해라."라고 하거나 "시도해야 한다."고 말하지도 않았다. "이미 하고 있어야 한다."고 말했다. 그 말은 우리가 지금 살고있는 세상에도 적용된다. 요즘은 반려견에 대한 새치 넘치는 생각을 트위터에 올리는 것만으로도 책 한 권을 펴낼 수 있고, 유투브에 노래하는 영상을 올려 음반 녹음 계약을 따낼 수도 있다. 로드트립네이션을 시작하기 10년쯤 전에 텔레비전 방송물을 만들려면 수백만 달러짜리 장비가 있어야 했다. 하지만 우리가 로드트립을 시작할 무렵 그런 장비 값이 신용 카드를 최대한도까지 쓰면 충당할 수 있을 만큼 저렴해졌다. 이렇듯 접근하기가 쉬워지면 경쟁 수준도 변한다. "성공"이란 것이

동문회 같은 비공식적인 통로로 접근한 소수의 운 좋은 사람들에게만 제한되지 않는다. 상아탑은 어마무시한 무한 경쟁에 밀려난 지 오래다. 무한 경쟁 속에서 성공하고 싶다면, 그 속으로 뛰어들어 행동해야 한다.

"진정으로 하고 싶은 일이라면 이미 하고 있어야 한다."

– **베로니카 벨몬트**, 기술 관련 인터넷 방송 제작자 겸 진행자

/// 로드맵 ///

모든 교육은 스스로 배우는 것이다

대학 학위가 사회 진출을 위한 준비 도구로 생각되는 때가 있었다. 통계적으로는 지금도 그렇다. 평균적으로 대학 학위가 있으면, 더 건강하게 살고, 수입이 더 많은 편이며, 교도소에 갈 확률이 더 적다. 하지만 이제 대학 학위가 여생을 보장해 주는 시대는 지났다. 인류 역사상 요즘처럼 온갖 방대한 지식에 무료로 접근할 수 있는 길이 많은 시대는 없었다. 그야말로 혁명적이라고 할 수 있다. 고등교육의 독점은 붕괴되었다. 오늘날에는 남극대륙의 외진 곳에 살고 있는 아이도 컴퓨터 앞에 앉아서 수만 가지 무료 온라인 강좌를 이용할 수 있으니 말이다. 칸 아카데미에서 기본 원리들을 배울 수도 있고, 유튜브에 올라온 수많은 교육 영상 중 하나를 선택해서 볼 수도 있으며, 테드 강연에서 영감과 통찰력을 얻을 수도 있고, 온라인에 접속해 배움으로써 상상을 뛰어넘는 훌륭한 프로그래머가 될 수도 있다.

대학 졸업생들끼리 경쟁하는 시대는 지났다. 요즘 젊은이들은 세계 곳곳의 모든 이들과 경쟁해야 한다. 이제 누구나 얻고자 하는 지식에 접근할 수 있으니 말이다. 포토샵을 배우고 싶다고? 우리가 포토샵이란 단어를 검색창에 입력했을 때, "포토샵 사용지침"에 대한 유튜브 영상이 2백 6십만 개가 넘었다.

그렇다면 어떻게 배워야 할까? 배워야 할 것을 세세하게 나누고, 하나씩 하나씩 배워가면 된다. 흥미가 당기는 것에 대해 배울 수 있는 자료를 찾아내고, 몰입해서 할 수 있는 것에 집중해라. 그리고 범위를 넓혀가라. 강의나 교재로는 충분하지 않다. 만일 사업에 관심이 있다면 〈패스트 컴퍼니〉, 〈와이어드〉, 〈포춘〉 같은 잡지 또한 구독해야 하고, 블로그를 10개쯤은 읽어야 하며, 영향력 있는 사람들의 SNS를 팔로잉하고, 온라인으로도 오프라인으로도 사람들을 만나야 한다.

학교를 졸업하고 직장 생활을 할 때도 마찬가지다. 급료를 받기 위해 하는 일만으로는 충분하지 않다. 뒤처지지 않고 세상의 변화에 발맞추어 가려면 그 이상의 것을 해야 한다. 이런저런 블로그도 읽고, 학회에도 참석하고, 자신의 지식과 흥미를 활용할 새로운 방법을 배워야 한다. 로드맵을 계속 정비해라. 어떤 일을 하든, 어떤 공부를 하든, 끊임없이 배우고 지식을 넓혀가는 것은 자기 자신에게 달려 있다.

뉴올리언스에 기반을 두고 창작 활동을 하는 **제임스 리브스**의 디자인 공동체는 다양한 능력을 가진 미술가들, 디자이너들, 사업가들이 모여 공동 작업을 하도록 이끈다. 제임스는 프리랜서 디자이너 겸 음악가로 활동했던 시절을 떠올리며 다음과 같은 말을 했다. "마음속에 품고 있는 목표가 있어야 합니다. 가만히 앉아서 '웹디자인을 배워야지'라고 말만 해서는 안 되죠. 제가 웹디자인을 배운 이유는 우리가 제작 중에 있는 음반에 대해 사람들에게 알리고 싶었기 때문입니다." 제임스는 수강료가 비싼 웹디자인 강좌를 들을 수 있을 때까지 기다리지 않았다. 시행착오를 거듭하면서 연습을 통해 직접 배워갔다. 포토샵 역시 같은 방식으로 배웠다.

대학 4년 동안만이 아니라 날마다 기술과 경험과 지식을 스스로 쌓아 가면 새로운 힘을 얻는 것은 물론이요, 뜻 깊은 삶을 이어갈 수 있다.

맥주를 양조하고 싶든, 온라인 사업을 시작하고 싶든, 꿀벌을 치고 싶든, 아도비 프리미어에 관해 배우고 싶든, 도스토예프스키에 대해 좀 더 자세히 공부하고 싶든, 하던 일을 그만두고 학자금 대출을 받아서 학교에 다닐 필요가 없다.

로즈마리 체르토*는 혈기 넘치는 이탈리아계 이민 1세대 미국인으로, 필라델피아에 있는 맥주 양조장 겸 피자 전문점인 독 스트리트 브루잉 회사의 소유주이다. 그녀는 친구들을 초대한 디너파티에 어울릴 만한 맛 좋은 축하주를 준비하면서 맥주를 만들기 시작했다. 1980년대에 그녀는 교사 출신의 사진 작가로 일하고 있었지만, 무엇이든 직접 만드는 것을 좋아한 나머지 맥주도 만들어 팔기 시작했다. 그러기 위해 전문가가 되어야 한다고는 생각하지 않았다. 그냥 시작했다.

  **www.roadtripnation.com/leader/rosemarie-certo**

오늘밤 당장 배우면서 행동으로 옮기기 시작할 수 있다. 인터넷에 접속해서 동호회에 가입해라. 그리고 당신이 흥미를 갖고 있는 분야에서 이미 활동하고 있는 사람들과 이야기를 나누어라. 전문가가 아니어도 얼마든지 사람들과 어울릴 수 있다.

포틀랜드 주립대학교에서 예술과 사회적 실천에 대해 강의하는 **해럴 플레처** 교수는 다음과 같이 말한다. "예전에는 사람들이 음악을 연주하는 법, 노래하는 법, 요리하는 법, 정원을 가꾸는 법을 아는 것이 예사로운 일이었죠. 그런 일들은 모두 일상적인 것들로 전문화되지 않은 비슷한 수준이었습니다. 아마도 간편한 걸 좋다 보니 전문화가 되지 않았던 듯싶습니다. 전문화가 되면 간편하지 않게 되니까요. 정원을 가꾸거나 요리를 할 때는 특별한 기술과 형식적인 방법 그리고 장비가 있어야 한다고 생각하기 마련인데, 결국 그런 생각 때문에 사람들이 어떤 일을 그저 할 수 있다는 마음을 먹지 못하는 게 아닌가 합니다." 언제든 얼마든지 새로운 경험과 여러 가지 매체 속으로 뛰어들 수 있다는 것을 깨닫는 순간, 더 많은 가능성이 열린다. 또한 우리가 호기심을 따를 수 있고 또 따라야 한다는 것을 스스로 체험하게 된다. 그런 삶을 추구하면 흥미가 더욱 다채로워질 뿐 아니라 새로운 흥미가 생겨난다. 그런 과정을 통해 흥미를 바탕으로 온전하고 풍요로운 삶을 이끌어 갈 수 있다.

우리가 지금 주장하는 것은 새로운 개념이 아니다. 이런 개념을 뜻하는 말이 예전부터 있었다. 바로 독학자(autodidact)라는 말이다.

auto(스스로) + didact(가르치다)

독학으로 기다를 배운 지미 헨드릭스, 대학을 다니지 않고도 문학가로 명성을 얻은 마야 안젤루 등 역사상 자기 자신의 교수가 된 사람들은 많고도 많다. 대단한 천재라야 독학할 수 있는 것이 아니다. 자신의 타고난 호기심을 따르기만 하면 된다.

앞에서 언급한 영화제작자, **데이브 뱅크스**는 서던캘리포니아대학교(USC)의 영화 교육을 해킹하여 공부했다고 옛일을 떠올렸다. "제가 이곳 캘리포니아로 왔을 때, 여행 가방 하나하고 주머니에 든 200달러가 전부였습니다. 버뱅크(역주―캘리포니아주 남서부에 있는 도시)에서 버스를 타고 왔었죠. USC에 유명한 영화 학교가 있었거든요. 프랜시스 포드 코폴라, 조지 루카스 같은 감독들을 배출한 학교였는데, 저는 죽을 힘을 써도 그 학교에 들어가 공부할 수 없었습니다. 성적이 안 됐거든요. 그래서 그 학교 서점에 가서 학생들이 되판 책을 모조리 사들여서 그걸로 공부했습니다."

조 케사다*가 마블 코믹스의 편집장이 될 수 있었던 것은 다른 무엇보다 만화책을 좋아했기 때문이었다. 비록 만화계의 구조에 대해서는 아는게 거의 없었지만, "저는 만화계에서 일하고 싶다는 마음을 깨달은 즉시 전략을 세우기 시작했습니다. 만화책에 대해 아는 것이 없어서 우선 전반적인 지식부터 얻어야 했죠. 훌륭한 창작자들은 어떤지, 형편없는 창작자들은 어떤지에 대해서요. 저는 훌륭한 창작자들처럼 되고 싶었습니다. 그것이 저의 로드맵이었어요." 그가 말했다.

그는 독학과 연습과 훈련을 통해서 목표를 향해 나아갔다. DC 코믹스에서 포트폴리오를 평가받을 기회가 생겼을 때는 6주 동안이나 쪼그리고 앉아 포트폴리오를 만들었다. 그는 잘할 수 있을 때까지 기다리지 않고 그냥 달려들어 시작한 다음에 스스로 배워갔다. 그 결과 DC코믹스에서 일을 하게 되었고, 뒤이어 마블코믹스의 최고 크리에이티브 책임자(CCO)가 되었다.

  **www.roadtripnation.com/leader/joe-quesada**

풍부한 경험을 보태라

이제 만족스런 삶에 이르는 탄탄대로는 없다는 것을 깨달았으리라. 그러므로 대학교 강의 과목 목록에 만족스런 삶에 이르는 길에 대한 것이 없다고 놀라서는 안 된다. 대학 교육은 실습 정도로 생각하는 것이 좋다. 배우면서 지식을 얻을 수 있고 학습법을 배울 수는 있지만, 행동으로 이르게 하는 일은 극히 드물기 때문이다. 강의실의 네 벽 안에서 일어나는 일이 대학 밖의 현실 세계를 나타내지는 못한다. 그러므로 기본적인 지식에 경험을 보태면서 스스로 길을 만들어가는 것이 중요하다. 그에 더해 로드맵을 제대로 따르고 주요 흥미들을 조화롭게 결합시키려면, 우리가 추구하는 건강한 삶을 뒷받침해줄 다양한 미디어에 능숙해져야 한다.

페이스북의 데이터센터 운영 책임자인 **델피나 에벌리***는 "제 친구들은 대부분 주위의 기대에 따르는 길을 택했습니다. 저는 멕시코계 대가족 출신의 이민 1세대로 제 아버지는 농장 인부였죠. 전 다르게 살고 싶었습니다. 그래서 다른 세상으로 나갈 수 있는 연결 고리를 찾았죠."라고 말했다. 델피나는 디지털 세계에 대해 아무런 예비 지식이 없었지만, 컴퓨터 전문가들과 데이터를 고속 처리하는 사람들 사이에서 연결 고리를 찾았다.

그녀가 페이스북의 고위직에 오른 것은 교과과정만으로 이루어진 게 아니었다. 그녀는 일시적으로 은행 전산실에서 일한 적이 있는데, 그때 그 일이 정말로 재미있고 좋다는 것을 깨닫게 되었다. 그 이후 그녀는 찾을 수 있는 컴퓨터 강좌를 모두 찾아서 수강하기 시작했다. "그 전까지는 컴퓨터 다루는 일을 해본 적이 없었어요. 그런 교육을 받은 적도 없었고요... 하지만 그런 일을 피하려 하지 않고 받아들였죠. 무작정 앉아서 컴퓨터에 대해 배워나갔어요. 그런 자세가 오늘날까지 저한테 정말 큰 도움이 됐습니다."

 www.roadtripnation.com/leader/delfina-eberly

　삶의 길에서 벗어나지 않는 가장 확실한 방법 중 하나는 현실에 기반을 두고, 다양한 학습을 통해 경험을 쌓으며 실력을 높이는 것이다. 지금 우리가 이야기하고 있는 학제 간 모델은 T자와 비슷하다. 실제로 기업의 인사 담당자들은 그런 기량을 가진 사람을 "T자형" 인재라고 말한다. T자형은 지식의 폭이 넓으면서도 깊은 것을 의미한다. 특별한 분야나 관심 분야에 전문화된 지식을 가지고 있으며(T자의 세로대 부분), 분야 밖에 있는 사람들과 소통할 수 있고, 문제를 해결하고 관계를 쌓아갈 수 있는 폭 넓은 기술을 가지고 있다(T자의 가로대 부분). 이런 T자형 지식과 기술을 로드맵에 연결시킬 수 있을 때, 스스로 배워가는 단계가 더욱 명확해진다.

혼자 하지 말것

독학은 컴컴한 방에서 유튜브 영상을 보며 혼자 해야 한다는 생각을 버려라. 독학을 할 때는 관계가 매우 중요하다. 조 케사다는 만화책 작가와의 우연한 만남을 계기로 만화계에 첫발을 내디뎠고, 데이브 뱅크스는 예술가들의 협력단체에 가입했으며, 해럴 플레처는 새로운 공동체들과 계속 관계를 맺으며 참신한 생각을 얻었다.

NASA의 로켓 기술을 개발하는 회사, 레이저모티브의 수석과학자 **조딘 케어**는 사회 불안 장애로 고생하면서도, 사회 공동체들과 관계를 쌓아가는 것이 중요하다고 강조한다. "좋은 사람들하고 함께 시간을 보내세요. 흥미를 불러일으키는 사람들, 일하고 있는 분야에서 최고인 사람들, 나 자신보다 더 똑똑하고 더 나은 사람들하고 시간을 보내면 첫째, 뭔가를 계속 배우게 됩니다. 실용적인 것은 물론이고 어떤 일을 하는 전반적인 방법과 사고방식에 대해 배우게 되죠. 둘째, 절대로 게을러지지 않습니다. 셋째, 한 20년 동안 그런 사람들과 연락이 끊긴다 해도 그 뒤에 비슷한 사람들을 찾아내게 됩니다. 신기하게도 어디선가 그런 사람들이 나타나서 '이봐, 내가 멋진 일을 하고 있어. 이리 와서 한 번 봐.'라고 말하죠. 그러면 또 당신은 생각도 못했던 일을 하고 있는 자신을 깨닫게 될 겁니다. 그러니까 좋은 사람들하고 어울리세요. 남은 삶이 훨씬 더 흥미로워질 테니까요."

스스로 배워가면서 행동하는 삶의 중요성은 자신이 가야 할 인생길을 찾아낼 수 있다는 점에 있다. 스스로에 대해 알게 되기 때문이다. 다른 사람들이 생각하는 당신의 능력이나 역량이 아니라 진정한 당신의 능력과 역량을 말이다. 그런 걸 알면, 더욱 활기차고 더욱 충실하게 삶의 여정을 펼쳐나갈 수 있다. 어떤 학교를 다녔는지, 평점이 얼마인지는 중요하지 않다. 중요한 것은 자기 본연의 모습으로 하고 싶은 일을 하는 것이다.

CHAPTER 22

방향을 바꿔야 할 때와
U턴을 해야 할 때

삶에서 가속도의 중요성은 아무리 강조해도 지나치지 않다. 한 가지가 또 다른 것을 이끌고, 앞으로 나갈수록 여러 문이 열리면서 기량과 인간관계와 경험이 풍부해진다. 모든 도미노 패들이 이어지기 시작하면 가속도가 붙는다. 도미노 패 하나를 톡 치기만 하면 모든 패가 연이어 쓰러지지 않는가.

하지만 실생활에서는 그런 일이 얼마나 자주 일어날까?

개인의 삶에서 가속도에 문제가 생기는 일은 셀 수도 없을 만큼 허다하지만, 그런 경우를 실감하기는 쉽지 않다. 확실한 것은 당신이 어떤 사람이든 얼마나 많은 계획을 짜고 희생을 하고 노력을 기울이든, 여전히 장애물을 만나게 되리라는 것과, 장애물에 어떻게 대처하느냐에 따라 로드맵에 동그라미들이 많아지고, 당신이 어떤 사람인지 밝혀진다는 것이다.

장애물에 맞닥뜨리는 순간은 결정을 내려야 하는 중요한 시점이다. 그냥 쓰러져서 포기할 것인가? 아니면 시련을 이겨내고 더 나은 모습의 내가 될 것인가?

우리는 지금껏 실패를 "하고", 그로부터 배울 수 있는 교훈을 받아들일 것을 강조해 왔다. 하지만 장애물은 한 번의 실패 사례라고 할 수는 없다. 장애물이란 계속 실패가 이어지는 것일 수도 있고, 엄청난 한 차례의 실패일 수도 있다. 낙제를 하는 것에서 건강 문제나 해고 되는 것에 이르기까지 살면서 일어나는 변화일 수도 있다. 또 어떤 선택을 하든, 방향을 잘못 잡아서 길을 잃었다는 느낌이 계속되는 것일 수도 있다. 어떤 종류이든, 장애물은 지금 가고 있는 방향에 대해 의문을 갖도록 한다. 장애물을 극복하려면 정면으로 마주하는 수밖에 없다. 바로 앞에 장애물이 있다면 어떻게 해야 할까?

　우선, 긴장을 풀어라. 당신 혼자만 장애물에 맞닥뜨리는 것은 아니다. 역경은 도움이 되기도 한다. 당신의 신념을 검증하고, 당신이 올바른 길로 가고 있는지를 입증하는 도구이기 때문이다. 스위치풋 그룹의 더블 플래티넘에 빛나는 가수 **존 포어맨**은 장애물의 힘은, 악기로 소리를 내려면 요구되는 팽팽한 긴장감과 비슷하다고 말한다. "전 그런 팽팽한 긴장감이 나쁘다고 생각했습니다. 다들 그런 긴장감을 줄이고 싶어 하죠. 그래서 먹으면 기분이 나아지는 약을 먹기도 하고요. 우리 사회에는 고통을 덜기 위한 온갖 것이 있습니다. 고통을 적으로 보기 때문입니다. 하지만 이제 전 그렇게 생각하지 않습니다. 팽팽한 긴장감을 좋은 거라고 보죠. 기타나 바이올린이 적절한 소리를 내려면 거의 언제나 줄이 팽팽하게 당겨져야 하니까요." 팽팽한 긴장 상태 없이 악기 소리가 날 수 없듯이 장애물이라는 긴장 상태 없이 우리는 성장할 수 없다.

　변화나 발전은 거의 늘 만만치 않은 장애물을 만난 뒤에 온다. 장애물을 만나면 우리는 당연히 선택을 해야 한다. 그때 목표는 솔직하게 능동적으로 장애물을 처리하는 것이다. 갑작스런 자극에 대한 우리의 본능적 반응을 항상 신뢰할 수 있는 것은 아님을 잊지 마라.

　적절히 반응해라. 겁에 질려 허둥대지 말고 얼어붙지 마라. 심호흡을 하고 나서 생각해라. 장애물이 있다고 앞으로 나갈 수 없는 것은 결코 아니다. 장애물이 있다는 것은 앞으로 나가기 전에 신중하게 생각하고 주의를 기울여야 하는 상황에 놓였다는 것을 의미한다.

공터를 지나 지름길로 가고 있다고 가정해 보자. 버려진 타이어들이며 쓰레기 더미를 훌쩍 뛰어넘었더니 느닷없이 똬리를 틀고 있는 방울뱀이 앞에 보인다. 당신이라면 그 뱀을 내려칠 돌멩이를 찾겠는가? 아니면 비명을 지르며 홱 돌아서서 반대 쪽으로 달아나겠는가? 맞서느냐, 달아나느냐 두 가지 선택만을 가정하는 것은 구시대적 반응이다. 신경과학에 따르면 그런 반응은 모든 위협을 삶과 죽음의 문제로 처리하려 하는, 우리 뇌의 원초적인 반응이다.

그런 원초적인 충동에 따르지 말고 상황을 분석하는 시간을 가져라. 어쩌면 길 한쪽에 뱀을 피해 지나갈 수 있는 공간이 있을지도 모른다. 혹은 좀 더 자세히 살펴보면 그것은 방울뱀이 아니라 독이 없는 줄무늬 뱀에 불과할지도 모르고. 또한 그것이 해를 입힐 수 있는 방울뱀이라고 해도, **당신이 방울뱀을 보고 놀란 것보다 방울뱀이 당신을 보고 더 놀랐을지도** 모른다. 또 어쩌면 방울뱀이 포식할 수 있는 먹이를 잡기 위해 독을 허투루 쓰지 않고 그냥 다른 데로 가버릴지도 모르고! 이성적으로 생각하고, 나침반의 방향이 로드맵으로 향하도록 한다면, 문제를 해결할 수 있는 방법은 여러 가지가 있다. 장애물을 만났다고 그저 달아나거나 포기하려 할 것이 아니라, 심호흡을 하고 그 상황에서 배울 수 있는 것이 뭔지 알아내야 한다. 그런 다음에 어떻게 반응할지 선택해라.

그런 과정은 문제의 근본 원인을 철저히 파악하고, 그 문제가 자신의 앞날에 어떤 의미를 갖는지 분석할 시간을 가질 것을 요구한다. 장애물이 어떤 사실을 드러내는지 꼼꼼하게 살펴보고, 그런 사실과 스스로에 대해 알고 있는 것을 비교 평가해 보라.

우선 로드트립네이션의 온라인 주제별 인터뷰 아카이브를 검색해 보라. 거기서 당신이
직면한 것과 같은 장애물(의심, 실패, 경제적 문제, 부정적 성향 등)에 직면했던 리더들과
인터뷰한 기록을 찾아볼 수 있을 것이다.

 **www.roadtripnation.com/explore/themes**

수년 간 도로여행을 하며 사람들이 다양한 장애물에 어떻게 대응하고 극복하는지
를 관찰한 뒤에, 우리는 직면하게 될 장애물에 대한 대처 방안을 알아내기 위한 방편
으로 간단한 흐름도를 만들었다.(302페이지를 보라.) 대처 방안으로는 기본적인 세 가
지 선택안이 있다. 즉 방향 전환을 하거나, U턴을 하거나, 장애물을 뛰어넘는 것이다.

방향 전환을 해야 할 때

방향 전환은 유동적이고 융통성 있게 생각하는 것을 뜻한다. 또한 선택된 흥미에 전
념하거나 사실상 자신에게 가장 중요한 주관적 진실을 다른 관점에서 생각해보는 것
이며, 가고 있던 방향을 완전히 포기하는 게 아니라 옆으로 돌아가는 것을 뜻한다.

로드트립네이션 멤버들이 〈라디오랩〉의 진행자 자드 아붐라드를 만났을 때, 100
번 이상 교직에 지원했다 떨어진 뒤에 교사에 대한 미련을 접어야 할지 갈등하고 있
던 멤버인 메건이 자드에게 속마음을 털어놓았다. "전 정말로 가르치는 일을 하고 싶
어요. 하지만 아무리 애써도 일자리를 구하지 못하고 있죠. 그래서 마음을 바꿔야 하
나 생각 중인데 어떻게 제2, 제3, 제4의 계획을 마련하고 좀 더 잘 대처할 수 있는지
알고 싶어요."

자드가 대답했다. "글쎄요, 가르치는 일이 뭐라고 생각하세요? 융통성 있게 생각하면, 그 일은 범위가 꽤 넓어질 수 있어요. 당신이 기대하는 것과는 달라 보이는 일이 될 수도 있고, 형태가 변할 수도 있죠. 당신이 지금까지 얻고자 해온 직업과는 다른 직업도 가르치는 일이 될 수 있다는 말이에요."

우리가 말하는 방향 전환은 강철처럼 단단해서 구부러지지 않는다고 생각했던 것을 구부러지게끔 하는 것이다. 그렇게 구부리고 휘고 하면, 보다 나은 새로운 모습의 자신에 이르게 된다. 가르치는 직업을 한 가지로만 생각했던 메건은 그런 생각을 바꾼 뒤에 여러 가지 다른 가능성을 찾게 되었다. 비영리 교육단체의 교과과정을 짜고, 방과 후 학교에서 학생들을 가르치고, 그리스의 고고학적 유적지로 역사 여행을 안내하는 일 등이 모두 가르치는 일임을 깨달은 것이었다. 융통성 있는 방향 전환은 제한된 가능성을 넓히고, "이 일을 하기 위해서는 이런 사람이 되어야만 해."라는 소음에서 수월하게 빠져나올 수 있게끔 한다.

방향 전환은 관심 분야에서 성공할 능력이 있다는 걸 알고, 그 일을 하고 싶은 욕구 또한 수그러들지 않지만, 상황이 여의치 않아서 원래 계획을 약간 조정해야 할 때 하는 것이다. 천문학자 **로라 댄리**[*]는 방향 전환으로 꿈을 이룬 산증인이다.

로라는 모든 천문학자들이 꿈의 직장으로 생각하는 NASA에서 직장 생활을 시작했다. "전 어릴 때 아폴로 우주선의 임무와 제미니 우주선의 임무에 대한 방송을 수없이 봤어요. 우주에 가고 싶었고, 우주에 대해 공부하고 싶었죠. 그리고 싶은 마음이 너무나도 확고했어요. 어릴 때부터 NASA에서 일하는 게 소원이었는데, 정말로 NASA에서 허블우주망원경을 관리하는 일을 하게 됐어요. 그보다 더 멋진 일이 뭐가 있었겠어요? 하지만 그즈음 신경 쓰이는 일들이 생겼어요. 무엇보다 큰 문제는 제 삶이 만족스럽지 못한 것이었죠. 전 행복하지 않았어요."

www.roadtripnation.com/leader/laura-danly

그녀는 네팔에 가서 몇 주 동안 트레킹을 하며 삶터에서 벗어나 자유로이 생각할 시간을 가졌다(이 책의 100페이지 "빈 도화지"에서 말한 개념을 기억할 것이다). 그 전까지는 끊임없이 좀 더 나은 사람이 되는 데만 모든 신경을 기울였던 로라는 네팔에서 자신에게 진정한 행복을 주는 것이 무엇인지 깨달음을 얻고 돌아왔다. NASA는 진정한 행복을 주지 못한다는 것을 로라는 마음으로 알았다. 모든 천문학도가 바라마지 않는 "꿈의 직장"은 로라의 로드맵에 있는 길이 아니었다.

그녀는 이제 LA에 있는 그리피스 천문대의 전시 책임자로서 과학에 대한 애정과 예술을 결합시켜 전시회와 천문관 쇼를 기획하는 일을 하고 있다. 마침내 자신의 로드맵에 적합한 일을 찾은 것이다. 하지만 로라는 앞으로도 계속 변화를 추구할 것이라고 말했다. "전 여섯 번이나 새로 시작했어요. 6년 전에는 뉴욕에서 일했는데 그때 나이가 50이었죠. 50의 나이에 변화를 꾀했어요. 전 언제까지든 변화를 멈추지 않고 싶어요."

그녀는 끊임없이 변화를 추구하면서 자기 의심을 잠재우고 자신감을 쌓아올렸다. "NASA를 그만두기로 결정하기 직전에 언니하고 얘기를 나눴던 게 기억나네요. 제가 '결정은 했지만 두렵고 무서워.'라고 했더니, 언니가 '그럼 그 두려운 마음의 반대편엔 뭐가 있니?'라고 물었어요. 저는 '뭐가 있긴? 설렘이 있지!'라고 생각했죠. 언니가 묻는 순간 그렇다는 걸 깨달았어요. '두려워, 무서워!'하는 마음의 이면에 설레는 마음이 있다는 것을! '아주 멋진 일이 될 수도 있어. 정말이지 설레고 흥분돼!'라는 마음이 있다는 것을 말이에요. **그러니까 두려울 때는 왜 두려운지 생각해 보세요. 타당한 근거가 있다면 그 두려움을 존중하세요.** 하지만 '두려운 마음 이면에 어떤 마음이 있는 건지 모르겠어. 전혀 모르겠어.'라는 생각이 든다면, 심호흡을 하고 비행기에서 뛰어내리세요. 그 편이 나을 테니까요. 전 정말 그렇다는 걸 알고도 남을 만큼 수차례 뛰어내렸어요."

U턴을 해야 할 때

말 자체가 암시하듯이 U턴은 진행 방향을 완전히 바꾸는 것이다. 개인적으로 이런 결정을 내려야 하는 동기를 객관적으로 판단하는 방법은 없다. 사람마다 다를 테니까. 하지만 U턴을 고려해야 하는 확실한 단서는 몇 가지 있다. 지금 하는 일이 만족스러운가? 즐거울 거라고 생각했던 일인가? 마음속 깊이 자신과 맞는 일이라고 생각하는가? 지금 하는 일이 요구하는 기술을 타고났는가? 타고난 기술은 다소 부족할지 모르지만, 끝까지 밀고 나가서 필요한 기술을 개발할 만한 열정이 있는가?

이런 질문들에 대한 대답 중에 스스로를 깜짝 놀라게 하는 것이 있다면, U턴을 고려해 보라. U턴을 하기에 너무 늦거나 너무 이른 때는 없다.

인도적 구호 단체의 물 프로그램 책임자로 일하고 있는 **나트 페인터**[*]는, 그 전에는 세계은행에서 물 위생 전문가로 일했고, 또 그 전에는 출판업계에서 쌓은 화려한 경력을 뒤로 하고 완전히 방향을 바꾸어 공학을 공부했다. 그는 그렇게 급격한 방향 전환을 하게 된 데는 분명한 신호들이 있었다고 말했다. "저는 다음날 아침에 깨어나기가 싫어서 잠자리에 들기가 싫을 지경에 이르렀었어요. 잘못 들어선 길을 가고 있었거든요." 아버지의 갑작스런 죽음 또한 그의 자기성찰에 한 몫을 했다. 당시 스물다섯 살이던 그는, 장차 어떻게 될지 모르면서 소위 잘나가는 직장을 그만둬도 되는 건지 아침마다 갈팡질팡했다.

"제 직업에 대해 그런 의문을 품고 있을 때 아버지께서 돌아가셨어요. 그때 '나도 언제든 죽을 수 있어'라는 생각이 들면서, 전혀 흥미 없는 일을 하면서 시간을 낭비할 수는 없다는 생각이 들었습니다. 그래서 좀 더 행복해질 수 있는 길을 가기로 했죠."

그는 인문학에서 공학으로 180도 방향을 돌렸다. 그러기 위해서는 대학을 다시 다녀야 했다. 이전 직장 동료들이 결혼을 하고 집을 장만하는 동안, 그는 고등학교를 갓 졸업한 신입생들과 나란히 앉아 공부를 해야 했다. 하지만 행복을 추구하는 마음이 더욱 컸기에 그런 쑥스러운 상황을 얼마든지 견디어 낼 수 있었다.

 **www.roadtripnation.com/leader/nat-paynter**

나트보다 더 극단적인 U턴의 예를 보여주는 사람이 있다. 로큰롤 명예의 전당의 CEO **테리 스튜어트***이다. U턴을 하기 전 그는 어땠을까? "저는 학위를 네 개나 받았는데, 그중 어떤 것에도 별 흥미가 없었습니다. 기업을 합병하고 인수하는 일도 했고, 은행에서 일하기도 했는데 그런 일이 다 싫었죠. 근무 시간 외에 재미삼아 좋아하는 일을 할 때 빼고는 정말 비참했습니다." 그에게 즐거움을 주는 것은 음악, 영화, 만화책, 대중문화였다.

하지만 어느 날 맞닥뜨린 충격적인 일이 모든 것을 바꾸었다. 그가 은행에서 해고된 것이었다. 비록 은행 일을 좋아하지는 않았지만 그는 절망했다. 해고의 여파는 눈덩이처럼 커졌다. 이혼을 했고, 우울증에 시달렸으며, 심각한 경제적 고충이 뒤따랐다.

그런 중에 그는 진정한 흥밋거리들을 접함으로써 도피처를 찾았다. 만화책과 대중문화에 대해 다시 생각하기 시작했고, 즐겁게 할 수 있는 일을 찾아가는 작은 발걸음을 통해, 자신이 처한 상황의 이면을 볼 수 있는 자신감을 얻기 시작했다. 그러면서 재능을 발휘하고 로드맵을 변경할 수 있었다. 좋아하지도 않는 일을 마지못해 하면서 수년을 허비한 뒤에 테리는 마침내 "스파이더맨의 보스"가 되었다. 마흔넷의 나이에 마블 엔터테인먼트 그룹의 수장이 된 것이다. 장애물이 당신을 몰락의 길로 끌어내린다고 생각하지 마라. 장애물은 삶의 여정을 다시 조정할 수 있는 기회를 준다. 테리가 "더 늦은 나이에 인생을 바꿔줄 요행을 바라는 사람이 되지 말고, 지금 운명에 도전하십시오."라고 일깨워주듯이.

장애물을 뛰어넘어야 할 때

반면에, 흔들림 없이 소신을 따르는 것이 옳은 일일지도 모른다. 뱀을 넘어가는 것, 즉 꿈을 간직한 채 가던 방향을 고수하며 장애물을 극복해내는 것이 말이다. 맞닥뜨린 장애물은 그저 소음에 불과할지도 모르고, 능력과 열정으로 거뜬히 밀어낼 수 있을지도 모른다. 만일 "이건 내가 하고 싶은 일이야. 꼭 해내고 말 거야."라는 생각이 든다면, 그런 마음이 끝내 소음을 몰아낼 것이다. 하지만 그렇다고 해도 성공이 보장되는 건 아니다. 장애물을 뚫고 나가기 위해서는 자신의 능력에 대한 솔직한 평가와 일에 대한 열정이 필요하다. 그리고 원하는 곳에 이르기 위해서는 희생이 필요하다는 것 또한 깨달아야 한다.

〈라티나 매거진〉의 편집장, **베티 코르티나 웨이스**도 장애물을 뛰어넘어야 했다. "타고난 재능이 저보다 뛰어난 사람들이 정말 많았습니다. 글 쓰는 일은 언제나 저에게 너무나 힘든 일이었죠. 하지만 전 개의치 않고, 좋은 글을 쓰기 위해 남들보다 배로 열심히 노력했습니다. 네, 정말로 열심히 했죠. 다른 일을 그렇게 열심히 하는 건 상상도 할 수 없을 만큼 열심히 했습니다."

세 가지 중에서 장애물을 뛰어넘는 것이 가장 힘겨운 선택일 것이다. 장애물을 밀쳐내고 계속 앞으로 나가기 위해서는 수많은 소음을 견디어 내야 하고, 더욱 현명하게 대처해야 하며, 힘든 일을 기꺼이 껴안아야 한다.

앞을 가로막는 장애물이 무엇이든, 다음의 흐름도를 이용하여 당신의 생각을 알아낼 수 있다. 이 흐름도가 개개인이 처한 독특한 상황을 다 포함하지는 못하겠지만, 그래도 출발점은 될 수 있다.

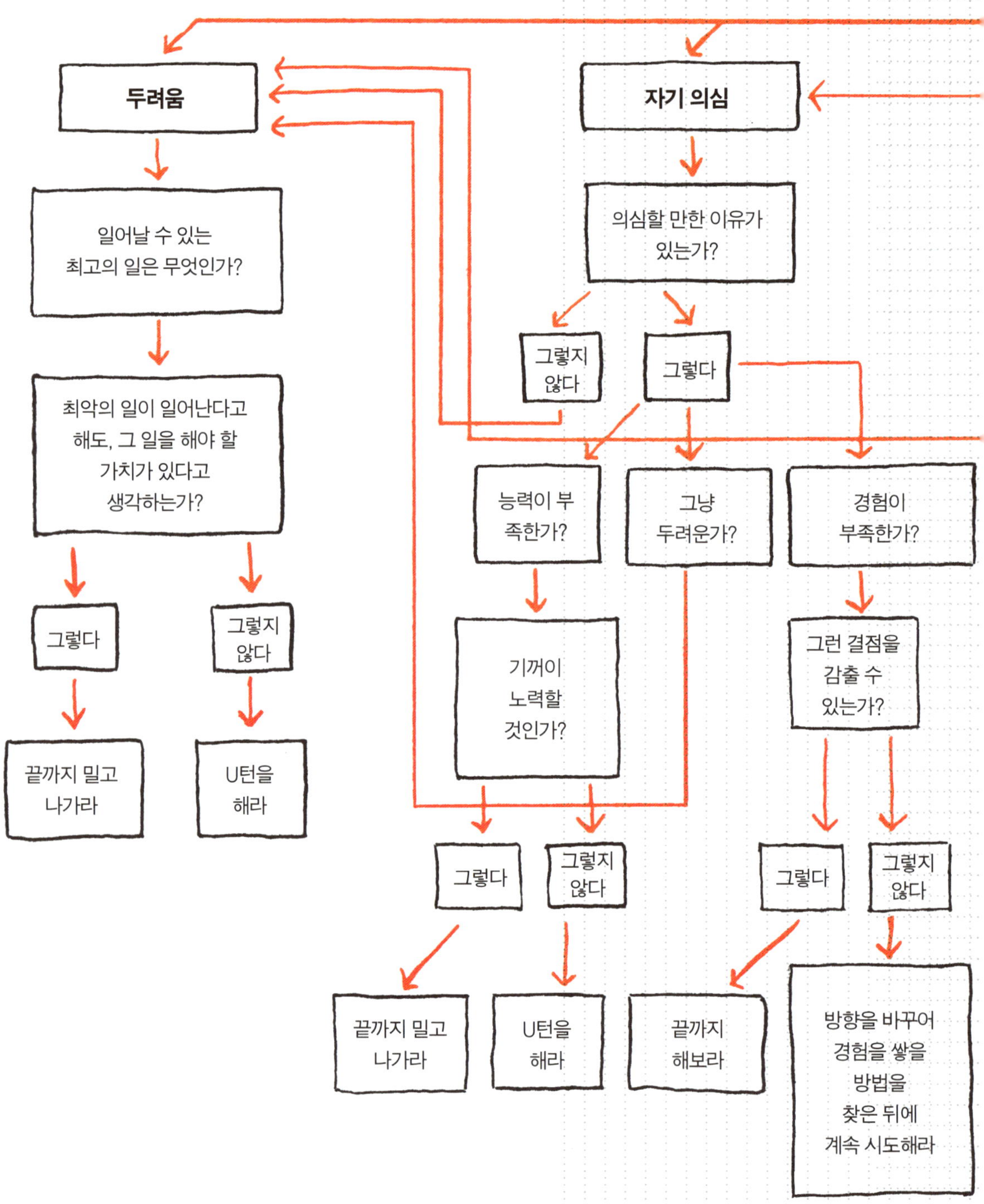

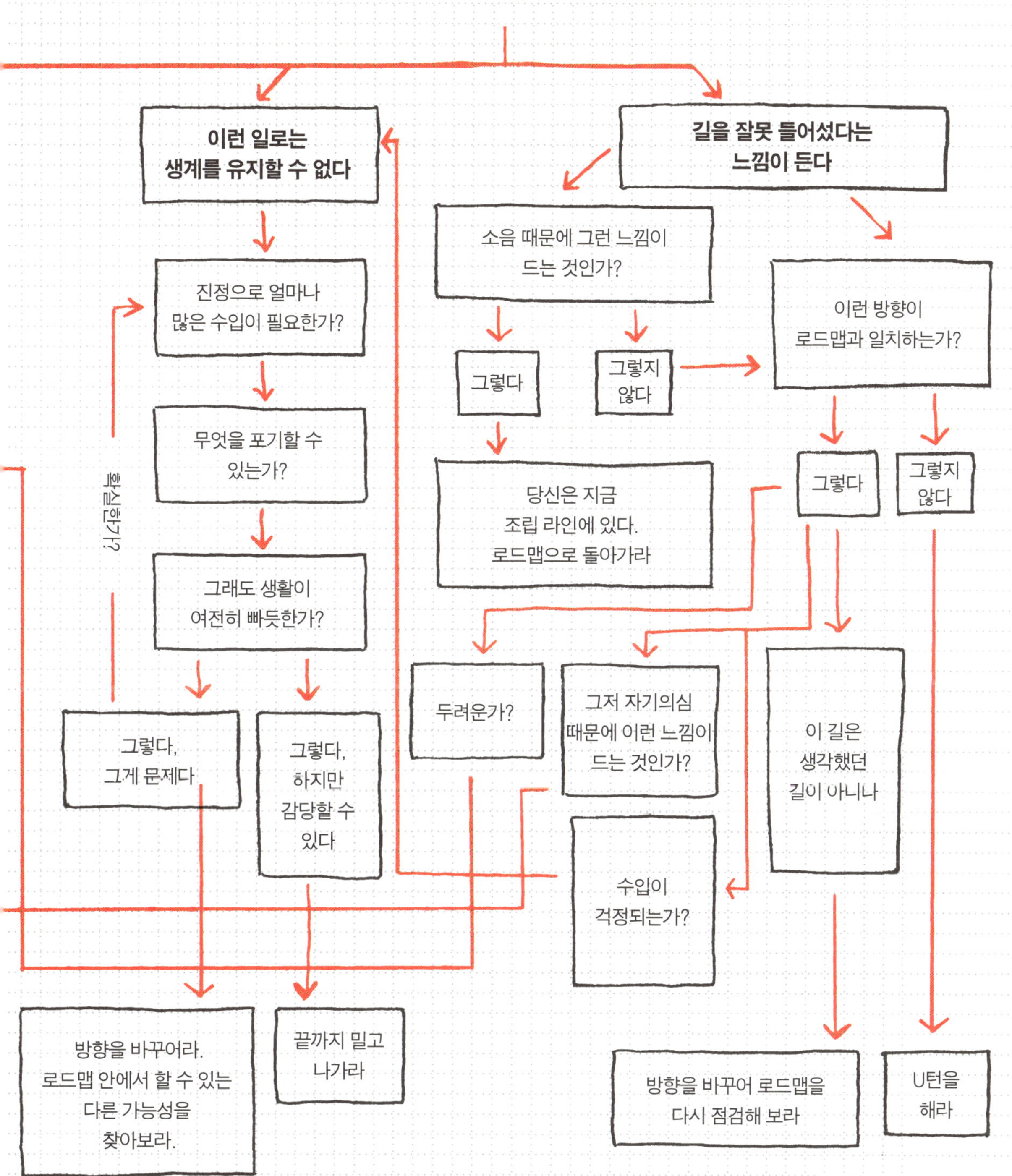

시작
당신이 맞닥뜨린 장애물은 무엇인가?
이런 일로는 생계를 유지할 수 없다
길을 잘못 들어섰다는 느낌이 든다
진정으로 얼마나 많은 수입이 필요한가?
소음 때문에 그런 느낌이 드는 것인가?
이런 방향이 로드맵과 일치하는가?
그렇다
그렇지 않다
무엇을 포기할 수 있는가?
당신은 지금 조립 라인에 있다. 로드맵으로 돌아가라
그렇다
그렇지 않다
그래도 생활이 여전히 빠듯한가?
흑은 단순히
그렇다, 그게 문제다
그렇다, 하지만 감당할 수 있다
두려운가?
그저 자기의심 때문에 이런 느낌이 드는 것인가?
이 길은 생각했던 길이 아니나
수입이 걱정되는가?
방향을 바꾸어라. 로드맵 안에서 할 수 있는 다른 가능성을 찾아보라.
끝까지 밀고 나가라
방향을 바꾸어 로드맵을 다시 점검해 보라
U턴을 해라

장애물에 대해 어떻게 대응하기로 하든, 자기 자신 외에는 그 누구도 장애물의 진정한 의미를 파악할 수 없다는 것을 명심해라.

몇 장 앞에서 소개한, 변호사에서 요가 스튜디오 운영자로 변신한 리즈 만다라노는 우리 모두 예리한 개인적 직관을 가지고 있으므로 다른 사람들의 말이나 생각에 흔들리지 말고 자기 내면의 소리에 귀를 기울여야 한다고 강조했다.

"제가 가장 높이 사는 덕목 중 하나는 용기입니다. 용기가 얼마나 중요한지 아무리 강조해도 지나치지 않죠."

아이를 갖기 원했지만 마땅한 상대가 세상 어디에도 없다는 걸 깨달은 30대 후반에 리즈는 용기를 냈다. 그런 장애물에 대한 대응으로 리즈는 통상적인 길에서 벗어나 정자 기증자를 찾음으로써 엄마가 될 수 있었다.

"정말 많은 사람들이 제 사무실에 찾아와서 제가 하고 있는 일이 어떤 느낌인지 묻기도 하고 '저는 늘 이런 저런 꿈만 꾸었어요.'라고 말하는 걸 보고 많이 놀랐어요. 관례적인 일이나 기준에서 벗어나는 결정을 하면, 주위 사람들이 저를 제대로 이해하지 못하고 색안경을 끼고 볼 거라고 생각했는데, 전혀 그렇지 않다는 걸 깨달았죠. 저는 안전해 보이는 일을 하느니, 실패하더라도 저에게 맞는다고 생각되는 일을 하고 싶어요. 안전해 보이는 일도 결국 끝까지 안전하리라는 보장은 없으니까요."

앞에 어떤 장애물이 길을 가로막고 있을지라도, 우리가 숨을 쉬는 한, 그런 장애물이 극복할 수 없는 **'경기 종료'** 신호는 아니다. 장애물은 궤도 수정을 할 수 있는 소중한 기회이다. 장애물이 한 번도 나타나지 않는다면, 수년 동안 아무 생각 없이 잘못 선택한 길을 달리게 될 수도 있다. 현실에 안주한 우리를 일깨워줄 돌부리 하나 없다면 말이다. 장애물은 우리의 인생 여정에 짜릿한 자극을 주고, 정신을 차려야 할 때 정신이 번쩍 들게 하고, 타성에 빠졌을 때 채찍이 될 수 있다. 또 우리가 우리 자신의 새로운 면을 찾아내고 더욱 발전할 수 있도록 우리 자신을 일깨워줄 것이다.

CHAPTER 23

무엇보다 차별성이 중요하다

버몬트를 여행하던 어느 날, 우리는 24시간을 달린 후에, 일곱 번째이자 그날의 마지막 인터뷰를 위해 **마이클 재거**를 만났다. 그는 버튼 스노우보드를 비롯해서 엑스박스, 머렐, 버진 모바일 같은 회사를 고객으로 하는 JDK 디자인의 공동 설립자이자 광고제작 감독이었다. 마이클에게서는 차분한 자신감이 풍겨 나왔다. 여느 다른 사람들처럼 짐짓 꾸민 자신감이 아니라 내면 깊은 곳에서 나오는, 있는 그대로의 모습에서 드러나는 자신감이었다.

그는 우리 로드트립네이션이 찾고자 하는 모든 것을 압축해서 보여주었다. 그는 우리가 천 번 이상의 인터뷰를 통해 찾아낸, 의미 있는 삶을 이끌어온 사람들의 보편적인 특성에 대한 이야기로 대화를 시작했다. "일시적 성공이 아니라 삶 자체를 성공적으로 이끌어온 사람들을 보면, 보통 사람들과는 다른 차별적 특성이 있다는 걸 알 수 있습니다. 버몬트나 몬태나의 시골에 사는 농부든 뉴욕에서 활동하는 진보적인 예술가든, 성공적인 삶을 이끈 사람들은 하는 일에 자신감이 있고 주관이 있죠. 그들을 뒷받침해주는 철학이 있습니다."

마이클이 말한 것처럼 "무엇보다 차별성이 중요하다."

 www.roadtripnation.com/leader/michael-jager

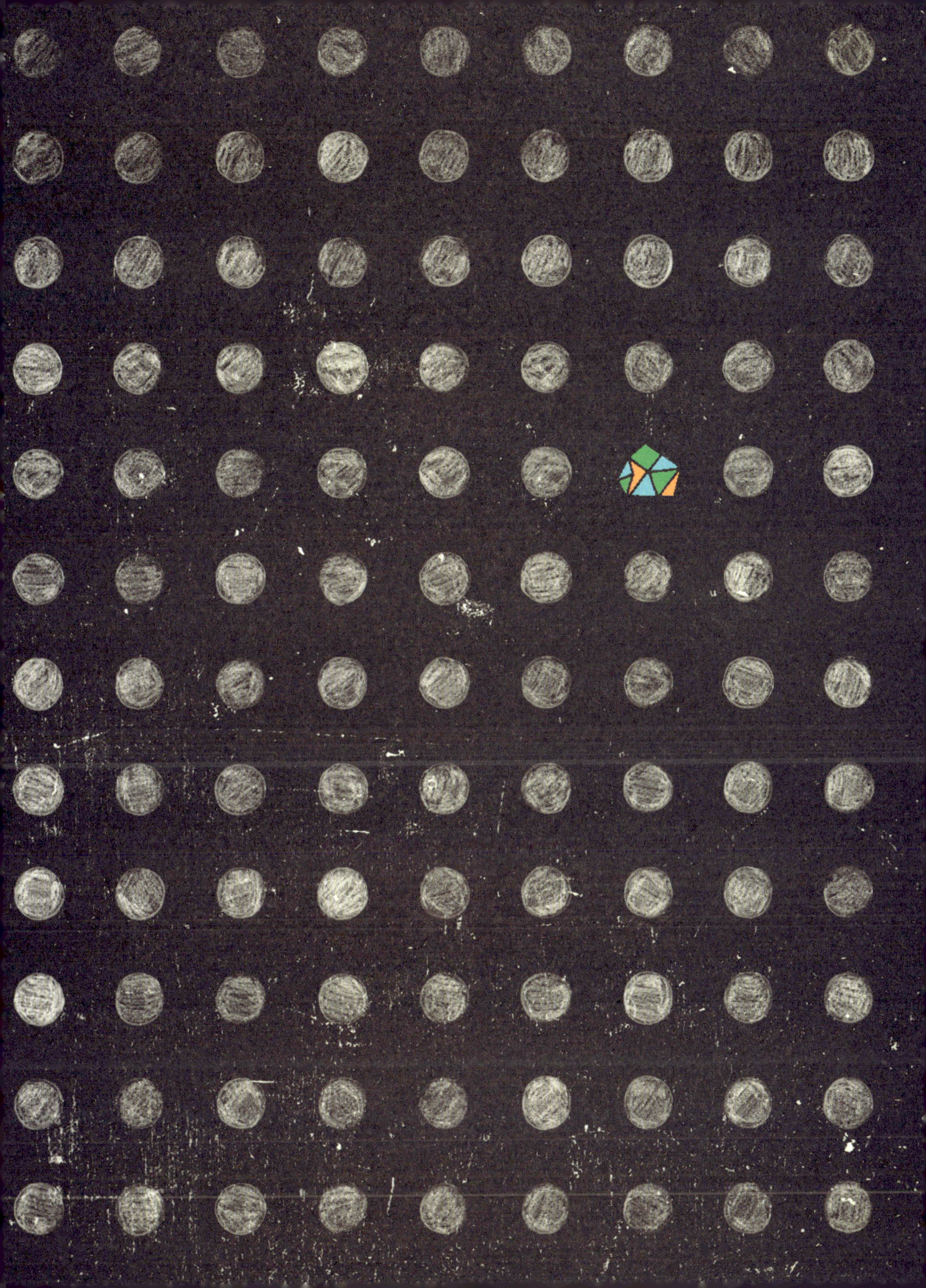

"만일 조각가가 되기로 마음먹는다면, 또는 건축가나 대단한 회계사가 되기로 마음먹고 정말 그렇게 될 수 있다고 믿는다면, 그런 마음을 당당하게 드러내고 남들과는 다른 방식으로 그 일을 추구하세요. 그러면 세상도 당신을 지지하고 협조할 겁니다."

자신이 어떤 사람인지 알고 진정한 자아를 반영하는 일을 당당하게 좇는 것이, 우리가 조립 라인에서 벗어나 우리 자신의 삶을 헤쳐 나갈 수 있는 기본 요소들이다. 자기 본연의 모습으로 살아가려 노력할 때, 비로소 내 길이 아닌 길을 가고 있는 것 같은 느낌이나 만족스럽지 못한 느낌에서 벗어날 수 있다. 진정한 우리를 반영하지 못하는 삶이 어떻게 의미 있고 만족스러울 수 있겠는가?

마이클과의 만남을 돌이켜볼 때, 마이클에게서 풍겨 나온 차분한 자신감은 흔들림 없는 신념에서 나온 것임을 이제 우리는 안다. 마이클은 자신이 어떤 사람인지 정확히 알았고, 그래서 선택의 기로에 설 때마다 자신에게 가장 적합한 방향을 찾아갈 수 있었다.

선사이신 **본성** 스님은 우리에게 "여러분이 세상에 주는 가장 큰 선물은 스스로가 어떤 사람인지 깨닫고 그것을 분명히 드러내는 것입니다."라고 말했다. 이 말은 우리를 자유롭게 한다. 우리는 암 치료제를 발견하지 않아도 되고, 〈포브스〉지의 세계 최고의 부자들 목록에 오르지 않아도 된다. 제2의 엘론 머스크(역주―테슬라 모터스 창업자로 스티브 잡스와 빌 게이츠를 능가하는 CEO로 일컬어진다)나 셰릴 샌드버그(역주―페이스북 최고 운영 책임자)가 될 필요도 없다. 자신이 될 수 있는 가장 진정한 사람이 되는 것이 우리에게, 우리 가족에게, 넓게는 이 세상에 선물이 된다. 우리 자신으로 살아가는 것이 진정한 우리의 삶이니까.

마이클처럼 소신과 주관을 갖고 행동하는 특출한 사람들의 이야기에 귀를 기울이다 보면, 자연스레 가장 멋진 모습의 우리 자신에 대해 상상하게 된다. 일단 꿈을 이루는 것이 정말로 가능하다는 생각을 받아들이면, 그 다음으로 할 일은 뜻하는 것을 이루기 위해 온 몸을 던지는 것이다. 인터뷰 도중에 우리는 창밖을 내다보며, 이상적인 세상에서 하고 싶은 모든 것들에 대해 꿈을 꾸곤 한다. 또한 직관에 따르는 진정한 모습의 우리 자신에 대한 꿈을 꾸기도 한다. 이 책을 읽으면서, 어느 순간 홀연히 사라졌던 당신의 꿈을 되찾고, 그 꿈을 실제로 이룰 수 있다고 믿게 되기를 바란다. 우리가 로드트립을 통해 얻은 가장 귀중한 교훈 중 하나가 바로 **사람은 꿈꾸는 만큼 훌륭해질 수 있다**는 것이다.

"무슨 일을 하든, 언제나 당신의 능력과 지력을 최대한 발휘해서 할 수 있는
최선을 다해야 합니다. 지나간 날은 돌이킬 수 없기 때문입니다. 지나간
몇 시간도, 지나간 몇 분도 돌이킬 수 없습니다. 시간을 참 잘 썼다는
느낌이 들게 하는 일을 하세요. 그러면 자랑스러운 삶은 아닐지라도
어쨌거나 행복한 삶을 살아가게 될 겁니다. 제가 나이가 들어가면서 자꾸
더 생각하게 되는 것이 있습니다. 마지막 순간에 '한평생을 잘 보냈는가?'
라는 물음에 어떻게 대답할 수 있을까 하는 것입니다."
　－앤드류 린스, 필라델피아 미술관 관리자

　가장 보람 있고 충실한 삶은 꿈과 함께 시작된다. 꿈이 없으면 우리는 진정한 우리
자신이 아니라 남들이 말하는 우리가 된다. 자신의 미래에 대한 꿈이 출발점이다. 하
지만 꿈을 이루기 위한 행동이 없다면, 꿈은 그저 꿈으로 끝나고 만다. 여행을 마치
고 돌아와서 녹색버스의 열쇠를 건네는, 로드트립네이션의 새로운 멤버들은 모두 꿈
을 이루기 위한 첫걸음을 뗄 것이다. 꿈을 이룰 수 있다는 걸 깨달으면 더욱 확고하
게, 더욱 적극적으로 꿈을 향한 고삐를 거머쥐고 박차를 가해서 보다 나은 자신이 되
기 위한 길로 뛰어들게 된다.
　로드트립이 아무리 즐거워도 아쉬움을 뒤로 하고 끝맺음을 해야 하듯, 이 책도 끝
맺음을 해야 할 때가 되었다. 당신은 스스로 무엇을 할 수 있다고 상상하기 시작했는
가? 꿈은 그저 꿀 수 있는 것이 아니라 반드시 필요한 것임을 믿게 되었는가? 이제 마
음속에 품고 있는 꿈을 거리에 내놓아라.

"불가능한 것을 시도해라. **미쳐 보라.** 한 발로 서서 비틀비틀 움직여라. 비틀거리면서 앞으로 나가라! 손을 뻗쳐라! 뛰어올라라! 모두들 할 수 없다고 말하는 것을 시도해라. 뛰어라! 펄쩍 뛰어넘어라! 나아가라. 걸어가라. 미쳐라. 가장 용감한 너 자신을 끌어내라. 여기서 용감하다는 건 아이를 키우기 위해 필요한 차분한 용기가 아니라, **다른 그 누구도 하지 않는 것을 하는 용기를 말한다.** 몇 년에 걸쳐 산에 오르는 것이 그러한 일이다! 몇 년에 걸쳐 팔이 부러져라 몰두하는 것이 그러한 일이다. 몇 년에 걸쳐 사랑에 빠지고, 제정신을 차리고, 다시 사랑에 빠지고, 제정신을 차리는 것이 그러한 일이다. 세계 곳곳의 도시에서 사랑을 나누고, 머리를 깎아라, **또는 일 년 정도 일상에서 벗어나 다른 사람들이 전혀 이해하지 못하는 것을 해라!** 해라. 해라. 지금 당장 해라! 살아라! 글을 쓰고 싶든, 영화를 만들고 싶든, 뭐든 하고 싶은 걸 우선 할 수 있는 삶을 살아야 한다. **그렇게 살아라! 살아라! 살아라! 살아라! 살아라!** 발목이 아프고, 지불해야 할 청구서가 있고, 밤에 돌보아야 할 아이가 있어도, 하고 싶은 것을 해라. 그래야 후회가 남지 않는다. **앞을 향해 나아갈 때 갖고 가기에 가장 무거운 것이 후회이다.** 너무 많은 후회를 짊어지고 가지 않도록 할것."

— **스테이시앤 친,** 시인 & 회고록 집필자

Define
Your own
road
in Life.
www.roadtripnation.com

.roadtrip nation

프로젝트

지금까지 앞에서 얘기했듯이, 열린 길에서 얻은 깨달음은 어떤 일이든 행동해야 일어난다는 것이다. 행하다 보면 탄력이 붙게 된다. '자기 만들기'는 행동을 바탕으로 하는 지속적인 과정이다. 아마 당신도 이 책을 한 장 한 장 읽어가면서 이미 작은 발걸음을 내디뎠을 것이다. 이제 우리는 한걸음 더 나아가서 행동을 이끌어낼 수 있는 좀 더 확실한 기회를 제공하고자 한다.

뒤에 나오는 프로젝트들은 요리책의 조리법 같은 것이 아니다. 당신이 로드맵에 따라 나갈 수 있도록 돕기 위한 열린 실험 같은 것이다. 이 프로젝트들은 당신이 진정으로 즐겁게 몰두할 수 있는 흥미를 찾는 데 도움이 되는 것은 물론, 당신이 가고 있는 길에서 긍정적인 면은 강화시켜주고, 혼란을 초래하는 것이나 장애물은 피하도록 해줄 것이다. 각각의 프로젝트에 대해 생각하면서 메모를 할 수 있는 공간도 마련해 놓았다.

이런 프로젝트에 어느 정도의 노력을 기울일까 하는 것은 당신이 결정할 일이다. 한 발만 살짝 담글 수도 있고, 덥썩 뛰어들 수도 있고, 또 이 프로젝트들을 활용해 당신의 로드맵에 대한 생각을 확고히 할 수도 있다. 하나의 프로젝트를 시도하든, 모두 다 하든, 이 프로젝트들을 이용하여 당신 자신을 만들어가라.

일단 해 볼 것.

· **시간 투입** : 낮거나 중간 정도

· **비용** : 0원

· **준비 시간** : 1시간

· **필요한 도구** : 인터넷 접근이 용이한 기기

· **목표** : 주요 흥미에 빠져들고, 다른 사람들과 그것을 공유하는 것

· **빅 아이디어** : 당신이 좋아하는 것과 관련된 일을 시작하는 데 허가나 급료를 기대하지 마라. 블로그는 당신의 흥미에 좀 더 가까이 다가서고, 나름의 관점을 표현하기에 쉽고도 안전한 방법이다. 블로그가 멋진 글을 저장하는 곳일 필요는 없다(그런 공간이 될 수 있지만). 사진들을 저장한 공간 또는 당신에게 영감을 주는 것들과 관련된 공간이어도 된다.

316

참여 정도

저 : 사진을 올리거나 링크를 공유한다.

중 : 매달 한 번씩 신경 써서 포스팅한다.

고 : 상세한 분석과 함께 자주 포스팅한다.

관련된 장 : 8장, 10장, 13장, 14장, 15장, 19장, 21장, 23장

블로그를 시작하기 전에 생각해 보아야 할 질문이 몇 가지 있다.

1. 이 블로그는 누구를 위한 것인가?

무엇보다 이 블로그는 당신을 위한 것이다. 당신의 주요 흥미와 기본 성향 안에서 생각하고 생활하는 습관을 길러주는 것이어야 한다. 또한 미래를 위해 지렛대 역할을 할 수 있는 일을 연습하고 만들어내는 공간이 되어야 한다. 블로그는 여러 가지를 시험해 보는 공간이고, 무엇이 유효하게 작용하는지 알아내는 곳이며, 당신이 흥미를 갖는 분야를 드러내는 공간이다. 완벽해야 한다는 부담감은 갖지 마라.

2. 무엇에 관해 블로그 할 계획인가?

당신의 로드맵을 보라. 당신의 주요한 흥미들과 공통적으로 관련이 있는 주제는 무엇인가? 어떤 특별한 방법으로 그런 것들을 통합할 것인가?

3. 어떤 종류의 블로그를 만들고 싶은가?

글재주가 있다면 글을 길게 쓰는 형식을 선택해라. 글 쓰는 것을 싫어하면, 짧은 글과 이미지연결 사이트로 구성되는 형식을 선택해라.

4. 블로그에 어떤 독특한 관점을 표현할 것인가?

블로그 사이트는 수백만 개에 이른다. 당신의 목표가 제2의 허핑턴 포스트는 아닐지라도 두드러지고 싶은 마음은 간절할 것이다. 당신이 어떤 사람인지, 당신이 보여주려는 것이 무엇인지 더 많이 알아 보기 위해 당신의 블로그를 찾는 독자나 미래의 잠재적 고용주가 딱 세 명뿐이라고 해도 말이다.

블로그 서비스를 선택해라

어떤 블로그 서비스가 당신에게 가장 적합한지 검토해보고 결정해라. 이용하기가 편해서 널리 채택되고 있는 사이트를 몇 군데 소개한다. (물론 당신이 이 책을 읽었을 때쯤에는, 우리가 여기에 소개한 것보다 기술적인 면에서 더욱 발전해 있겠지만.)

▶ **블로거(Blogger)** : 블로그를 시작하려고 하는 초보자에게 좋다

▶ **워드프레스(WordPress)** : 무엇보다 글쓰기를 좋아하는 사람에게 좋다.

▶ **텀블러(Tumblr)** : 글을 짧게 쓰고, 여러 가지 다양한 내용을 다루려고 할 때 좋다.

▶ **미디엄(Medium)** : 간단명료하다. 이곳의 주제는 기술 부문에 집중되는 경향이 있다.

포스팅 빈도

당신이 할애할 수 있는 시간 간격을 정해라. 매일 올릴 것인지, 일주일에 한 번, 혹은 한 달에 한 번 올릴 것인지 선택해라. 어떤 선택을 하든 목표를 정하고 그 목표를 지켜라.

여하튼 시작해라

비록 무엇에 대해 얘기할지 모르겠다는 생각이 들어도, 뭐든 포스팅을 하고 시작해라. 첫 포스팅은 단지 당신이 미숙하다는 것을 공개적으로 알리는 것에 지나지 않을 수도 있다. 모든 성공적인 블로그도 첫 포스팅은 불안했다. 지금은 대단한 인기를 누리는 블로그지만 첫 포스팅은 변변치 않았던 곳을 몇 군데 소개한다.

디자인*스폰지(Design*Sponge)

그레이스 보니가 대학을 졸업하고 1년 후에 디자인*스폰지를 시작했을 때, 블로그를 통해 생활비를 벌 수 있는 날이 오리라고는 상상도 못했다. 처음엔 그저 온라인 포트폴리오가 되게 꾸밀 생각이었는데, 이 블로그는 이내 그레이스가 디자인에 대한 영감을 공유하는 곳으로 발전했고 열혈 팬들까지 생겼다. 그 덕에 그레이스는 블로그를 아예 일터로 삼을 수 있었다. 이제 책까지 출간한 그레이스는 국립 작업장을 관리하고 있으며, 프리랜서로 명성 높은 디자인 잡지들에 글을 기고하고 있다. 하지만 디자인*스펀지가 "밀레니엄 세대를 위한 마사 스튜어트 리빙"란 별명이 붙기 전에 그레이스의 첫 포스팅은 대수롭지 않았다.

www.designsponge.com/2004/08/a-few-of-my-favorite.things.html

Dooce.com

Dooce는 작가이자 웹디자이너인 헤더 B. 암스트롱이 만들었다. 헤더는 음악과 대중문화와 조리대의 음식을 넘보는 그녀의 개에 대한 글을 쓰기 위해 블로그를 시작했다. 부차적인 취미 생활로 시작한 일이 결국 생활수단으로 변했다. Dooce를 통해 나오는 수입 덕에 헤더의 남편은 직장을 그만두고 영업 부분을 맡고 있다. 헤더가 종일 파자마 차림으로 앉아 생계를 꾸릴 수 있다는 것을 깨닫기 전, 그녀의 첫 블로그 포스팅을 찾아보라.

www.dooce.com/2001/05/06/thinking

Decor8

이 인테리어 디자인 블로그는 독창적인 라이프스타일을 찾는 사람들에게 영감을 주는 곳이 되었다. 하지만 저자이자 인테리어 스타일리스트인 홀리 베커가 처음 이 블로그를 시작한 이유는 인테리어 디자인에 대한 자격증을 얻기 위해서였다.

www.Decor8blog.co./2006/01/09/decor8-welcome/

A Beautiful Mess(ABM)

요리와 DIY 활동에 영감을 주는, 소박하시만 꼼꼼한 라이프스타일 블로그로 시작한 ABM은 이제 눈덩이처럼 커져서 스키니진 애호가들까지 즐겨 찾는 필수적인 앱이 되었다. 다음 주소에서 ABM의 초라한 첫 출발을 볼 수 있다.

www.abeautifulmess.com/2007/07/s-is-for-welcome.html

팁 몇 가지

▶ **약속은 덜하고 내용은 더해 주는 것이 좋다.** 블로그를 하는 것이 재미있겠지만 너무 많은 시간과 노력을 기울이면 감당하기 어렵게 될 수 있다. 시작은 소소하게, 띄엄띄엄 하다가 흥미가 커지면 규모를 키워가는 게 좋다.

▶ **사람들은 사진을 좋아한다.** 포스팅 할 때 이미지를 첨부하면 좋다. 단, 당신이 안셀 애덤스(역주—미국 제일의 풍경 사진작가)라고 생각하지는 마라. 꼭 직접 찍은 사진만을 올릴 필요는 없다. 크리에이티브 커먼즈(역주—저작권자가 자신의 저작물에 대한 이용법과 조건을 표기한 표준 약관이자 이용 허락 표시)를 통해 무단 사용을 허용하는 플리커(역주—태그 기반 인터넷, 앨범 서비스 제공) 이용자들의 사진을 활용해라. www.flickr.com/search/advanced/에 들어가서 크레이이티브 커먼스 라이센스가 있는 사진들을 검색하고 적당한 사진을 골라서 이용해라.

▶ **다른 누구도 아닌 당신만의 독특함을 보여줘야 한다.** 인기좋은 블로그를 보고 참조할 수도 있다. 하지만 당신만의 독특함을 보여주는 것이 있어야 한다.

▶ **영감을 주는 사이트.** 당신의 블로그를 더욱 풍성하게 하는 데 도움이 될 만한 블로그들을 몇 군데 소개한다.

Oh Happy Day : www.ohhappyday.com

Swiss Miss : www.swiss-miss.com

Boing Boing : www.boingboing.net

All Things Go : www.allthingsgomusic.com

The Sartorialist : www.thesartorialist.com

A litte Batty : www.littlebatty.tumblr.com

Conscientious Photography Magazine : www.cphmag.com

The Great Discontent : www.thegreatdiscontent.com

Brain Pickings : www.brainpickings.org

Mental Floss : www.mentalflossr.tumblr.com

Catsparella : www.catsparella.com

EdSurge : www.edsurge.com

Booooooom : www.boooooom.com

PostSecret : www.postsecret.com

돌아보기

몇 차례 포스팅을 한 다음에 잠시 시간을 내서, 그런 경험을 통해 배운 게 무엇인지 생각해보라. 그렇게 돌아보는 행위 자체가 포스팅 거리가 될 수도 있다.

1. 당신의 생각과 아이디어를 블로그에 올리는 기분이 어떤가? 어떤 점이 설레고, 어떤 점이 두려운가?

2. 당신의 주요 흥미에 대한 호기심이 더 커졌는가, 더 약해졌는가(다른 것으로 바뀌었는가)?

3. 비슷한 생각을 가진 사람들과 관계를 맺는 방편으로 블로그를 어떻게 사용할 수 있나?

4. 어떤 점에서 이 블로그가 당신이 장차 하고 싶은 일(구직 인터뷰를 위한 자료, 새로운 사람들을 만나 일 등)을 위한 발판이 될 수 있는가?

321

프로젝트 #2 : 당신의 상품/서비스를 온라인으로 팔아라

· **시간투입** : 중간 높음

· **비용** : 0 – 000원

· **준비 시간** : 시작하는 데 ±5시간

· **필요한 도구** : 유동적. 카메라, 컴퓨터, 당신이 세상에 내놓고 싶은 상품이나 서비스

· **목표** : 돈! 아니, 농담이다. 뭐, 어느 정도는 사실이다. 적은 액수라도 좋아하는 일을 하면서 수입을 얻는 것만큼 즐거운 일은 없을 테니까. 당신이 팔려고 하는 것에 기꺼이 돈을 지불하려는 사람들이 있다면, 그리고 팔려고 하는 것이 당신의 로드맵 중심에 있는 거라면, 당신이 올바른 방향으로 가고 있다는 뜻이다.

· **빅 아이디어** : 이것은 뭔가를 만들거나 기술이 있는 사람에게 완벽한 프로젝트이다. 팔려는 것이 기차 경적이든, 맞춤형 가구든, 편집 능력이든, 집필 서비스든, 강아지 셔츠에 스크린 프린트를 하는 것이든, 웨딩 사진을 찍는 것이든. 직접 제작하지 않고 빈티지 선글라스를 사서 팔 수도 있다. 그런 것도 당신의 안목에 대한 반응을 이끌어낼 수 있다. 팔려는 것이 꼭 물건일 필요는 없다. Quirky.com 같은 사이트에 협동 프로젝트를 제공하거나 프리랜스 사이트에 서비스를 내놓을 수도 있다. 이 프로젝트는 당신의 꿈을 거리에(혹은 인터넷에) 내놓는 것이다.

참여 정도

저 : 한두 가지 물건이나 당신의 재능을 사이트에 제시한다.

중 : 몇 가지 물건을 만들어서 반응을 살핀다.

고 : 상품이나 서비스에 상표를 붙여 시장에 내놓고, 모두들 즐기는 반응을 끌어낸다.

관련된 장 : 3장, 8장, 9장, 11장, 13장, 14장, 15장, 21장, 23장

상품이나 서비스를 세상에 내놓기 전에 생각해봐야 할 것이 몇 가지 있다.

1. 내가 무엇을 만들 수/할 수 있는가?

당신이 내놓는 상품이나 서비스가 로드맵의 중심에 있는 것인가? 그럴 경우 이 프로젝트를 시작한다면, 이미 마음속에 생각하고 있는 바가 있을 것이다. 만일 그렇지 않다고 해도 걱정하지 마라. 당신의 로드맵이 특정한 사람들의 요구를 어떻게 충족시킬 수 있는지부터 생각하면 된다.

2. 상점을 열기 전에 얼마나 많은 물건을 만들어야 하나?

최소한 하나 이상으로 시작하는 것이 좋지만, 아무것 없이도 시작할 수도 있다. 투자금이 부족하다면 킥스타터(역주—미국 최대의 크라우드 펀딩 서비스로, 개인이나 기업이 상품 아이디어, 모금 목표액, 개발 완료 예정 시점 등을 사이트에 올려놓으면 프로젝트를 지지하는 킥스타터 회원이 후원자로 나서는 시스템)에 들어가 보라! 그 사이트에는 물건이 만들어지기도 전에 팔리는 프로젝트들이 수천 가지 있다.

3. 어떤 흥미를 펼치고 있는가?

이 프로젝트의 목표는 많은 돈을 버는 것보다 당신의 상품을 세상에 내놓는 기분이 어떤지를 실험하는 것에 가깝다. 화가가 되고 싶다는 생각과 화가가 되는 것은 어떻게 다를까?그런 질문에 대한 답을 찾는 것도 감성적인 접근법이다.

4. 당신이 만드는/하는 것의 어떤 면이 독특한가?

시장은 비슷한 상품과 서비스들로 넘쳐 난다. 당신의 작품은 무엇이 독특한가? 포장법의 경우 어떻게 보이고 어떤 느낌이 드는가? 작품 뒤에 숨은 스토리가 있는가?

판매할 곳을 선택하라

이용할 수 있는 다양한 스토어프런트(역주—단기간에 홍보효과를 극대화할 수 있는 임대매장, 일명 팝업스토어를 찾아주는 서비스)가 많고도 많다. 두드러진 것으로 Etsy가 있지만, 특정한 취미에 적합하도록 서비스를 맞춘 다른 스토어프런트들도 있다.

▶ **엣시(Etsy)** : 이용자에게 상품을 판매할 수 있는 디지털 스토어프런트를 제공한다. 주로 핸드메이드 제품을 파는 사람들에게 맞춰져 있다.

▶ **스토어엔비(Storenvy)** : Etsy와 비슷하다. 유기농 페이스마스크에서 아이팟 케이스에 이르는 다양한 제품을 판매하는 스토어프런트를 열어준다.

/// 로드맵 ///

▶ **쿼키(Quirky)** : 제품 개발을 도와준다. 모든 일을 처리하지 않고도 쉽게 뛰어들 수 있는 방법을 제공한다.

▶ **킥스타터(Kickstarter)** : 전반적인 아이디어를 관리하는 창의적인 프로젝트를 위한 크라우드소스 펀딩이다.

▶ **소사이어티6(Society6)** : 당신의 돈을 투자하지 않고도 당신이 디자인한 의류나 제품을 만들 수 있다.

▶ **스퀘어스페이스(Squarespace)** : 이용이 간편한 이 웹호스팅 플랫폼은 포트폴리오, 스토어프런트, 블로그를 위한 멋진 디자인 견본을 제공한다.

▶ **브릭 앤 모르타르** : 공예품 장터, 농산물 시장, 혹은 다른 소규모 직판점의 판로를 열어준다.

상품 광고

일단 준비가 되면, 당신이 내놓고자 하는 것을 사람들에게 알려야 한다. 손쉽게 친구들부터 공략해라. 소셜 미디어를 통해 상품을 공유하고 입소문을 퍼뜨려라. 비슷한 흥미를 가진 블로거들에게 쪽지를 보내 말을 퍼뜨려 줄 것을 부탁하는 것도 한 방법이다.

팁 몇 가지

▶ **작은 규모로 시작해라.** 몇 가지 상품으로 시작해서, 사람들이 관심을 갖는지 알아보라. 당신의 상품에 대한 사람들의 반응을 살핀 뒤에 규모를 늘려라.

▶ **이야기를 해라.** 상품 판매를 하면서, 모든 경험을 하나의 스토리라고 생각해라. 당신의 상품이 만들어지기끼지 과정에 대한 이야기로. 사람들은 구입하는 제품의 내력을 알고 싶어 한다. 또한 그들이 사는 제품이 그냥 물건이 아니라 세상에 뭔가를 말하는 좀 더 큰 비전이 있는 것이기를 바란다. 비슷한 상품을 내놓는 다른 사람보다 두드러져 보이기 위해서, 당신 상품의 어떤 면을 부각시킬 수 있는지 생각해 보라. 증조할아버지의 구형 타자기를 이용해 예스러운 글씨체로 카드를 만들 수도 있고, 모든 재료를 그 지역에서 나는 것만으로 할 수도 있다. 또 수입의 10퍼센트를 가치 있는 일에 투자하는 것도 한 방법이다. 그런 독특한 면들이 고객을 사로잡고, 당신을 다른 사람들과 차별화할 것이다.

▶ **알아보라.** 어떤 상품을 만들고, 마케팅하고, 판매하고, 피드백을 하는 모든 과정을 좋아하려면 특별한 유형의 사람이 되어야 한다. 그런 경험을 하면서 좋은 것은 무엇이고, 싫은 것은 무엇인지 눈여겨보라. 그 과정이 지겹도록 싫다면, 당신이 좋아하는 부분에 어떻게 집중할 수 있는지 알아보라.

▶ **규모를 키우려면?** 꽤 좋은 결과를 얻고 있다면 판매규모를 좀 더 진지하게 생각해라. 성공적인 엣시 스토어를 운영하는 법에 대한 책이 수백 권이나 있다. 또 엣시는 당신이 엣시 팀(www.etsy.com/help/article/332)으로 가입해서 피드백을 얻고 다른 판매자들로부터 더 많이 배우기를 권한다.

영감을 주는 사이트

인터넷 판매법을 보여주고 동기를 부여하기 위해, 우리가 애용하는 상점 몇 군데를 소개한다. 꼭 한 군데만 이용할 필요는 없다. 트레드리스나 코튼 뷰로 같은 사이트는 다양한 커뮤니티의 독창적인 생산물에 의존한다.

조이 로스(Joey Roth) : www.joeyroth.com

텃츠 앤 크래시(Tuts and Crash) : www.etsy.com/shop/TutsandcrasH

젬마 코렐(Gemma Correll) : www.society6.c0m/artist/gemmacorrell

트레드리스(Treadless) : www.threadless.com

존 콘티노(Jon Contino) : www.Society6.com/artist/joncontino

코튼 뷰로(Cotton Bureau) : www.CottonBureau.com

밴드캠프(Bandcamp) : www.bandcamp.com

레트로피트 코믹스(Retrofit Comics) : www.retrofitcomics.com

옐로우 아울 워크샵(Yellow Owl Workshop) : www.yellowsorkshop.com

돌아보기

판매를 시작했을 경우, 당신의 상품을 내놓는 것에 대해 어떤 생각이 드는가?

1. 상품을 만들어 상점에 내놓는 과정에서 무엇을 배웠는가?

2. 어떤 과정이 제일 좋았는가(개념화, 디자인, 제작, 홍보, 택배)?

3. 당신의 주요 흥미에 대한 열망이 커졌는가, 약해졌는가?

4. 상점의 어떤 부분을 개선하고 싶은가? 어떤 부분이 잘 되고 있는가?

프로젝트 #3 : 새로운 곳으로 여행을 떠나라

- **시간투입** : 한나절 혹은 좀 더 긴 시간

- **비용** : 0 – 000원

- **준비 시간** : 계획하는 시간과 새로운 곳에 머무는 시간

- **필요한 도구** : 지도, 컴퓨터, 카메라, 때로는 노트북, 폼 나는 선글라스

- **목표** : 원하는 것에 이르기 위해서 때로는 일상에서 벗어나 거리를 둘 필요가 있다. 이 프로젝트의 목표는 로드맵이나 그에 상응하는 주요 흥미와 관련된 새로운 곳을 방문함으로써 새로운 공간에 있어 보는 것이다. 목적지가 대단한 곳이 아니어도 괜찮다. 새로운 시각으로 상황을 볼 수 있는 곳이면 된다.

- **빅 아이디어** : 흥미가 있는 것 한 가지를 선택하고, 당신의 시간과 예산이 맞는 한도 내에서 그 흥미를 살릴 수 있는 장소나 행사를 찾아라. 익숙한 영역에서 벗어나라. 베이 에어리어에 있는 메이커 페어(역주—DIY 전시회)를 방문하여 최첨단의 신기한 장치를 구경하는 것도 좋고, 뉴욕으로 현장학습을 가서 반 고흐의 〈별이 빛나는 밤〉을 보는 것도 좋다. 중요한 것은 당신의 흥미를 펼칠 수 있는 새로운 어딘가에 가는 것이다.

참여 정도

저 : 한나절의 모험 여행

중 : 주말 대부분의 시간을 쓰는 여행

고 : 제대로 된 주요 흥미 탐험을 위해 다음 휴가를 모두 쓰는 것

관련된 장 : 2장, 7장, 8장, 9장, 14장, 16장, 19장, 22장

1. 나의 로드맵에 있는 주요 흥미 중 탐색해보고자 하는 것은

_________________________________ 이다.

2. 나는 이런 경험에 기꺼이 _______________ **원을 투자할 것이다.**

3. 내 흥미와 연관이 있고, 내 예산 안에서 여행할 수 있는 다섯 곳

1.

2.

3.

4.

5.

4. 여행 방법

a. 도보

b. 자전거

c. 대중교통

d. 자동차

e. 배

f. 비행기

g. 위의 모든 수단

정보 공유 사이트

미트업(Meetup) 공통 관심사를 기본으로 하는 친목모임으로 세계 거의 모든 도시에서 사람들을 찾아준다.

론리 플래닛(Lonely Planet) : 여행 장소와 머물 곳에 대한 여행 정보를 준다.

카우치서핑(Couchsurfing) : 현지인의 집에 머물며 교류할 수 있는 값싼 곳을 찾아준다.

에어앤비(Airnb) : 현지인의 집을 방문한 느낌으로 묵을 수 있는 숙소를 찾아준다.

일단 예상 목적지가 다섯 군데로 좁혀지면 그중 한 군데를 정하고, 사진 등 여행 정보를 수집해라. 동료 독자들과 경험을 나누고 싶다면 온라인으로 검색한 사진을 공유하고, **#RoadmapBook** 해시태그를 사용해라.

▶ 여행 계획 : 구글 지도를 출력해서 표시하고 사진을 찍어라. 호텔 예약을 확인하고, 론리 플래닛 같은 여행 안내서를 세 권 정도 준비하고, 사진을 찍을 도구를 챙겨라.

▶ 새로운 곳에서 당신의 주요 흥미를 보여주는 사진을 공유해라.

▶ 당신의 로드맵에 있는 주요 흥미나 기본 성향과 직접적으로 관련된 일을 하면서 수익을 얻는 사람들의 사진을 공유해라.

▶ 익숙한 영역을 벗어나 생소한 음식을 먹어 봐라. 한 번도 먹어본 적이 없는 특유의 음식이든, 엄마의 손맛을 떠오르게 하는 음식이든. 보도 듣도 못한 캔디바나 베이컨 범벅의 핫도그를 파는 거리의 낡은 수레를 카메라에 담아라.

▶ 당신이 익숙한 영역을 벗어난 것을 실감하는 순간을 사진으로 찍어라.

▶ 새로운 곳에서의 경험을 압축해서 보여주는 당신의 얼굴 표정을 찍어라.

영감을 주는 여행지

특정한 흥미를 생생하게 충족시킬 수 있는 장소 몇 군데를 소개한다. 이들 장소는 몇몇 실례를 들기 위해 선택되었을 뿐이다. 당신의 흥미를 충족시킬 수 있는 곳으로 향하는 것이 이상적이지만, 시간이 없거나 예산이 충분하지 않을 경우에는 거주 지역에서 가까운 곳을 찾아라.

▶ **텍사스 주의 오스틴** : 전 세계 라이브 음악의 중심지

▶ **캘리포니아 주, 로스앤젤레스** : 파사데나의 제트추진 연구소와 LA의 그리피스 천문대를 방문할 수 있다. 좀 더 남쪽으로 스페이스엑스 본부가 있다.

▶ **이탈리아의 로마** : 건축물과 역사가 어우러진 곳이다. A.D. 72년에 세워진 콜로세움에서 판테온, 바티칸(로마교황청), 카라칼라 욕장에 이르기까지 로마는 유적지로 넘쳐난다.

▶ **한국의 DMZ** : 한국전쟁의 정전협정으로 1953년에 설정된 3억 평의 비무장지대. 인간이 버린 땅을 자연이 스스로 돌보고 있다.

▶ **워싱턴 DC** : 박물관, 역사, 정치

▶ **캘리포니아 주의 오렌지카운티** : 액션스포츠 산업의 중심지. 해안을 바로 벗어난 곳에 퀵실버나 볼컴 같은 회사의 물류창고가 있다. 아, 우리도 여기에 있다.

▶ **캘리포니아 주의 실리콘 밸리** : 첨단 기술과 스타트업의 세계적 중심지

▶ **텍사스 주의 마파** : 텍사스 서부 사막에 위치한 현대 미술의 메카

▶ **프랑스의 파리** : 궁전을 박물관으로 만든 세계 최대의 루브르 박물관에서 미술품을 감상하고, 전원풍의 돌길을 따라 오르세 미술관, 퐁피두 센터, 로댕 미술관 등을 관람할 수 있다.

▶ **미주리 주의 세인트루이스** : 현실과 가상 사이를 오가는 경험을 하고 싶다면 시립 박물관을 방문해라.

▶ **중국의 홍콩** : 홍콩 과학 & 기술 공원은 엔지니어링, 과학, 컴퓨터에 관한 모든 것의 본거지이다.

▶ **일본의 나고야** : 일본 자동차 산업의 중심지. 한창 때의 디트로이트와 비슷하다.

▶ **이탈리아의 밀라노** : 세계 패션 중심지로 널리 알려진 곳이다.

▶ **뉴질랜드의 퀸스타운** : 익스트림 스포츠의 중심지이다.

▶ **이탈리아의 플로렌스** : 미술 역사의 메카이며 르네상스 발생지이다.

▶ **스위스의 취리히** : 국제 은행 업무 시설의 중심지이다.

▶ **케냐의 나이로비** : 유엔 환경계획, 아프리카의 UN 산하 기관들을 포함해서 국제 원조 · 개발 단체들이 많이 있다.

당신의 주요 흥미와 관련된 블로그나 잡지들을 면밀히 살펴보라. 당신의 흥미에 딱 들어맞는 곳은 어디인가? 계속 머릿속을 맴도는 지역이나 장소는 어디인가? 재즈 하면 뉴올리언스, 커피 하면 오리건 주의 포틀랜드가 떠오를 수도 있다. 여건이 된다면, 어떤 시설로 탐사 여행을 하거나 당신의 로드맵과 같은 길을 가는 사람들을 찾아가 보라.

돌아보기

여행 후에, 그 여행을 되돌아보는 시간을 가져라. 그때 생각해 봐야 할 몇 가지 질문이 있다.

1. 익숙한 곳을 떠나 새로운 곳으로 갔을 때 어떤 느낌이 들었나?

2. 당신의 주요 흥미와 어우러지는 삶을 살아가는 사람들을 보면서 어떤 기분이 들었나?

3. 탐색해본 주요 흥미에 대해 어떤 점이 좋았고, 어떤 점이 좋지 않았나?

/// 로드맵 ///

- **시간투입** : 시간이 꽤 걸린다. 우리는 그 시간을 학기라고 할 것이다.

- **비용** : 0 – 000 원

- **준비 시간** : 몇 시간의 계획, 그리고 수업, 응용, 공유에 투자하기 위해 필요로 하는 시간

- **필요한 도구** : 당신이 만들어낸 강좌 유형과 예산에 따라 다르다.

- **목표** : 당신의 로드맵을 뒷받침하거나 연관되는 기술을 습득하고 개발하기 위해 광범위한 경험을 한다

- **빅 아이디어** : 배우고 싶은 것을 배우고, 경험하고 싶은 것을 경험할 수 있는 당신 자신만의 "학기"를 만들어라. 당신에게 적합한 경험, 당신의 로드맵과 관련이 있는 경험을 계획해라. 시간과 예산에 맞춰서.

당신의 로드맵을 보라. 당신의 주요 흥미와 기본 성향을 기초로 학기를 만들어라. 로드맵, 주요 흥미, 기본 성향의 공통점에 초점에 맞춰라. 어떻게 틈틈이 전문 지식을 익히고, 나름의 방식으로 실력을 쌓을 것인가?

참여 정도

저 : 주요 흥미와 일치하는 주제, 기술, 논제에 대한 온라인 과정을 완료한다.

중 : 주요 흥미에 맞는 온라인 수업을 이수하고, 배운 것에 대한 최종 프로젝트나 프레젠테이션에 참어한다.

고 : 주요 흥미와 일치하는 여러 강좌를 듣고, 다른 프로젝트나 경험과 결합시켜 보거나, 배운 것에 대한 최종 프로젝트나 프레젠테이션에 참여한다.

관련된 장 : 5장, 8장, 9장, 13장, 21장

시작하기 전에 고려해야 할 몇 가지 :

1. 무엇을 배우고 싶은가?

새로운 프로그램을 배우는 것처럼 적은 시간이 걸리는 것도 있고, 새로운 언어를 배우는 것처럼 많은 시간이 걸리는 것도 있다. 이 질문에 대한 답으로 "나는 활판 인쇄법을 배우고 싶다"라든가 "소셜 미디어 전략을 개발하는 법을 배우고 싶다" 라는 것도 있을 수 있다.

2. 이것에 얼마나 많은 시간을 할애해야 하는가?
몇 달이 걸리는 프로젝트나 주말 프로젝트를 위해 밤마다,
주말마다 이야기를 나눌 것인가?

3. 이것에 얼마를 투자하려 하는가?

학기 편성

▶ **과제활동**: 당신이 만든 학기에서 과제의 내용을 생각하는 것이 시작을 위한 첫걸음이다.

▶ **온라인 강좌** : 무료로 공개강좌를 제공하는 온라인 사이트가 수백 개에 이른다. 유명한 대학교 강좌에서 유투브 개별지도에 이르기까지 유용한 지식을 쌓고 새로운 기술을 개발하는 데 도움을 주는 사이트 또한 무궁무진하다. 대부분 무료이고 개방적인 온라인 강좌는 과제나 읽을거리(대개 온라인 기사)를 부여한다. 강좌에 등록한 다른 사람들과 온라인 토론도 할 수 있다. 여러 사이트를 검색해보고 당신의 로드맵에 가장 적합한 강좌를 찾아라.

▶ **내가 들을 강좌**

무료로 개방된 온라인 강좌를 선택하는 데 도움이 될 만한 사이트:

코세라(Coursera)
80개 이상의 대학교 강좌 제공

에덱스(edX)
미술, 기술, 과학에 초점을 둔 강좌

유다시티(Udacity)
새로운 기술, 현대 프로그래밍, 과학, 비판적 사고에
초점을 둔 강좌

칸 아카데미(Khan Academy)
화학과 여타의 과학분야에 초점을 둔 강좌

피어 투 피어 유니버시티(Peer 2 Peer University)
전통적인 교육과 밀접한 관련을 갖는 온라인 강좌

유데미(Udemy)
교수들이 오픈 강좌를 진행할 수 있는 온라인 플랫폼
전문가나 교사들이 기술을 공유하는, 커뮤니티에 기
반을 둔 시장

제너럴 어셈블리(General Assembly)
창조적 분야의 전문가들과 학습자들을 연결시켜주
는 플랫폼

아카데믹 어스(Academic Earth)
다양한 학교의 750 가지 강좌를 제공한다

오픈코스웨어 컨소시엄
(OpenCourseWare Consortium)
다양한 범주의 강좌를 제공한다

라이프해커 나이트 스쿨(Lifehacker Night School)
컴퓨터 프로그래머 지망생을 위한 온라인 플랫폼

읽을거리

전통적인 학교에서 듣는 모든 수업은 읽기를 요구했다. 그러니 전통을 벗어난 당신의 학기에 읽기를
더한다고 안 될 게 뭐 있겠는가? 잡지를 사서 읽든, 온라인 공간을 뒤져서 논문, 논평기사, 읽고 싶
은 이야기 등을 읽든, 관심 있는 블로그를 읽든, 시간이 허용하는 한 찾아 읽어라. 온라인 강좌를 보
충할 수 있는 것은 많고도 많다.

대학 서점에서 터무니없는 돈을 주고 교재를 구입하는 대신, 지역 서점에서 100달러로 무엇을 살 것인지 생각해 보라. 혹은 도서관이나 구글북스에서 검색할 자료 목록을 만들어 보라.

▶ 내가 읽을 자료

____

____

____

▶ 멘토십/견습교육

단순한 정보 저장소가 되지 말고 배운 것을 행동으로 옮겨라. 관련 분야에서 멘토를 찾거나 당신의 흥미를 끄는 사업체나 단체에서 시간을 쓸 수 있는지 알아보라. 인턴직을 찾아라. 만일 영화를 좋아한다면 자원할 수 있는 연구자 프로젝트를 찾아라.

▶ 도움을 얻을 수 있는 멘토들

____

____

____

____

▶ 최종 목표는 무엇인가?

당신은 그 동안 노력해서 배운 것을 보여줄 수 있는 성과물을 원할 것이다. 그것은 당신의 포트폴리오를 위한 새로운 미술 작품일 수도 있고, 링크드인 프로필에 올린 새로운 기술일 수도 있으며, 당신이 만들거나 개발하거나 그린 것일 수도 있고, 같은 분야의 누군가에게 제공하고 싶은 프레젠테이션일 수도 있다. 어떤 것이든 완성하도록 노력해라.

나의 최종 목표는 . ____

선택 강좌

이 학기를 통해 당신이 원하는 것을 깊이 있게 얻을 수 있으므로, 보다 넓게 생각하도록 해라. 교육활동의 깊이를 더하고자 할 경우 선택할 수 있는 체험활동을 소개한다. 또한 이 책의 다른 프로젝트를 실행하기 위한 방법을 당신의 학기 내에서 찾을 수도 있다.

▶ 같은 것을 배우는 데 관심이 있는 사람들의 모임에 가입해라.

▶ 소셜 미디어에 있는 누군가를 따라라.

▶ 당신만의 "해외 유학"이 될 수 있는 새로운 곳을 여행해라.

▶ 당신의 주요 흥미와 유사한 흥미를 가진 사람과 이야기를 나누어라.

▶ "연구 분야" 밖의 어떤 것에 대해 온라인 강좌를 수강하거나 개별지도를 받아라.

▶ 유투브 채널을 시작해라.

▶ 온라인 토론장을 만들어라.

▶ 당신이 발전하는 모습을 기록하는 사진집을 만들어라.

▶ 당신이 배운 것을 다른 누군가에게 가르쳐 주어라.

▶ 현장학습을 해라!

▶ 당신의 꿈과 관련 있는 테드 토크나 영화를 보라.

▶ 솜씨를 발휘해라! 당신이 배운 것을 시각적으로 보여줄 수 있는 것을 만들어라.

▶ 인포그래픽(역주—정보, 데이터, 지식을 시각적으로 표현하는 것)을 만들어라.

▶ 당신의 주요 흥미와 관계있는 조직에 자원해라.

돌아보기

강의 평가를 해보라. 당신의 학기가 로드맵을 따르는 데 도움이 되었는지, 당신에게 필요한 궤도수
정이 되었는지 생각해보는 시간을 가져라.

- **시간투입** : 한 달에 1시간에서 10시간

- **비용** : 0 - 000

- **준비 시간** : 2시간

- **필요한 도구** : 컴퓨터, 교통수단(사람을 만나기 위해서), 다른 사람들과 대화를 나누고 배울 마음의 자세

- **목표** : 당신의 주요 흥미와 적어도 하나 이상 같은 사람들의 커뮤니티를 찾아 가입하거나 만들고, 그들로부터 배우고 그들과 의견을 나누는 것.

- **빅 아이디어** : 당신의 로드맵을 보라. 그리고 당신의 기본 성향과 주요 흥미들 중 공통되는 부분과 관련 있는 커뮤니티를 찾거나 만들어라. 누구나 한 가지 능력은 갖고 있다. 스스로 깨닫기 시작한 것이든, 발전시킬 수 있다고 자신하는 것이든 다 좋다. 비슷한 흥미를 가진 사람들의 모임에 합류해서, 노력하고 성장하는 과정을 함께 하며 많은 것을 배울 수 있다. 그런 환경에서 정보를 교환하고 공유함으로써 당신의 능력을 높일 수 있을 뿐 아니라 관련산업계의 현황을 파악하는 안목을 높일 수 있다. 열성적인 커뮤니티 회원들과 함께 보다 나은 자신을 만들어가라. 당신의 흥미가 요가든, 뜨개질이든, 블로그 꾸미기든, 웹디자인이든, 기타 치기든, 월드 오브 워크래프트 게임이든.

참여 정도

저 : 적극적으로 참여해 흥미와 능력을 펼칠 수 있는 온라인 포럼을 찾는다. 우리가 그런 포럼의 목록을 여기에 올릴 수도 있지만, 사실 온갖 흥미에 대한 전자 게시판이 있다.

중 : 회원들만 접근할 수 있는 페이스북 그룹을 만들어 메일을 주고받을 리스트를 작성하여, 매달 소식을 보낸다. 실제 존재하는 모임에 가입한다.

고 : Meetup.com 같은 동호회에서 친목 모임을 만들고, 전단지를 만들어 자동차 와이퍼 사이에 끼워 놓는 등의 활동을 한다. 또는 오프라인에서 함께 할 사람들의 그룹을 찾는다.

관련된 장 : 8장, 10장, 11장, 13장, 14장, 15장, 16장, 20장, 21장

시작하기 전에 고려해야 할 몇 가지 질문:

1. 당신은 어떤 것을 놓치고 있는가?
공유할 사람이 없는 취미가 있다면 어떤 것들인가?

친구들이 별 관심을 보이지 않기 때문에 제대로 알아보려 한 적조차 없는 흥미가 있을지 모른다.

아직 발견하지 못해서 관심을 기울인 적이 없는 흥미들에 대해 생각해 보라.

2. 직접적인 대면인가, 온라인 만남인가?
같은 지역인가, 거리가 떨어진 곳인가?

얼마나 멀리까지 여행할 뜻이 있는가? 가상공간에서 만난 사람들을 직접 대면하고 관심사에 대해 얘기를 나눌 준비가 되었는가?

3. 동호회에 가입할 것인가, 만들 것인가?

주요 흥미에 부합하는 모임이 이미 있는가? 스스로 그런 모임을 시작해야 하는가?

팁 몇 가지

▶ **동호회는 각자에게 다르게 보인다.** 온라인 연결을 편하게 받아들이는 사람도 있고, 직접 대면하고 활동해야 한다고 생각하는 사람도 있다. 당신에게 적합한 것을 찾아라.

▶ **모임에 도움이 될 만한 것이 있어야 한다고 생각하지 마라.** 북클럽에 가입하거나 취미 활동을 위한 지역 모임에 참여해 관찰만 하는 것도 괜찮다. 편해진 뒤에 의문을 제기하거나 함께 하는 활동에 뛰어들면 된다. 우선은 같은 흥미를 공유하는 사람들과 함께 한다는 것에 주안점을 두어라.

이런 저런 생각들

▶ 우리에겐 커뮤니티가 필요하다. 간단히 말해서 커뮤니티는 우리에게 혼자가 아님을 일깨워주며, 때로는 우리가 목표를 추구하는 데 필요한 동기를 부여한다.

▶ 다른 사람들과의 교류나 피드백이 없다면, 우리 자신의 강점과 약점을 알아내기 어려울 수 있다. 커뮤니티에서 만나는 사람들을 통해 자신의 좋은 점과 고쳐야 할 점을 깨달을 수 있다.

▶ 모두가 선생이다. 당신도 물론 모두에 포함된다! 커뮤니티는 서로 관계를 쌓아가는 곳이므로, 사람들에게 당신의 생각을 전하는 동시에 다른 많은 생각을 흡수할 수 있다.

▶ 전문가가 아니어도 커뮤니티에 가입하거나 모임을 시작할 수 있다. 탐험을 위한 탐험만으로도 충분한 동기부여가 된다.

일단 커뮤니티에 가입하면, 적당한 멘토를 찾아라

좀 더 노력을 기울이고자 한다면, 새로 가입한 커뮤니티에서 미야기 씨(누군지 모른다면 〈베스트 키드(The Karate kid)〉를 검색해 보라) 같은 멘토를 찾는 데 관심을 돌려라. 적당한 사람을 찾으면, 남자든 여자든 그 사람에게 멘토가 되어 달라고 부탁해라. 진심 어린 마음으로 그들로부터 배우고자 하는 것을 밝혀라. 멘토가 되어 달라고 계속 부탁할 수 있는 방법을 찾아라. 매달 이메일로 보내고 그에 대한 답을 청하는 방법도 좋고, 매달 한 번씩 식사를 같이 하며 대화를 나누는 보다 적극적인 방법도 좋다. 당신과 당신의 멘토에게 적합한 방법을 찾아서 실행에 옮겨라.

돌아보기

1. 같은 흥미를 가진 사람들과 함께 하면서, 더 열정적으로 흥미를 추구하게 되었는가?

2. 당신의 주요 흥미와 관계있는 커뮤니티들에 대해 무엇을 배웠는가?

3. 좀 더 깊이 알아보고 싶은 건 무엇인가?

"사람들은 좋은 의도로, 너는 변호사가 되어야 한다거나 의사가 되어야 한다고 말한다. 변호사나 의사가 되려는 것은 하나의 생각이다. 날마다 일어나서 뭔가를 해야 변호사든, 의사든, 선사든, 목수든, 당신이 원하는 뭔가가 될 수 있다. 그것이 당신이 처한 현실이다. 삶은 이미지가 아니다. 행동하는 것이다."

– 본성 스님, Empty Gate Zen Center의 선사

/ / / 로드맵 / / /

프로젝트 #6 : 당신의 로드맵과 비슷한 삶을 사는 사람들과 이야기를 나눠라

우리 주변에는 우리가 꿈꾸는 일을 하고 있는 사람들이 늘 있게 마련이다. 그런 사람들과 접촉할 수 있다면, 그들은 기꺼이 현재 위치에 이르기까지 겪었던 이야기를 들려줄 것이다(물론 공손하고 예의 바른 태도로 청한다면).

· **시간투입** : 높음

· **비용** : 0 - 000

· **준비 시간** : 준비하는 데 1시간, 대화하는 데 1시간 정도

· **필요한 도구** : 펜, 종이, 전화기, 마음을 열고 경청하려는 자세

· **목표** : 당신과 같은 흥미를 발전시켜 살아가는 사람과 이야기를 나누는 것

· **빅 아이디어** : 로드트립네이션은 단순한 생각으로 시작되었다. 무엇을 하며 살아가야 할지 잘 모르겠기에, 우리가 흥미를 갖고 있는 분야의 일을 하고 있는 사람을 찾아서 어떻게 현재 위치에 이르게 되었는지 물어보자는 생각으로 시작되었다. 우리가 이 책에서 얘기한 모든 생각은 그런 사람들과의 대화를 통해서 얻은 것이다. 이제 당신이 그런 배움을 얻을 차례이다. 당신이 관심을 갖고 있는 분야의 일을 하며 생활하는 사람들을 찾아서, 어떻게 흥미를 일로 만들 수 있었는지 물어보라.

참여 정도

저 : 친구와 이야기를 나눈다.

중 : 친구의 친구에게 연락을 취한다.

고 : 연고가 전혀 없지만, 영감을 주는 누군가에게 연락을 취한다.

관련된 장 : 2장, 3장, 4장, 6장, 8장, 9장, 11장, 12장, 14장, 21장

먼저 해봐야 할 몇 가지 질문

▶ 왜 그래야 하는가?

책에서 소개한 어떤 프로필도, 친구가 말해준 어떤 이야기나 생각도, 직접적인 실제 경험을 대신하지 못할 것이다. 직접 만나 대화를 나누면서 깨달음을 얻을 수 있고, 당신의 로드맵에서 당신을 기다리고 있는 설렘과 도전 의식을 표현할 수 있다.

▶ 무엇을 얻을까?

당신과 같은 흥미를 직업으로 만든 사람을 만남으로써, 당신이 생각한 것에 대한 확신을 얻을 수도 있고, 그 생각을 버릴 수도 있다. 당신이 꿈꾸는 미래를 살아가는 사람으로부터 귀중한 조언과 통찰력을 얻을 수 있다.

▶ 인맥 쌓기와 비슷한 것 아닌가?

아니다! 인맥을 쌓기 위한 대화는 데이트를 시작할 때와 비슷하다. 그럴 때 대화를 나누는 두 사람은 예의라는 완벽한 포장 뒤에 문제가 되는 사실을 감추고 최선의 모습만 보여준다. 인맥 쌓기의 목적은 삶의 고난에 대한 한층 깊이 있는 대화를 나누는 것이 아니라, 개인의 직업적 전략을 강화하는 것이다. 흥미의 범위를 좁히면 그런 것도 물론 유용하다. 하지만 성취감이 큰, 일과 생활이 하나로 통합된 삶을 이끌어가는 방법을 알고 싶다면, 좀 더 친밀한 관계가 되어 깊이 있게 파고들어야 한다. 자랑스러울 때와 힘겨울 때에 대해 모두 이야기해야 한다. 로드트립네이션이 나눈 대화가 모두 그러한 것이다.

▶ 그렇다면 이 프로젝트는 무엇인가?

정보를 얻기 위한 인터뷰는 잊어라. 이것은 당신의 로드맵대로 살아가는 사람과 대화를 펼치는 것이다. 당신은 그들이 현재 위치에 이르게 된 과정에 대해 실질적인 얘기를 세세히 듣고 싶을 것이다. 하지만 그들이 살아오면서 자신을 의심하고, 비틀거리고, 발을 잘못 내딛고, 이런저런 여러 문제에 부딪혔던 이야기를 듣는 것이 더 중요하다. 그들이 살아오면서 어떤 시련을 겪었는지, 그런 시련을 어떻게 극복했는지 알아내라. 회사에 대한 세세한 질문을 하기보다 현실적 문제에 진지하게 접근할 때, 그들도 직위나 월급에 대한 얘기에서 벗어나 실패도 하고 성공도 한 얘기를 함으로써 당신에게 깨달음을 줄 것이다.

시작할 때

바람직한 인터뷰를 위해 명심해야 할 몇 가지

▶ 누구와 이야기를 나누어야 할까?

당신이 흥미를 갖고 있는 분야의 일을 생활로 통합한 사람. 가장 중요한 것은, 지금 하는 일을 좋아하는 사람일 것이다. 의사들은 수없이 많다. 하지만 은퇴할 날만 손꼽아 기다리는 의사가 아니라 날마다 새로운 영감을 얻는 의사를 찾아야 한다. 열린 길에서 삶을 이끌어가는 사람의 이야기를 들어야 깨달음을 얻을 수 있다. 인터넷에 접속해서 그럼 사람을 검색해 보라. 그리고 만나기 편한 거리에 있는 다섯 명을 찾아라.

1.

2.

3.

4.

5.

▶ 어떤 질문을 해야 할까?

이미 온라인에서 답을 얻을 수 있는 질문은 하지 마라. 직접 마주하고 대화를 나눌 수 있는 시간을 낭비하고 싶지 않다면, 인터넷을 검색해서 쉽게 알아낼 수 있는 것들에 시간을 낭비하지 마라. '당신 회사의 제품이 경쟁사의 제품보다 나은 점은 무엇입니까?'처럼 회사와 관련된 질문은 피해라. 때로 그 사람의 자기 과시 심리가 작동해서, 삶의 여정에 대한 얘기보다 회사에 대한 얘기로 대화를 끌어갈 수도 있다. 그린 때는 다시 개인적인 면에 대한 이야기로 내화의 방향을 바꾸어라. 그 사람의 인생 여정에서 힘들었던 순간과 승리감에 도취되었던 순간에 대한 이야기를 들어야 한다. 다음과 같은 질문으로 내면에 깊숙히 숨어 있는 이야기를 끌어내라.

제 나이 때 선생님은 어떠셨나요?

길을 잃고 방황하신 적이 있나요?

다른 사람들로부터 어떤 소음을 들었나요?

뒤늦게 선생님의 결정을 후회한 적이 있나요?

실패한 적이 있나요?

선생님이 걷고 있는 길이 올바른 길이란 걸 어떻게 알았나요?

▶ 연락처를 어떻게 알아내야 할까?

이 문제에서는 독창적이 되어야 한다. 온라인에서 알아낼 수 있는 것이 놀랍도록 많다. 연락처를 알아낸다면 일단 전화부터 해라. 통화하기가 결코 쉽지 않겠지만, 상대방도 거절하기가 어려울 것이다. 당신이 만나고자 하는 사람이 회사에서 일한다면, 그 회사의 대표 번호로 전화를 해라. 어느 부서로든 연결이 될 테니까. 가장 쉽게 연결되는 사람은 비서이다. 비서에게 과감히 연결을 부탁해라. 홍보실은 피하는 게 좋다. 트위터나 링크드인 같은 소셜미디어에서 사람들을 찾아보는 것도 한 방법이다. 그런 데서는 당신의 요청이 어느 정도 합당하게 받아들여질 수 있다.

▶ 답신이 없으면 어떻게 해야 할까?

대개는 답신이 없을 테니 분노를 잘 조절하며 끈기를 가져야 할 것이다. 우리가 〈새터데이 나이트 라이브〉의 연출자와 인터뷰를 하고자 했을 때, 로드트립 원년 멤버인 마이크가 석 달 동안 이삼일 간격으로 계속 전화를 해댔다. 그런 다음에야 비로소 (MTV 뮤직 비디오 어워즈를 준비하며 무대에 있던) 연출자가 전화를 받았다. 평균적으로 여덟 명에게 연락을 하면 한 명이 인터뷰에 응해주었다. 인터뷰를 성사시키는 데 남다른 재능이 있다면(우리는 거의 없었지만), 당신은 우리보다 성공할 가능성이 높다. 크게 차이 나지는 않겠지만. 그래서 다섯 명을 찾아보라고 한 것이다. 수없이 연락을 취한 뒤에 겨우 한 번 좋다는 답을 들을 수도 있으므로.

인터뷰를 할 때

로드트립네이션은 흥미를 불러일으키는 사람들과 대화를 나누고자 하는 열망으로 시작되었다. 이제 그런 동기를 당신에게 넘길 테니, 우리 이름을 빌려 시작해 보라. 처음에 만남을 청하는 전화를 하거나 이메일을 보낼 때, 다음과 같은 말로 허심탄회하게 시작해라.

"안녕하세요! 제 이름은   입니다. 저는 앞으로 나아가야 할 길에 도움을 얻었으면 하는 바람에서, 많은 이들에게 깨달음을 줄 수 있는 분들이 어떻게 현재의 위치에 이르게 되었는지 인터뷰를 통해 알아보고 있습니다. 선생님이 현재에 이르기까지 어떤 길을 걸어오셨는지 이야기를 듣고 싶습니다."

낯선 사람에게 전화를 하기가 쉽지 않겠지만, 일단 그 힘든 일을 시작하고 만남의 자리를 마련한 뒤에, 우리의 뜻을 밝히면(계층화되어 있는 회사에서는 여러 사람에게 몇차례나 뜻을 밝혀야 하는 일이 허다하다), 예상한 것보다 사람들이 쉽게 마음을 열고 이야기를 들려주었다. 그 점을 잊지 마라. 사실 우리가 인터뷰한 사람들 중에는, 자신들이 깨달은 것을 전해줄 기회를 얻은 것에 감사 인사를 하는 사람도 여럿 있었다.

누군가의 인생 여정에 대한 대화에 초점을 맞추기 위해 우리가 터득한 것 중 가장 중요한 다섯 가지를 소개한다. 대화를 나눌 준비가 되었다면 참고할 것.

▶ **있는 그대로의 모습을 보여라.** 가끔 똑똑한 사람들이 터무니없는 질문을 할 때가 있다. 더 똑똑해 보이려고 노력하기 때문이다. 보통 좀 더 어린 사람들이 바람직한 질문을 하는 경향이 있다. 어릴수록 개인적이고 단순한 편이므로. 똑똑해 보이려고 애쓰지 마라. 진정성이 없는 모습은 쉽게 들통 난다. 무대를 꾸며가는 건 당신이다. 당신이 솔직하게 마음을 연다면, 대화에 응하는 사람도 그럴 것이다.

▶ **사사로운 대화를 해라.** 상처받을 것을 두려워하지 마라. 누군가가 당신에게 마음을 열기 바란다면, 그들 삶에 관한 사사로운 이야기를 솔직하고 상세하게 들려주기를 바란다면, 당신이 먼저 마음을 열어야 한다. 당신이 개인적으로 겪은 힘든 일을 솔직하게 표현하고, 당신 자신에 대한 이야기를 하면서 대화를 시작해라. 또한 당신이 왜 그들과 이야기를 나누고 싶어 하는지, 무엇을 얻고자 하는지를 밝혀야 한다. 그러지 않으면, 그들의 조언이 주제를 벗어나 너무 일반적인 이야기가 될 수 있다.

▶ **경청해라.** 그들이 하는 얘기에 귀를 기울인다면 참으로 흥미롭게도 묻고 싶은 것이 계속 생각날 것이다. 이야기를 들으면서 다음에 할 질문을 미리 생각하느라 주의를 분산시키지 마라.

▶ **질문거리를 준비해라.** 대화하는 내내 다음 질문을 생각해 내느라 전전긍긍하고 싶지 않다면, 머리가 멍해질 때를 대비해 몇 가지 질문거리를 미리 생각해 두는 것이 좋다. 어색한 순간을 피하려면 그런 질문을 몇 가지 준비해라.

▶ **활기찬 반응을 보여라.** 안팎으로 관심을 보여라. 시선을 마주하고 적절하게 "정말 재미있네요." 라고 말하며 고개를 끄덕이는 행동이나 힘찬 악수의 효과를 과소평가하지 마라. 당신의 반응에 따라 흥미진진한 대화의 장이 펼쳐질 수 있다. 대화는 양쪽이 번갈아 땅을 차고 오르면 더욱 재미있어지는 시소와도 같다. 분위기를 너무 무겁게 만들면 대화가 어디에도 이르지 못할 수 있다.

프로젝트 #7 :
(스스로 프로젝트를 만들어라)

- · 투입시간 :

- · 비용 :

- · 준비 시간 :

- · 필요한 도구 :

- · 목표 :

- · 빅 아이디어 :

참여 정도

저 :
____

중 :
____

고 :
____

1. 내가 하고 있는 것이 무엇인가?

2. 왜 이 프로젝트를 하는가?

3. 이 프로젝트가 어떻게 나를 열린 길에 좀 더 가까워지게 할까?

4. 내가 익숙한 영역을 어떻게 밀어내고 있나?

5. 어디에서부터 시작할까?

▶ **첫째...**

나는 ____
함으로써 이 프로젝트를 완수할 것이다.

▶ **둘째...**

나는 ____
함으로써 이 프로젝트를 완수할 것이다.

▶ **셋째...**

나는 ____
함으로써 이 프로젝트를 완수할 것이다.

▶ **넷째...**

나는 ____
함으로써 이 프로젝트를 완수할 것이다.

성공 여부 판단

이 프로젝트의 성공 여부를 어떻게 판단할 것인가?

영감을 주는 것

이 프로젝트와 관련된, 내게 영감을 주는 것들

354

/// 로드맵 ///

감사의 글

영화 크레디트는 제작에 참여한 수십 명, 때로는 수백 명의 이름을 올린다. 그런데 대체 왜 책은 그저 몇 사람에 의해 만들어진 것처럼 보이는 걸까? 책은 대개 저자의 이름을 싣고, 편집자와 책 표지를 만든 디자이너 정도를 언급한다. 영화에서는 배우의 변호사 차를 운전하는 기사까지 크레디트에 올리건만.

세상의 어느 일이나 다 그렇듯이, 사실 책 한 권을 만드는 데도 수많은 사람이 필요하다. 특히 이런 책의 경우에는 다수의 팀이 필요하다. 인터뷰 영상을 편집하여 감동적인 스토리라인을 이끌어내는 영상 편집 팀에서, 수많은 사무실에 무작정 전화를 해댄 자원 봉사 팀이나 상징물을 클릭 가능한 마법으로 탈바꿈시킨 웹 팀에 이르기까지, 로드트립네이션과 크로니클 북스의 스텝들이 지금 당신이 손에 들고 있는 이 책을 만드는 데 한 몫을 했다. 그러므로 그들 모두에게 감사 인사를 하는 것이 마땅하리라. 여기 이 책을 만드는 데 도움을 준 모든 이들을 영화 크레디트처럼 열거한다.

로드트립네이션

아론 팔리, 투어 코디네이터

알렉스 코메즈, 교육 미디어 책임자

알리사 프랭크, 상무이사/카피라이터

앤지 스토커, 그래픽 디자이너

애니 마이스, 교육 책임자

첼시 월시, 사전 편집자

클레어 하우소, 파트너 관계 코디네이터

앙투안 산체스, 프로듀서

비치 페이스, 국내 영업 책임자

브라이언 맥칼리스터, 공동 창설자

카메론 패트리지, 선임 소셜미디어 전략가

캐시 에렌버그, 웹 프로젝트 매니저

로렌 호, 교육 프로그램 코디네이터

로린 아이오우브, 홍보 코디네이터

크레이그 폴레소프스키, 보조 편집자

마라 젤러, 카피라이터

댄 포드, 프로듀서

마크 뱃스톤, 음악 감독/편집자

한나 프랭클, 소셜미디어 코디네이터

멜리사 와가스키, 제작 감독

홀리 로버츠-던, 기업 감사

마이크 마리너, 공동 창설자

제이미 젤러, 편집자

몰리 가진, 교육 프로그램 코디네이터

제이슨 매니언, 이벤트 설계자

몰리 스텔로비치, 오피스 관리자/채무관리

제시 보엘스, 보조 편집자

모니크 애드콕, 디자인 매니저

조던 마이어스, 프로덕트 매니저

네이선 겝하드, 공동 창설자/크리에이티브 디렉터

카트리나 와이델리치, 커리큘럼 작성자

네이선 스타프, 보조 편집인

켈시 콕스, 전략적 파트너십 매니저

라이언 리, 그래픽 디자이너

케빈 스트릭랜드, 보조 편집인

스콧 콘웨이, PHP 개발자

케빈 야마다, front-end 웹 개발자

티파니 차우, 파트너십 전략가

크리스틴 베더, 교육 프로그램 물류 관리

윌리 위티, 감독, 프로 로드트리퍼

크로니클 북스

올비 달버튼, 마케팅 부소장

크리스틴 카스웰, 발행인

제니퍼 톨로 피어스, 디자인 디렉터/디자이너

로레나 존스, 출판 디렉터/편집자

사라 골스키, 편집장

스테파니 왕, 마케팅/홍보 부장

스티브 킴, 생산 관리 책임자

다음 이들에게도 감사한다.

바비 리, 브리트니 살먼, 케이틀린 하웨코테, 크리스탈 맥클루니, 한나 존슨, 제임스 콜라니노, 케빈 섀퍼, 마리아나 이글레시아스, 레이 리카포트, 샘 와다, 수잔 콜린스, 토니 로즈.

역자 후기

요 몇 년 간, 해가 바뀌어 한 살을 더 먹은 나이에 익숙해질 겨를도 없이 또 새로운 한 해를 맞게 되는 일이 이어지면서, 아무런 재미도 없이 꾸역꾸역 시간을 메워 나가는 삶이 참으로 무료하다는 생각이 들었다. 그런 하루하루가 계속될수록 점점 더 깊은 수렁에 빠져드는 느낌이었고, 그 수렁에서 빠져나올 엄두를 낼 수도 없을 만큼 무기력해져만 갔다. 아무리 백세 시대라고 해도 앞으로 살아갈 날보다 살아온 날이 더 많은 지금까지도 정말로 좋아서 즐기며 할 수 있는 일을 찾지 못한 것이 너무나 안타깝고 속상했다. 그러면서도 한편으로는 설사 이제 와서 그런 일을 찾는다고 해도 내 삶이 얼마나 달라질까 하는 생각이 들었다. 적지 않은 나이와 갈수록 약해지는 체력, 경제적 여건을 무시하고 무작정 좋아하는 일에 빠져들기는 힘들 테니까.

이렇듯 악순환의 굴레에 빠져 허덕일 때 『로드맵』을 만났다. 좋아하는 일을 하면서 돈을 버는 사람들, 즉 일과 생활을 하나로 통합한 사람들을 만나 인터뷰를 하고, 그런 사람들로부터 배운 것을 함께 나누고자 책을 냈다는 말에 귀가 솔깃했다. 하지만 솔직히 큰 기대는 하지 않았다. 어차피 애초부터 보통 사람들과는 여러모로 조건이 다른 사람들의 성공담을 그리면서, 성공하려면 그들처럼 살아야 한다고 말하는 그렇고 그런 자기계발서일 거라고 생각했다. 좋아하는 일이나 잘하는 일을 하면서 여유롭고 즐겁게 삶을 살아가는 사람들이 이루 말할 수 없이 부럽고 그 비결이 궁금하긴 했지만, 아직까지 스스로 뭘 좋아하는지도 확실히 모르는 내가 그런 사람들의 이야기를 알게 된다고 해서 그다지 큰 힘을 얻게 될 것 같지 않았다. 오히려 상대적 박탈감만 더 커질 것 같았다.

하지만 『로드맵』을 한 페이지 한 페이지 읽어나가면서 늦었지만 즐겁게 할 수 있는 일을 찾을 수 있으리라는 희망을 갖게 되었다. 『로드맵』은 무조건 성공한 사람들의 삶을 따르라고 말하지 않는다. 요즘 사회에 만연한 보편적 기준의 성공에 이르기 위해 부지런히 스펙을 쌓아 좋은 직장에 들어가라고도 말하지 않는다. 우선 자기 자신의 내면을 철저하게 탐색해 봄으로써 기본성향과 흥미 분야를 알아내고, 자신의 기본 성향과 흥미에 부합하는 것을 좇는 것이 중요하다고 말한다. 흥미가 있는 일이면 누가 시키지 않아도 열정적으로 하게 되고, 그러다 보면 흥미가 곧 일이 되고 수입원이 될 수 있다고. 이렇듯 자기 자신을 만들어가는 과정은 끝도 없고 결승선도 없으므로 끝없이 추구해야 하며, 그런 과정에서 길을 잃는 것을 두려워하지 말고 탐험을 하다 보면 생각도 못했던 것에 눈을 뜨게 되고 자신에게 맞는 길을 찾아내는 멋진 인생 탐험가가 될 수 있다고 말한다. 그리고 시행착오를 거친 후에 흥미를 바탕으로 자신에게 딱 맞는 일을 찾아 만족스러운 삶을 이끌어가는 수많은 리더들의 사례와 그들이 전하는 메시지를 소개한다.

보다 행복한 삶을 위해 조언하는 책은 많고 많다. 하지만 『로드맵』에는 여느 책과는 확연히 다른 점이 한 가지 있다. 만족스럽고 행복한 삶을 이끌어가기 위한 조언이나 성공 사례를 제시하는 것에 그치지 않고, 책을 읽으면서 당장 그런 삶을 향해 움직일 수 있는 방법과 공간을 제공한다는 점이다. 고개를 끄덕이며 읽게 되지만 다 읽고 난 다음에 아무런 변화도 이끌어내지 못하는 책과 달리, 『로드맵』은 읽어가는 도중에 독자가 자신에 대해 면밀히 알아보고, 자신에게 맞는 길을 찾아갈 수 있도록 실질적인 도움을 주는 액티비티 북이다. 많은 사람들이 이 책을 읽고 자신의 기준에서 행복한 삶에 한 걸음 다가설 수 있으면 좋겠다.

2016년 10월

이은숙

꿈과 일 사이에서 헤매는 이들을 위한 프로젝트

로드맵 로드트립네이션 글 | 이은숙 옮김

초판 1쇄 발행 2016년 11월 21일
펴낸이 이민 · 유정미 | **디자인** Studio Marzan 김성미
펴낸곳 이유출판 | **등록** 2008년 10월28일(제25100-2008-000049호)
주소 서울시 종로구 자하문로24길 15 우편번호 03042
전화 070.4200.1118 | **팩스** 070.4170.4107 | **이메일** iubooks11@naver.com

★ 페이스북에서 '로드맵'을 검색하시면 커뮤니티 활동도 가능합니다.
페이스북 https://www.facebook.com/roadmap11

ISBN 979-11-953255-4-2 13190

이 도서의 국립중앙도서관 출판예정도서목록(CIP)은 서지정보유통지원시스템 홈페이지(http://seoji.nl.go.kr)와
국가자료공동목록시스템(http://www.nl.go.kr/kolisnet)에서 이용하실 수 있습니다.(CIP제어번호: CIP2016024569)

＊이 책에는 아모레퍼시픽의 아리따 글꼴이 쓰였습니다.